安全保卫工作系列·职业能力培训教材

BAOWEI GUANLI GONGZUO JIAOCHENG

保卫管理工作教程

主　编　申军民

副主编　陶振敏

西北工业大学出版社

西　安

图书在版编目(CIP)数据

保卫管理工作教程/申军民主编 . —西安:西北工业
大学出版社,2018.5
ISBN 978 - 7 - 5612 - 6006 - 7

Ⅰ.①保…　Ⅱ.①申…　Ⅲ.①保卫工作—中国—
职业培训—教材　Ⅳ.①D631.3

中国版本图书馆 CIP 数据核字(2018)第 118065 号

策划编辑:付高明
责任编辑:隋秀娟

出版发行:西北工业大学出版社
通信地址:西安市友谊西路 127 号　　邮编:710072
电　　话:(029)88493844　88491757
网　　址:www.nwpup.com
印　刷　者:兴平市博闻印务有限公司
开　　本:727 mm×960 mm　　　1/16
印　　张:15.375
字　　数:268 千字
版　　次:2018 年 5 月第 1 版　　2018 年 5 月第 1 次印刷
定　　价:60.00 元

1

蒋建予　西安市公安局经济保卫支队原支队长、高级保卫师

肖周录　西北工业大学人文与经法学院教授、博士生导师

任清杰　陕西省公安消防总队原副总工程师、高级工程师

李天銮　中国兵器工业集团第 212 研究所研究员

申军民　武警工程大学副教授

组织编写

陕西省公安厅经济文化保卫总队

陕西省企业事业单位保卫协会

序

借"安全保卫工作系列·职业能力培训教材"付梓之际,我谨代表陕西省公安厅党委,向多年来在全省内部治安保卫(以下简称"内保")战线付出辛勤汗水的广大公安民警和企事业单位内保人员致以亲切的慰问!

企事业单位内部治安保卫工作是维护国家安全稳定的重要组成部分。加强内保工作,是保持企事业单位正常生产经营、公务活动和教学科研秩序,预防和减少单位内部各类案件,保护公民人身财产安全和社会公共安全的重要屏障。近年来,随着全国企事业单位内保工作向好的趋势,我省的内保队伍建设得到不断加强,装备水平明显提升,工作实际效能显著增强。进入新时代,面对新形势、新情况、新问题,内保工作同样面临着新挑战、新机遇,我们必须与时俱进,锐意创新,以习近平新时代中国特色社会主义思想为指导,全面提升内保工作水平。

加强内保人员职业能力教育,是提升内保工作的谋事之基、成事之道。《中共中央关于制定国民经济和社会发展第十三个五年规划的建议》明确提出要把"推行劳动者终身职业技能培训制度"纳入国民经济和社会发展的五年规划,为加强内保人员职业能力建设和思想业务素质培养指明了方向。2013 年 8 月,陕西省公安厅、陕西省人力资源和社会保障厅联合颁发《在全省开展保卫人员职业能力培训的实施意见》,全面启动了陕西省内保人员职业能力培训工作。为了使企事业单位内保人员职业能力培训工作走上制度化、正规化、系统化的轨道,由陕西省企业事业单位保卫协会组织有关专家学者编写了"安全保卫工作系列·职业能力培训教材"。其内容涉及了企事业单位内保工作的各个方面,它既是安全保卫工作理论研究成果的汇集,也是全省内保工作实践经验的总结。本套书的出版,为开展内保人员职业能力培训提供了系统化、规范化的依据。

在编写过程中,编委会得到了公安部、人力资源和社会保障部的大力支持,中国人民公安大学还专门组织人员对内容进行了审核把关。值此,谨向提供帮助的单位和个人致以衷心的感谢!

全省各企事业单位一定要用足、用好这套教材,进一步提升思维层次,提高业务能力素质,加强内保队伍建设水平,努力推动陕西省企事业单位内保工作迈上新台阶、实现新跨越。

陕西省副省长、公安厅厅长　胡明朗

2018 年 3 月

前　言

　　有人说,保卫管理工作从国家法律规定中来,从党和政府的文件中来,从上级的指示中来,这样说对吗? 也对,但它没有道出保卫管理工作的本质来源。我们说,保卫管理工作不是从来就有的,它是人类社会发展到一定阶段,即产生了阶级和国家的时候才出现的一种社会事物。所以说,保卫管理工作是从人类社会的历史发展中来,是需求所致。国内革命战争时期,我们党在陕甘宁边区就成立了专门担负中央机关、重要工厂及仓库保卫任务的警察队;解放战争时期,解放区各级政府建立了专门负责工厂仓库保卫的警备部队和公安部队。这两个时期,担负保卫任务的主体是建制的部队和警察。中华人民共和国成立后,我国在党政机关、企事业单位成立了保卫部门或者企业内部公安机关,对特别重要的目标和要害部位,还留有专门的警卫部队。这些保卫部门、公安机关和部队各司其职,共同负责单位安全保卫管理工作。

　　党的十一届三中全会后,我们党从理论到实践的角度,提出了以经济建设为中心的重大理论课题,在中国广阔的大地上吹响了改革开放的号角。从此,我国以经济建设为中心的各行各业发生了巨大变化,民营企业蓬勃发展,国有企业大力改革和改制,逐步建立了现代企业管理体系,促使保卫管理工作向多元化方向发展。这期间,保卫服务业应运而生,经历了产生、发展和不断规范的过程。从1984年深圳第一家保卫服务公司诞生至今,我国多元化保卫服务业已经走过了30多年的历程。其实,保卫服务业的工作性质既古老又现代,它既可上溯到古代保镖、镖局之类的行当,又可与当代警卫和安全保卫管理工作相比较,从某种程度上来说,它与现代武装警察部队担负的警卫安保、守卫守护、武装巡逻等勤务比较相似。由于它适应经济发展和社会稳定的需要,因而表现出了很强的生命力,展现了蓬勃发展的势头。进入 21 世纪以来,尤其是 2004 年国务院《企业事业单位内部治安保卫条例》施行后,在各级政府的领导下,在各级公安机关的指导、监督和检查下,在单位主要负责人和业务部门的具体组织下,针对保卫队伍人员流动性强、素质参差不齐、服务类别多、服务行业跨度大、服务对象极其庞杂等特点,结合社会发展的需要,尤其是党和政府关于维护社会稳定的一系列路线、方针、政策的精神,保卫管理工作已经向分类指导、提高全员素质和增强社会责任感方向发展,高级保卫人员的事业心、中级保卫人员的进取心和基层保卫人员的责任心不断得到加强,这些都充分说明保卫管理工作已经向纵深的层次发展。

为加快单位内部安全保卫工作职业化、专业化、社会化进程,全面提升保卫人员的职业能力和整体素质,进一步加强保卫管理工作正规化教育,切实提高现代保卫人员的素质和战斗力,满足社会各方面的需求,我们坚持以习近平新时代中国特色社会主义思想为指导,全面落实习主席总体国家安全观重大战略思想,深入贯彻国务院《企业事业单位内部治安保卫条例》和陕西省委省政府《关于进一步加强高技能人才工作的实施意见》,提高单位内部治安保卫人员的职业能力和综合素质,建立和完善单位内部安全保卫工作队伍发展长效机制,预防和减少单位内部各类案件,保护单位公民人身、财产安全和公共财产安全,维护单位的工作、生产、经营、教学和科研秩序,为陕西省经济社会发展提供安全保障,我们遵循保卫培训教育、教学规律及因材施教的培训目标,组织众多的保卫管理专家编写了本书。我们认为,面对改革开放以后单位内部各种矛盾上升发展的势头和复杂的社会治安形势以及近年来的反恐形势,只有把人力防范、物质防范、技术防范、联合防范和养犬防范有机地结合起来,实现"人防、物防、技防、联防、犬防"一体化,才能使保卫管理或者保卫服务工作收到事半功倍的效果。

本书广泛汲取相关专业论著的研究成果,对保卫工作和保卫服务业几十年来的实践经验和理论研究成果进行系统的梳理和归纳,并借鉴保卫管理工作和保卫服务业近年来先进的实践经验,反映公安机关分类指导的成果和广大保卫人员的智慧结晶。陕西省保卫协会抽调部分专家学者对编写纲目进行了论证指导并审定把关。在此一并表示衷心的感谢!

本书仅从保卫管理的角度,也就是从"人防"的角度论述保卫管理工作的相关理论知识与具体实践,对于"物防""技防""联防"和"犬防"等理论与操作,少有涉及,我们将在其他书中进行论述。

本书从保卫职业资格培训的角度,分十五章分别论述保卫管理工作的相关内容。作为保卫工作学科理论体系的载体,注重理论体系的系统性和完整性;作为保卫管理工作培训教学的专用教材,注重内容的前瞻性和实践的操作性,力求既满足于培训教学需要,又适用于安全保卫工作实践,同时也适用于具体保卫人员操作和自学。

由于现实条件和认识水平所限,书中不足之处在所难免,敬请读者批评指正!

编　者

2017 年 12 月

目 录

第一章

保卫管理工作简述

————★————

企事业单位根据其规模、经营范围和所处地理位置等不同,可分为国内和国外两部分,或者只有国内部分。因此,企事业单位安全保卫工作的范围很广,包括国内安全保卫和国外安全保卫,但其目的只有一个,就是确保单位内部的安全。企事业单位的内部安全保卫工作,是维护单位内部正常的生产、经营活动,配合社会整体治安工作,预防、控制和减少违法犯罪,保障内部全体人员及财产安全的一项重要工作。要实现确保安全的目标,其手段包括人力防范、物质防范、技术防范、协同防范等,而且一个单位的安全工作不可能只用一种手段来保障,往往是多种手段并举,相互作用来共同促进目标安全。本章中,我们单就企事业单位涉及国内安保的手段之一——保卫管理工作——的相关内容与读者进行探讨。其目的是使读者了解保卫管理工作的概念、特点、任务、原则以及保卫人员须具备的素质,掌握常遇到的九种情况的防范与处置方法。

第一节　保卫管理工作基础理论

一、保卫管理工作的概念

安全工作是一个很大的范畴,它分为国家安全和社会安全。站在不同的角度、依据不同的标准,国家安全又可分为对外安全和对内安全、陆地安全和海洋安全、领空安全和太空安全等,社会安全也可分为政治安全、文化安全、生产安全、经济安全、秩序安全、信息安全和基本生存及生活安全等。为了确保上述众多类别安全的需要,我国依据相关法规,建立了从上到下、从点到面、纵横交错、各司其职、相互协作、共保安全的有效机制,形成了以国家安全委员会为统领,以解放军和民兵预备役主外,以武警部队主内,以公安机关维护社会面的稳定,以企事业单位内部安保力量保点,相互协同、互为补充的整体安全防范布局。在整体安全防范体系中,人力防范是关键,物质防范是基础,技术防范是重点,联合防范是保障,四者密切联系,有机统一。实践证明,做好常态化的安全工作,最根本的是要优化保卫管理布局,筑牢物质防范屏障,完善技术防范手段,密切联合防范协同,其中联合防范是安全工作防范的最高形式。

企事业单位的安全工作防范是国家整体安全工作最基础、最基层的组织体系,但它不是国家机器的组织部分,它与其他安全组织有着本质的区别。它具备了解、掌握社会面各个小点的第一手信息资料的得天独厚的条件;它维护一个单位的安全,但却没有执法权;它的最基本功能是管理和服务,维护企事业单位的正常秩序和合法利益。

企事业单位保卫人员在执行各类保卫勤务中,人力防范是非常重要的保卫措施,因为人是决定一切的因素,再好的技术也需要人来操作。特别是在一些"敏感"性或重点勤务(如银行的护卫、押送、运输等)中,保卫人员是犯罪分子实施犯罪不可逾越的屏障,因此,保卫人员便最大概率地成为不法分子拉拢腐蚀和袭击的目标。所以,保卫人员一定要提高认识,保持高度的警惕性,具备责任意识,加强技防能力训练,最终达到加强保卫管理工作中的确保安全功效之目的。

综上所述,保卫管理工作是指企事业单位的领导和保卫部门的领导及相关负责人,对所属单位安全保卫工作的组织领导活动。

所谓组织领导活动,主要是通过对单位内部安全保卫工作的预测、决策和对策等工作来调度安全保卫人员的值勤行为,这种行为过程就是领导活动。这种对安全保卫工作的调度行为,主要是保证安全保卫任务的完成。

对具体的安全保卫人员来说,安全保卫工作就是保卫人员在执行保卫工作中,通过对保卫目标对象的观察、对周围环境及情况的分析判断,对有可能发生和已经发生的危害目标安全的各种行为和现象,所采取的各种有效的应对措施,使保卫目标和对象免受侵害的防范活动。

中华人民共和国成立后,尤其是改革开放后,伴随着我国社会、经济和文化等领域的快速发展,从 20 世纪 80 年代至今,保卫工作尤其是保卫服务业从数量到质量、从零星到系统、从理论到实践均得到了前所未有的发展,保卫队伍的整体素质得到了提升,服务质量得到了提高。随着社会经济的继续发展,保卫服务也对从业人员提出了更高的要求,"把门护院"式的标准已不适应社会发展的需求。必须对保卫人员进行专业的培训,提高他们的理论层次和专业水准,必须根据保卫人员的能力素质水平,对保卫人员进行分类指导。目前我国对保卫人员的分类比较多,称谓也不尽相同。但从职业资格培训的角度来说,大体上可以分为四类,按照由低级到高级的分类方法,主要是保卫员(保安员)、助理保卫师、保卫师和高级保卫师,各个级别和层次均应达到相应的标准,具备相应的专业素质水准。

二、保卫管理工作的特点

(一)保卫管理工作对象的综合性

保卫工作是以专业为主进行分工并规定工作职责的,都有各自独立的工作业务范围,具有其他工作不可替代的特点。而保卫管理则主要是以工作阵地进行划分的,即规定一定范围的机关、团体、企业、事业单位作为安全保卫工作的保卫对象,保卫这些单位内部的稳定与安全。由于安全保卫工作的阵地种类繁多,各种不安定因素和安全隐患多且复杂,加之单位本身就是一个特定的社会环境,因而安全保卫工作要完成自己的工作任务,就必须履行多方面的职责。这决定了安全保卫工作必然是一项综合性的业务工作,其业务范围不仅包括重点要害部位的安全保卫工作,同治安、灾害事故作斗争等体现安全保卫工作特色的方面,还包括几乎涉及所有保卫业务的其他方面,如维护内部的治安秩序;开展调查研究和安全检查,及时发现和消除各种隐患;落实各项防范措施,制定各种规章制度;负责交通管理、危险物品管理等规定在单位内部的贯彻落实;负责单位的治安宣传教育;等等。

保卫管理综合性的特点决定了安全保卫工作方法的多样性和职责范围的广泛性。如为了维护单位的治安秩序,必须建立一系列的安全保卫制度,包括岗位责任制度、守护巡查制度、安全检查制度等;为了维护社会的稳定和单位的安全,必须加强调查研究和情报信息工作。

(二)保卫管理工作的广泛性

保卫管理工作阵地是一定范围的机关、团体、企业和事业单位等。虽然保卫管理工作的某些业务也涉及社会面,但其主要的工作阵地和保卫对象是在单位内部。这些习惯上称之为单位内部的保卫管理工作阵地种类、数量繁多,性质各不相同。其范围也比较广泛,基本上囊括了社会、经济、文化建设的各行各业,如银行、学校、医院、交通系统、购物中心、企事业单位等。

(三)保卫管理工作的关联性

要求安全保卫工作者要了解和掌握本单位生产、科研的特点和规律,并结合实际情况制定出适合本单位特点、规律的安全保卫工作方法、措施与规章制度。对重点建设工程、重要产品的研发和科研项目,必须介入并加强安全保卫工作。另外,要积极探索安全保卫管理工作和单位其他管理工作的结合点与结合渠道,使安全保卫管理工作和单位的业务活动有机地结合起来,形成一个管理加安全的完整体系。

(四)防范队伍构成的多元性

保卫队伍构成的多元性是保卫管理工作重要的特点之一。安全保卫工作也需要群众性组织的积极协助、理解、参与和支持,群众工作是安全保卫工作的基础,但其主要任务是靠广大保卫人员自己去完成的,保卫人员是防范工作的主体。从事安全保卫工作的力量多种多样,但主要由两种力量组成。

1. 单位专职的保卫部门

单位机关的保卫部门在安全保卫工作中的主要职责是宏观指导与检查监督,制订有关全局性的工作部署与规划,并直接负责指挥预防和打击发生在单位内部的各种违法犯罪活动。

2. 单位其他的群众组织

安全保卫工作大量的具体工作职责和任务是由单位的群众保卫组织来完成的。实践证明,在单位内部依靠保卫组织开展安全保卫工作是符合我国的实际情况的,它便于使安全保卫工作取得单位党政领导的理解和支持,便于安全保卫工作贯彻、落实群众路线,便于把安全保卫工作同单位的各项业务活动结合起来,也便于公安机关在单位内部开展指导和检查工作。

(五)保卫管理工作的专项性

我国大多企事业单位尤其是国有企业和事业单位,均有保卫部门的编制,但人员较少,力量薄弱,不足以确保单位内部的安全;改革开放后出现的大量民营企业,没有专职的保卫力量。这两种情形的长期存在,导致单位内部的安全保卫工作面临严峻的形势。这种对保卫工作和保卫人员的需求促使社会保卫(保安)服务行业快速发展,大多企事业单位便将单位内部的保卫工作全部或者部分业务外包给保卫服务公司承担。保卫服务公司开展的各项业务和履行的职责均是围绕"安全防范"进行的。在与客户签订合同之后,无论是为保护客户的财产、人身安全提供服务,还是为维护客户单位的内部安全提供服务,或者为客户提供安全技术防范服务,都离不开"安全"这个中心内容。

(六)保卫管理工作的专注性

保卫人员为了达到高质量为客户提供安全服务的目的,必须全神贯注,恪尽职守。工作不能有白天黑夜之分,也没有八小时内外之别,不受天气阴晴气候冷暖的限制,也不存在节假日的影响。总之,只要与客户签订了合同,对于其中的承诺,必须不辞辛苦、尽职尽责地去完成。

三、保卫管理工作的任务

"确保安全"是一个总的要求,或者叫总任务。如何完成总任务呢?根据安全保卫工作长期实践的经验和当前影响单位内部安全的诸多因素的实际情况,安全保卫工作必须做好以下四个方面的工作,或者说完成四项基本任务。

(一)维护单位内部治安秩序

内部治安秩序是整个社会治安秩序的重要组成部分。内部治安秩序的好坏,直接关系到整个社会治安秩序的好坏,特别是大中城市和经济文化建设相对发达地区治安秩序的好坏,可以说内部治安秩序系于一半。

内部治安秩序管理应本着依法管理、严密管理、文明管理、科学管理的原则要求,实行内部治安管理责任制,深入贯彻综合治理的方针,严密各项治安防范措施,努力为单位的生产、科研等业务活动和广大职工的生活创造良好的秩序和环境,以维护本单位内部及周边的社会稳定和治安秩序。

(二)预防打击违法犯罪活动

打击各种犯罪活动,主要在于预防。要通过宣传提高职工群众的防范意识,加强群众性治安保卫组织的建设,建立健全各项保卫制度,开展调查研究,严密掌握各种犯罪活动的情报信息等措施,做到预防为主、先发制敌、主动出击,力争将各种犯罪活动消灭在萌芽状态,减少损失,维护稳定。

当然,预防工作不是万能的,尤其是当前境内外恐怖势力、敌对势力和敌对分子,利用改革过程中出现的问题和矛盾,进行各种破坏活动以及经济领域各种犯罪活动十分突出的新情况,都不是我们原有的预防措施所能遏止的。因此,必须加大防范和打击犯罪的力度,强化安全保卫工作中预防犯罪的职能,坚持防范为主,严防不法分子的破坏和各种犯罪行为的发生。平时要总结经验教训,查找防范工作的漏洞和不足,改进和加强防范工作。

(三)确保重点要害部位安全

要害是关系国计民生的重要部位和重要部门,是对企业、单位全局具有重大决定作用和影响的关键部位。安全保卫工作的根本任务是保卫社会主义经济建设秩序,而要害是经济建设中至关重要的组成部分,从某种意义上讲,保住了要害部位的安全,也就是保住了全局的安全。

要害部位保卫要依靠保卫人员和广大在要害部位工作的人员,尤其是工作在要害部位的广大工程技术人员。要制定严格的保卫制度,采取严密的防范措施,不论是内部治安管理、打击犯罪还是预防灾害事故,必须首先把重点放在要害部位上,确保安全。这是衡量安全保卫工作整体任务完成质量的重要标志。

(四)预防处置治安灾害事故

生产、科研、教学及其他业务活动中发生的各种事故,尤其是一些重大事故,给社会带来的损失是巨大的,造成的影响也是严重的。可以说每一起重大事故都是一幕悲剧,甚至是一场灾难。全国各企事业单位内部每年都有数以千计的事故发生,它所造成的伤亡和损失往往比犯罪案件要大,尤其是交通运输系统、矿业开采系统以及涉暴行业。事故是单位内部的大敌。但是,单位普通职员特别是一些单位的负责人并没有认识到这一点,因而不注重安全防范,忽视了安全工作的重要性,致使事故时有发生。

宣传事故危害,预防事故发生,是安全保卫工作义不容辞的职责。积极行动起来,同各类事故进行不妥协的斗争,是维护内部稳定和安全的一个重要方面。具体要做到:和灾害事故的斗争,实行预防为主,预防和追查相结合的原则;严密安全生产规章制度,加强易燃易爆危险品的管理,健全各种安全监督组织,落实安全责任制;一旦发生事故,要认真组织追查,做到查不清事故原因不放过,当事人和周围群众受不到教育不放过,整改措施不落实不放过;对防范不力和严重失职造成重大事故的责任人,要依法追究其责任。

四、保卫管理工作的原则

面对安全保卫工作中可能出现的复杂紧急情况,作为保卫人员应如何处置,依据什么进行处置及应遵循的处置原则是什么等,是摆在每一个保卫人员面前的一些具体问题。保卫人员必须了解、掌握复杂紧急情况的处置依据及原则,及时、依法、理性、合理、正确地做好安全保卫工作。

(一)复杂紧急情况的处置依据

1.国家法律法规

国家法律法规主要包括刑事法律、民事法律、消防法、戒严法、集会游行示威法、治安管理处罚法、枪支管理法、人民警察使用武器警械条例、破坏性地震应急条例、交通管理条例、铁路运输安全保护条例及危险物品管理法规等。依据这些法律法规对保卫工作所遇紧急情况进行处理时,要注意自己的身份,摆正自己的位置。要始终注意以一个普通公民的身份来处理保卫工作所遇紧急情况,因为自己既不是执法者,又没有执法权和任何特权。要特别注意自身的越权行为和非法行为的出现。维护社会治安主要使用的就是正当防卫权、紧急避险权和对正在进行违法犯罪的人或逃犯的扭送权。另外,在雇请单位特别授权的情况下,可以依照国家法律进行部分维护社会治安的行为和对危险物品及其安全的管理。

2.行业管理规定

处理发生在单位内部及附近的各类影响目标安全的情况时,要依据公安部及各级地方公安机关发布的关于保卫行业管理的文件和命令,并结合国务院相关部委发布的行业规定具体执行,要关注相关行业管理规定的发布动态,及时组织学习贯彻落实。

3.单位内部规章

不同单位和部门为了加强本单位、本部门的社会治安管理,根据国家有关法律法规制定了本单位、本部门的一系列内部安全规章。

只要这些内部规章合理合法,没有同国家法律法规相抵触和相违背,就应当予以执行和遵守。而且从客观上讲,这些内部规章对我们维护好本单位的治安与安全、搞好安全保卫工作,均是十分有益的。常见的如乡规民约、厂规厂约等,有的学校、单位要求工作人员必须出示工作证,禁止外来车辆入内等。当然,其中如果有违背国家法规的内容,要及时向上级或雇请单位提出,劝其进行修改,以免与国家法规相悖,引起不必要的法律纠纷。

保卫人员值勤时,必须遵守国家法律法规、行业管理规定和单位内部规章,尤其是担负银行货币押运勤务的武装押运人员,必须按规定着装,携带相关警械器械,注意观察周边异常情况,提高警惕,严密部署专用车辆现场警戒。如果违反相关规定,被犯罪分子利用,就有酿成大案要案的风险。如2003年××市发生的特大持枪抢劫案,2名银行押款员和1名储蓄员遭歹徒枪击当场中弹身亡,1名工作人员身中数枪,歹徒当场劫走现金34万元以及部分公章和存款单。案件发生的主要原因就是,押款员未按规定着防弹衣和头盔;接送时警戒站位不符合要求,与车辆距离过大,防范意识很差。保卫人员必须是遵纪守法的模范,具备相应的职业道德,具有一定的思想觉悟,绝不能做违法犯罪、监守自盗的事情。如2016年9月7日,辽宁省大石桥市某金融押运公司运钞车司机李某某,持自制手枪抢走押运的人民币600万元,后被警方抓获。类似案件和近几十年来发生的多起犯罪分子持枪抢劫银行及其运钞车的案件充分说明,保卫管理工作必须做到对内严格约束,对外严密防范,对发生的问题严肃处置。

(二)保卫管理工作的原则

安全保卫工作的总目标是确保企事业单位的绝对安全,同时树立保卫队伍的良好形象,严格管理保卫人员,做到对内部人员的严格管理,对外部情况的严密防范,对发生的问题能做到严肃处置。军事家克劳塞维茨说过,原则同法则一样,是对行动的一种规定,它有法则的精神和实质,却没有法则那样死板固定。当现实世界的复杂现象不能纳入法规那样死板固定的形式时,运用原则就可以判断处理问题,所以原则实际上是行动者的依据和指南。

1.符合法规的原则

符合法规指在处理保卫紧急情况时必须符合法律规定,坚持依法办事,坚持做到不符合法律规定的行为不做,不符合法律规定的事情不办,带头维护法律的尊严,做学法、懂法、守法的模范。

2.预防为主的原则

预防为主是指安全保卫工作要立足于防范,把安全防范工作做在前头,要掌握治安动向、犯罪苗头,要采取一切有效措施和方法,千方百计地把各种犯罪活动消灭在预谋阶段,把治安灾害事故消除在萌芽之中,尽一切力量保卫社会主义现代化建设的成果,保卫人民群众的安全,尽力不能让犯罪行为得逞。或者事故案件发生之后,快速协助公安机关追查破案、抢险救人,尽力减少损失。

实现预防为主,不仅要在形式上把预防摆在第一的地位,更重要的是落实安全工作规章制度,把坚持制度变成行为自觉。要善于从千变万化的具体现象中把握那些带有规律性的东西,针对潜在的或可能发生的问题,及时提出预防和应变措施。预防,绝不是一时一事的权宜之计,也不是专对某一事件或某一个问题的预防,它所体现的是长期的防御思想和防范的整体性意识。

3.确保重点的原则

确保重点就是在分清主次,区别重点和一般的基础上,把重点单位和要害部位摆到安全保卫工作的主要位置上,以主要力量和主要精力,采取一切可能采取的措施,切实保障重点的安全。从一定意义上讲,把重点保卫好了,也就等于保卫了全局。从全局来说,"重点"就是直接对国家安危、国计民生或科学文化有重大作用和影响的单位;就具体单位来说,它是对生产、科研和业务活动起决定作用和影响的要害部位。

4.依靠群众的原则

依靠群众,是指安全保卫工作的开展必须建立在相信群众、依靠群众的基础上,充分调动群众自觉维护社会治安的积极性,依靠群众的智慧和力量,做好维护治安、预防犯罪、防止事故发生等各方面的工作。

人民群众是有关犯罪和治安信息的最敏感、最直接和最广泛的来源,安全保卫工作具有广泛的社会性和群众性,任何犯罪问题和治安问题都离不开群众生活、生产的领域,都逃不过人民群众的眼睛。

人民群众中蕴藏着无穷的智慧和力量,蕴含着同违法犯罪作斗争、维护社会治安的极高的积极性。各种违法犯罪活动直接威胁、危害着人民群众的切身利益,人民群众对之深恶痛绝。保卫部门只有认真依靠群众,充分信任群众,把人民群众维护自己的切身利益和维护社会治安的积极性充分调动起来,他们就可以成为同犯罪分子作斗争的最普遍、最直接、最及时的力量依靠。

5.确保安全的原则

确保安全指在处理保卫紧急情况时必须以确保客户和被保护目标安全为最高标准。这主要是因为,安全工作是保卫行业赖以生存的前提和基础,是保卫行业本身的"饭碗"工程。安全不仅是企业的信誉,也是企业的生命,更是企业的财源。没有安全就没有保卫行业,也就没有保卫企业的生存。因此,我们要时刻绷紧安全这根弦。

处理保卫紧急情况时,如果遇到人之生命垂危,要尽一切力量抢救生命,这不仅是因为人之生命高于一切,而且只有救活了现场中亲眼看见事情经过的人,才有可能对整个事发过程作全面了解,以便真正弄清事物的本来面目。所以,抢救生命也是处理保卫紧急情况时理应坚持的原则。

6.保全证据的原则

处理保卫紧急情况时大都涉及治安案件或刑事案件,作为保卫人员,每一行为或动作都可能影响到犯罪证据的存在与灭失,所以必须以保全案件现场证据为根本原则。这不仅是保卫人员的责任,也是保卫人员的义务,要确保这一根本原则在处理保卫紧急情况工作中的贯彻执行。

7.减少损失的原则

有时在保卫勤务中,紧急情况一旦出现,造成损失是不可避免的,但保卫人员处理工作中出现的紧急情况时,一定要坚持尽量减少损失的原则,即将紧急情况或事件中的人员伤亡、物质损失降至最低程度。这不仅是对客户和单位负责,更是对国家及人民生命财产负责,当然客观上也维护了保卫服务公司的形象、信誉和物质利益。

五、保卫人员的素质

(一)保卫人员素质的含义

我们先看一个案例。

1981 年 3 月 30 日,一个细雨蒙蒙的日子,走马上任才两个月的美国总统里根在希尔顿饭店门前发表演讲。演讲结束后,就在里根总统要乘车返回白宫的时候,在记者人群中一个穿着褐色雨衣的金发青年,突然拔出一支左轮手枪,向总统开了两枪。当第一声枪响时,正在总统专车后面的特工丹尼斯·麦卡锡立即转身向记者群望去,凭着职业的敏感性,他感到枪声就是从这里发出的。可是,由于他所在的位置与临时控制线处在一条直线上,一排扛着摄像机的记者挡住了他的视线。当第二声枪响时,麦卡锡终于看到了夹在电视摄像机丛中的两只紧握手枪的手,枪手离他大约两米远。多年的训练,使他脑手配合融为一体,当他的眼睛看到枪口时,大脑立刻意识到刺客已经发难,身体反射般地弹了出去,挡在凶手和总统之间。射向总统的第三颗子弹打到了麦卡锡的腹部,他忍着剧痛,用右臂死死卡住凶手的脖子,用左手去夺他的枪。在他的冲击下,凶手后来射出的几发子弹都打偏了。就在第一枪响起的时候,总统身旁的特工队长杰里·帕尔和特工伊·沙迪克本能地把总统的头压低,重重地将他往汽车里推。总统的脑袋在车门框上撞了一下,倒在车座上。帕尔随即扑进去,用身体挡住总统,对司机吼着:"开车,快开车。"汽车一溜烟驶离现场。与此同时,白宫特工人员和警察一个接一个地向凶手扑去,他们像叠罗汉似的死死地压在凶手的身上。旁边,一名特工举着一支以色列造轻机枪,高声喝叫他的同伴注意其他谋杀者。

面对突发事件,在现场十分混乱的情况下,白宫的保卫人员能够敏捷、迅速地做出反应,分工明确,配合默契,整个事件处理得有条不紊。从枪击开始到把里根总统送上专车,离开现场,只用了 7 秒钟。里根总统之所以能死里逃生,与白宫保卫人员的快速反应能力是分不开的。这是他们平时训练有素的结果,在他们身上体现的正是保卫人员所具备的高素质。

那么,何谓保卫人员素质呢?保卫人员素质是指保卫人员在生理、心理条件的基础上,通过教育、实践和自我修养等途径而形成和发展起来的,在安全保卫工作中经常发挥作用的内在的基本品质,或者说是保卫人员所应具备的条件和能力。

保卫人员素质是以良好的先天禀赋为基础的。保卫人员的职业特点对保卫人员的生理、心理条件提出了特殊的要求。在生理方面,要求身体健壮,动作迅速,反应灵敏,能吃苦耐劳,有较强的环境适应能力;在心理方面,要求具有较强的观察、分析和判断是非的能力,思维敏捷,反应迅速,意志坚强,具有一定的自我控制能力。生理和心理条件是保卫人员素质养成的基础。

保卫人员素质形成和提高的途径是教育、实践和自我修养。这里所说的教育，主要包括学校的保卫专业教育、中短期的培训等。保卫人员通过接受各种形式的教育、培训，明确保卫人员所应具备的品德要求，掌握保卫专业知识和技能。在此基础上，保卫人员还应积极投身于安全保卫工作的实践中，因为只有在实践中才能将所学知识内化为素质，也只有在实践中才能检验、提高其素质水平。此外，保卫人员要形成良好的素质，还必须充分发挥主观能动性，根据安全保卫工作的实际需要和自身的实际情况，自觉地加强自我修养。

保卫人员素质是保卫人员通过内化保卫服务业的职业要求而形成的能力和基本品质，它一经形成就会在安全保卫工作中稳定地、持久地发挥作用。素质高的保卫人员不论在什么工作岗位，遇到什么危急情况，都能任劳任怨、恪尽职守，创造性地完成工作任务。

(二)保卫人员素质的内容

根据人的素质构成，结合保卫服务业的性质、特点以及保卫人员的职业任务，保卫人员素质的基本内容包括三个层次。

1. 保卫人员的身体素质

这是保卫人员素质的第一个层次，也是保卫人员整体素质的基础和前提，主要是根据生理素质的基本特点，结合安全保卫工作的实际需要，提出保卫人员身体素质所包含的主要内容。其目的是增强保卫人员各种生理器官的活动能力、对外界环境的适应能力，培养健壮的体格、特殊的体能、充沛的精力，并养成良好的卫生、锻炼习惯，以适应安全保卫工作任务繁重、环境复杂并具有一定危险性的特点。

2. 保卫人员的心理素质

这是保卫人员素质的第二个层次，主要根据保卫服务业的特点，提出保卫人员所应具备的心理品质。其目的是使保卫人员从工作的实际需要出发，自觉加强心理素质的修养，协调发展各种心理品质，形成良好的心理活动规律，增强心理的承受能力，培养敏锐的观察力、良好的记忆力、机智的应变力，以及健康的情感和顽强的意志，以适应市场经济对保卫服务业的需求。如2003年12月1日上午，辽宁省海城市西柳市场农村信用社第六储蓄所门前发生一起抢劫爆炸案，造成了17人受伤，2人死亡。在这次爆炸中，两名经济警察穿着防弹衣，携带警械，与劫匪展开了战斗，在公安人员的支援下擒获了劫匪，体现了他们坚强的意志、顽强的精神和良好的心理素质。

3.保卫人员的社会文化素质

在社会文化素质这一层次中,保卫人员所应具备的素质包括政治素质、职业道德素质、法律与纪律素质、科技文化素质和业务素质。考虑到保卫事业发展的趋势,还提出了保卫人员的公关和仪表素质。

(1)政治素质。政治素质是为解决保卫人员的政治立场、政治观点和政治理想等问题,帮助其初步掌握辩证唯物主义的基本观点和方法,形成正确的思想认识和思想方法,形成正确的世界观。如2004年4月27日,陕西省略阳县铧丁沟金矿经济民警陈某、吕某两人共谋盗窃负责守护的库房内的金半成品载金碳。第二天在转移赃物时被抓获。又如,香港曾发生一起特大抢劫运钞车案,一名运钞护卫队长串通两名同党,用迷惑药将另两名押钞员迷惑,掠得车上500万元港币现金后,逃往深圳。这两起案例和更多的典型案例都充分说明保卫队伍良莠不齐、个别保卫人员政治素质不高的现状,说明保卫队伍正规化建设任重道远。

(2)职业道德素质。职业道德素质是从保卫职业的专业特点出发,培养保卫人员的社会主义道德品质,增强其职业情感,使其养成强烈的职业责任感,为其在实际工作中模范地遵守保卫人员的职业道德规范打下基础。老子说过,合抱之木,生于毫末;九层之台,起于累土;千里之行,始于足下。这说明职业道德培养须从头抓起,也说明源头的重要性,这也是我们招聘安全保卫工作人员的底线。如下案例充分说明了这个问题的重要性。

某年9月29日17时许,在吉林省磐石市红旗岭至磐石公路上发生了一起杀人、抢劫运钞车案件,两名犯罪嫌疑人持刀将1名押运员刺死,将另2名押运员刺伤,抢走现金132.9万元,同时抢走防暴枪1支、子弹4发。公安机关经过15小时连夜奋战,成功抓获了两名犯罪嫌疑人,被抢枪支、弹药、现金全部被缴回。案件经过是这样的,9月29日16时左右,一辆载有132.9万元的运钞车从吉林省磐石市红旗岭一银行缓缓驶出,没等押钞车驶出红旗岭镇,就有人在路边招手搭车。司机就将车停下了,因为招手的人他们都认识,是以前的同事杨某。一个月前,杨某刚被磐石市保卫公司开除。当天中午和他几个人在一起吃饭,杨某给几个押运员说过下午要搭车。杨某上车后,车继续往磐石市开去。17时许,车到石嘴子村附近时,突然间杨某和车上另一名押钞员孙某各自拔出一把尖刀向携款员王某刺去,猝不及防的王某当场倒在了血泊之中。车上的另几名押运员见状,当即与两人展开了搏斗。搏斗中,孙某被防暴枪击中,其间车侧翻在离磐石市富太镇解放村团结屯入口不到100米的公路旁的壤沟里。杨某和孙某带着132.9万元巨款仓皇逃跑,车上押运员徐某和司机马某在搏斗中受伤,携款员王某由于伤势过重,不幸身亡,中了枪的孙某没跑出300米就跑不动了,趴在了地上,被闻讯赶来的公安民警当场擒获,杨某则携款逃跑。

(3)法律与纪律素质。法律与纪律素质针对保卫服务业的实际情况和未来发展的需要,指出了保卫人员法律素质与纪律素质养成的必要性及其内容,提出了保卫人员在其职业活动中所应遵守的基本准则。其目的是使保卫人员具备较强的法律意识、法制观念和良好的作风纪律,使其在实际工作中严格守法,严守纪律。

(4)科技文化素质。科技文化素质指出了保卫人员科学文化素质的基本内容,目的是使保卫人员具有一般的自然、社会和思维科学的基本修养,培养其独立学习新知识、新经验的基本素质,使其掌握从事保卫服务业的基本科技文化知识。

(5)业务素质。业务素质提出了保卫人员所应具备的专业知识和技能要求,目的是使保卫人员认识到业务素质养成的重要性,了解保卫业务素质的基本要求,培养保卫人员钻研业务知识、不断学习、不断提高的自觉性。如2004年1月26日下午,身为银行保卫人员的宋某与往常一样在运钞车周围值勤,因周边人员往来频繁,宋某紧张并致防暴枪走火,喷溅的弹粒正击中他的右脸,致其面部受伤严重。这起案例充分说明宋某业务素质不高,平时训练对自己要求不严。

(6)公关和仪表素质。保卫人员的公关和仪表素质是根据保卫服务业的性质和发展趋势,阐述了保卫人员具备公关和仪表素质的重要性,提出了公关和仪表素质的基本要求,目的是使保卫人员树立公关意识,养成良好的仪表风度。

上述六个方面相互联系,相互影响,相互作用,共同构成了保卫人员整体素质中的最高层次的素质——社会文化素质。在这六个方面中,政治素质起着统帅的作用,它规定着保卫人员社会文化素质的性质和发展方向;职业道德素质、法律与纪律素质在保卫人员的社会文化素质中占有重要的位置,对保卫人员的职业行为起着规范的作用;科技文化素质是保卫人员社会文化素质形成的基础;而业务素质则是保卫人员社会文化素质中的重要内容,是其他各种素质的发展归宿。

保卫人员的素质就是保卫人员的身体素质、心理素质和社会文化素质的有机统一。作为未来的保卫人员,必须使这三个方面的素质协调发展,缺少其中任何一项素质,或者只在某一方面突出,都不能被认为是高素质的保卫人员。比如,有的保卫人员单凭满腔的热情加入到保卫队伍中来,但由于业务素质不过硬,一旦独立上岗执勤,遇到紧急情况时便充满了紧张和恐惧,对于事态的发展无法做出正确的判断,不能正常地发挥应有的防范能力,结果造成了事态的扩大与恶化,给客户带来损失;有些政治素质、法纪素质差的保卫队员甚至出现了保卫人员"不保卫"的现象,在公共场合带头打架斗殴,在受雇单位监守自盗。

第二节 常遇情况的防范与处置

一、抢劫营业场所的防范与处置

(一)搞好抢劫犯罪的预测工作

要充分了解本单位安全防范的薄弱环节,根据侵害银行的犯罪活动规律,对发生抢劫犯罪的可能性做出预测,有目的地加强防范。一般地,要实施抢劫银行等营业场所的活动,犯罪分子选择的作案目标多是中小城市、县城、乡镇或城市中较偏僻的基层网点,这些地方职工人数少,女职工又多,防范力量薄弱,安全设施差,作案后又易于逃匿。

(二)识别客户群体中的犯罪分子

识别客户群体中的犯罪分子是一项很复杂的问题,需要从人的言语、行动中观测,更需要在日常工作中积累经验,还需要深入客户中了解。在银行营业场所履行安全职责的安全保卫工作人员,要根据犯罪分子抢劫银行所表现出来的特点和规律,善于提早发现。

犯罪分子抢劫银行的特点通常表现在以下几方面。

1.前期"踩点"

犯罪分子在抢劫银行前,基本上都要进行"踩点"。他们可能以不同身份、不同着装在不同时间段内多次到银行存取现金和兑换钞票,以便实地观察银行工作人数、顾客人数、门窗牢固程度、现金存放处、电话和报警装置情况。

2.选择"时机"

犯罪分子多在夜深人静、午间休息、刚上班或快下班等时间迅速作案。

3.选择交通工具

犯罪分子多使用偷来的或假牌照汽车,在行抢时将发动车辆停放在银行附近,车内留有司机,开着车门,以便抢劫后逃跑。

4.乔装打扮

犯罪分子作案多戴墨镜或蒙面,使人难以辨认其真实面貌。其到银行后采取突然袭击,在紧张混乱的状态下迅速行动。

5.破坏通信设施

犯罪分子进入银行后,首先设法破坏电话和报警设备,使职工无法向公安机关报警,有时或杀害职工或捆绑职工,以便其能顺利作案。

6.带有作案工具

抢劫银行的犯罪分子都带有凶器,不少情况下还带有枪械。

7.团伙作案为主

盗窃、抢劫银行大多是团伙作案,有一定的分工。但也不能排除个别胆大妄为、心狠手辣的犯罪分子单独作案。

上述犯罪分子所表现出来的特点和规律,保卫人员要认真进行分析甄别。

当然,实施抢劫的犯罪分子脸上不会贴有标记,但是会有一些不同寻常的举止行为可以引起我们的警惕。常见表现行为有:一是神情恐慌、言行异常;二是着装、携带物品与其身份明显不符,或与季节不协调;三是冒称熟人,假献殷勤;四是频繁进入银行办公场所;五是反复在银行附近出现;六是疑似被公安机关通缉的人员。这就要求保卫人员在平时工作中认真履职,尽心尽责,积累经验,具备快速识别犯罪分子的能力。

(三)抢劫案件的应对策略

1.发现"踩点"可疑时

保卫人员发现客户中有"踩点"可疑者时,应该提高警惕,严加防范,采取各种方法积极应对。

(1)不露声色,不打草惊蛇,不能让对方察觉出已对其的怀疑和观察。

(2)注意观察分析、判明"踩点"者的人数,慎防"螳螂捕蝉,黄雀在后"。

(3)注意观察、记忆可疑者的特征(包括生理特征、语言特征、衣着特征等)。

(4)注意观察、记忆可疑者的车辆特征、车牌号等。

(5)当可疑者离开营业场所时,若有必要和可能,应派员跟踪其后,进一步发现、搜集有价值的情报资料。

(6)有监控设备的营业场所,应保持信息技术及网络的正常运转,录像设备应及时投入运转,将所发现的可疑情况拍摄记录下来。

(7)必要时可将相关情况向单位保卫部门直至公安机关报告。

2.犯罪分子暴力抢劫时

当出现犯罪分子暴力抢劫时,保卫人员、保卫干部、业务人员应临变不惊,按照《防暴力抢劫预案》的规定要求,各司其职,与犯罪分子展开斗争,及时地将情况报告公安机关。

3.公安机关出警现场

公安机关接到报案后,会按照相关出警流程派出足够的警力赶赴现场。在赶赴现场途中,还会密切注视沿途的可疑车辆和人员,接近现场时,一般不会发出警报信号,以防犯罪分子慌忙逃脱或狗急跳墙、铤而走险,进行更严重的暴力犯罪。在快速控制住各个进出口后,他们会采取措施及时判明犯罪分子是否还在犯罪现场等问题。作为保卫人员,主要是为公安机关提供必要的、有价值的信息。

4.封锁现场

保卫人员及其增援力量在封锁、进入现场时,应选择有利地形,注意在途中隐蔽处观察动静,不能贸然直入现场,以防犯罪分子在暗处开枪造成伤亡。

5.配合公安机关巡查现场

在封锁现场的同时,应派出一部分保卫人员协助公安机关在周围巡查可疑人员和车辆。如发现有开着车门并有司机等候的车辆,已经发动的车辆,假牌照、可疑牌照的车辆以及泥土痕迹多等形迹可疑的车辆,应立即搜查,并高度警惕犯罪分子行凶或强行开车逃跑。

6.将现场情况报告上级

如果犯罪分子抢劫银行后已逃离现场,应迅速向目击者收集抢劫者的体貌特征、服装特征,汽车的种类、型号、特征、车牌号,所带的武器,逃跑的时间和方向等重要信息。收集这些重要信息后,应立即按规定上报。

(1)向领导机关报告,及时发出追捕通报,若有必要和可能,要及时建议公安机关发出通缉令。

(2)立即派员向犯罪分子逃跑的方向追捕。

(3)及时向有关道路和交通枢纽处的主管警察部门报告情况,协助堵截、追捕犯罪分子。

7.组织追捕

在组织追捕犯罪分子的同时,应继续封锁现场,进行现场勘查,发现和提取犯罪分子留在现场的痕迹和废弃物品,并进一步向目击者收集犯罪分子信息。一旦发现新的信息要及时向追捕人员提供,相互配合,以期尽早擒获犯罪分子。

二、哄抢单位财物的防范与处置

我国企事业单位数量多,门类齐全,大多单位均有财物储备,如果警戒安全保卫工作做得不好,极易发生哄抢财物的事件。这就要求保卫部门及其人员必须做好防范与处置工作。如商场为了促销,常常举行一些大型促销活动,大幅度地降价、发放购物券等,这些活动极易出现拥挤、抢购等现象,保卫人员在执勤中应区别情况采取措施。

近年来,发生在高速公路事故车辆上、稀缺矿山上和大型商场中的哄抢事件比较普遍,呈逐年上升趋势。哄抢事件反映出了个人心理易受其所处群体心理的影响,形成从众心理。只有在普法教育和加大惩处力度双重作用下,才能有效避免哄抢事件的发生。《中华人民共和国治安管理处罚法》(简称《治安管理处罚法》)第四十九条和《中华人民共和国刑法》(简称《刑法》)第二百六十八条均对哄抢和聚众哄抢公私财物进行了界定,根据哄抢的情节轻重,规定了这类事件有违道德,甚至还涉嫌违法犯罪的基本属性。因此,保卫部门和保卫人员在防范和制止此类事件时,一定要理直气壮,依法处置。在防范上,首先要加强宣传教育,采取公告、高音喇叭宣传等形式,告知民众哄抢行为的违法性;其次要加强活动的组织管理,严格物品管理出入规定;再次要积极预防与稳妥处置相结合,制定完善活动方案,预想各种可能发生的情况的处置方法。

1. 坚决制止

我们保卫的目标大多为重要物资仓库、关键生产部位、机密要害单位,一旦遭抢,轻则影响生产、生活,重则危害社会安定、国家安全。因此,保卫人员发现有人哄抢守护目标财物,应及时坚决予以制止。制止哄抢可采取严词斥责、用身体遮挡或转移财物等方法,有条件的也可采用关闭大门、加固遮盖等方法阻止哄抢。对哄抢者已经到手的财物,要尽可能当场追缴。贵重物品和其他特别重要的物品遭受哄抢的,保卫人员要奋力保卫,必要时可使用依法佩带的防卫器械或武器予以制止。守卫重要金融、军工、仓储、科研等单位的保卫人员,使用枪支制止哄抢,一定要严格执行有关枪支使用的法律规定。

2. 说服教育

保卫人员在采取措施坚决制止哄抢的同时,要积极宣传有关法律、法规,指明哄抢行为的严重性质和法律后果,说服大多数参加哄抢人员停止哄抢。重点要做好那些有影响、带头哄抢人的说服教育工作,尽可能劝说他们带头停止哄抢。

3. 及时报警

对较大范围的哄抢和难以制止的哄抢应迅速报警。报警时应说清参加哄抢的人数、身份、特征和数量。

4. 准确取证

保卫人员应及时报告被哄抢物品的性质。对难以制止的哄抢事件,保卫人员要准确记录有关人员、车辆的详细情况,有录像和照相设备的可以录照原始材料。要尽力查清带头哄抢人的身份,记住他们的体貌特征、口音等形象因素,为事后司法机关处理提供线索和证据材料。

5.收缴财物

哄抢被平息后,保卫人员应及时收缴现场被哄抢的财物,积极协助有关部门收缴散失的被哄抢财物,尽量减少损失。对各类危险物品,要立即采取安全措施以防泄漏、放射和爆炸。

三、押运勤务情况的防范与处置

(一)押运前的准备工作

1.按职准备

执行押运任务前,押运员、业务员、司机等应当按照各自职责做好各项准备工作。

(1)办理、携带《免检通行证》。

(2)清点现金箱(包)数量,检查封箱(包)质量,数量不符或封品不合格时,应当及时报告业务部门处理。

(3)全面检查车证,加足油料,检查车门、车窗锁定装置,消防器材等情况。

(4)检查随身携带的武器、防卫器械及必备证件。

2.押运员要事先了解熟悉有关情况

(1)交通沿线的道路状况。

(2)公安机关、武警、部队在沿线的布局驻防情况。

(3)沿途的敌、社情状况和通信联络情况。

(二)押运中的制度要求

(1)押运人员在押运中应当严格履行职责,集中精力,提高警惕,注意观察沿途车辆周围情况,妥善处理运钞途中发生的各类问题。

(2)押运车遭到犯罪分子袭击时,要临危不惧,因地制宜,灵活处置。遇歹徒拦截车辆时,不要停车,加大油门冲过去,迅速到附近的公安机关报告,派出警力追缉犯罪分子。当遇歹徒设置路障或道路条件限制不能冲击过去时,应选择有利地形,停靠在易守难攻的地方,运用手中的武器和其他防卫器械,设法制服犯罪分子。此外,应按照预案的分工和要求,及时向有关部门报告。

(3)押运车发生交通事故时,应区别不同情况灵活处理。如属轻微的交通肇事,应向交通警察出示证件,说明情况,勘检登记完毕后,先起运而后派专人处理。如属重大交通肇事,车辆难以即刻修复的,随车人员应守卫现场,保护现金,并派人与附近的金融单位或保卫公司、公安机关取得联系,采取相应的安全措施,配合公安机关迅速处理事故现场,防止群众围观和发生哄抢事件,协助押运人员确保运钞车的安全。

(4)押运车发生事故时,全体人员分工负责,齐心协力,既要加强车辆警戒,又要协助司机加紧排除故障,尽快修复起程。如发生重大故障,在短时间内不能修复时,应迅速与本公司、当地银行、公安机关联系,请求援助,尽量缩短现金的滞留时间。

(5)执行任务的押运车发生交通违章情况时,公安机关会根据相关规定登记放行,押运人员完成任务后应积极协助公安机关处理。

(6)押运人员、业务员、司机必须严格遵守押运纪律,保守秘密,不得泄露起运时间、行车路线、押运数量等情况。

(7)执行押运任务时,不得单独行动,不得饮酒,不能携带违禁物品和私人物品,不得让无关人员搭车,不得无故改变行车路线,不得办理与押运任务无关的事宜,遵守交通规则。

(8)随车人员要各司其职,密切配合,熟记安全防范预案,提高处置突发情况的能力。

(9)持枪执行押运任务时,不得人枪分离,不得玩弄枪支。

(三)押运后的安全交接

(1)运钞车到达终点时,应当最大限度地靠近目的地停放。

(2)押运人员要加强警戒,无关人员不得接近运钞车。

(3)押运人员要监督业务人员办理交接手续,使所押运的款项能迅速入库(柜)。

(4)押运人员必须在所押运的款项安全入库(柜),通勤门落锁并确认无异常情况后方可离开。押运人员还应检查、交回执行任务所用的武器,办理交接、登记手续,枪支弹药要及时入库。

四、盗窃单位财物的防范与处置

(一)盗窃案件的特点

(1)监守自盗或是内外勾结作案。

(2)犯罪分子的盗窃目标以现金、贵重物品为主。

(3)盗窃行为多发生于一些财物集中的部位,盗窃时间多发生于上下交接班、节假日等无人的时间段。

(4)作案手段向智能化、技术型发展。

(二)盗窃案件的预防

(1)单位领导必须足够重视。企事业内部单位的领导负有做好安全保卫工作的职责,要把安全保卫工作纳入企事业经营活动中去。保卫人员要主动争取党政领导对安全保卫工作的重视和支持,加强防范。

(2)确定预防的重点部门和部位。应对单位内部的财会室、其他保管票据的部门,存放有精密仪器、重要器材的地方,重要生产车间、营业场所、物品点防范的目标和部位,采取相应的措施制度。

(3)建立健全防护系统。将存有现金、有价证券、票据、稀有金属、贵重物品的原材料仓库等确定为重点,加强空间、时间上的控制,建立健全以院墙、房屋、门窗、门锁为主的防护系统,并保证这一防护系统的完善、合理、有效、实用。

(4)加强技术预防。面对盗窃犯罪作案手段的智能化和现代化,防范工作也需要用技术防范的手段来对付犯罪。因此,就预防盗窃来说,要尽可能地安装使用防盗报警系统。使用适合本单位特点的防盗窃报警系统,可以增强犯罪预防的能力,起到人防所起不到的作用,特别是在银行金库、各种物资仓库、秘密资料档案室、财会室等重点要害部位。

(5)严格执行各项管理制度。保卫人员要协助有关部门,督促有关人员严格执行各种管理制度,如现金管理制度,贵重物品、财物管理制度,产品、原材料出入库制度,交接班制度,门卫值班制度等。主管领导和保卫部门要经常定期、不定期地进行检查,对检查出的问题及时整改。

(6)加强值班守护。必须加强值班守护工作,使它与制度和设施有机地结合起来,形成一个防范的网络结构,通过人的守卫和能动的行为,充分发挥制度、设施的作用。值班守卫应以重点、要害为中心,将要防范的重点目标纳入我们的视线和监控之下,使盗窃活动难以得逞。

对于盗窃案件的处置,受保卫人员执法权力的影响,应注重加强报警能力、保护现场能力、配合公安机关调查取证能力的培养训练。

五、人身伤害案件的防范与处置

(一)人身伤害案件的特点

(1)案件的发生多是因矛盾、纠纷激化引起。此类案件大多发生在劳动人事、医疗、工资等制度改革中,在调资、提干、聘任、进修、评奖、分房、子女招工等问题上,或者因未满足个人要求而铤而走险,或者因婚恋变化、男女奸情、钱财纠葛、口角争执、私仇嫌隙等矛盾和纠纷激化而行凶报复。

(2)案件发生的时间可以预测。由于这类案件均发生在利益受到影响的时候,很容易判定,我们可以在易发生的时间内加强防范。

(3)犯罪苗头、征兆可寻。矛盾的激化有一个从量变到质变的过程,经历发生、发展、激化三个阶段,每一个阶段均有表现形式,当矛盾、纠纷发展到犯罪意念时,其心理、言行、举止往往出现异常。这就决定了这类犯罪有一定的苗头、征兆,只要我们注意调查研究,就能发现犯罪的征兆。

(二)人身伤害案件的预防

(1)加强思想宣传和法律教育。要教育职工群众自觉抵制腐朽思想,反对拜金主义、极端个人主义等,树立正确的人生观、世界观和价值观,敬业爱厂,遵守社会公共道德。

(2)根据案发时间特点,把预防工作做在前头。以化解清除矛盾为目标,做好超前预防。保卫组织要注意广泛收集信息,做好分析,从矛盾中发现可能激化的线索,围绕具体对象做好防范工作。

(3)围绕具体对象,进行防范控制。

1)加强调查研究,准确掌握信息。加强调查研究,做好基础工作,把内部的敌情、社情等因素掌握于手,与党、政、工、团等其他业务部门配合掌握可能作案的对象。

2)围绕重点对象,做好疏导教育。围绕易受侵害、伤害的对象,找出可能作案的人,并确定专人进行教育。疏导教育要动之以情、晓之以理、导之以规,并讲究实效。

3)对可能铤而走险的人,加强防范控制。可布置治保委员、基层干部、治安积极分子加以控制,或建立治安耳目,利用一起工作、劳动之机进行秘密控制,也可由保卫干部与其他治安人员配合,直接控制。

(4)对可能遭受侵害的单位领导人,加强安全保护。安全保卫工作要因人因地因时制宜,力求隐蔽。可布置值班、巡逻人员和领导人身边的人员注意发现异常,将领导人办公、居住地纳入控制视线,进行保护。要充分运用法律手段,依法打击侵害单位领导人的违法犯罪行为,以打促防,积极预防。

(5)依靠各级组织,进行调解、疏导工作。本着"谁主管、谁负责"的原则,把调解工作落实到各级组织。加强疏导调解工作,调解疏导矛盾,保卫组织应与各级组织保持联系,了解调解疏导工作情况,掌握可能激化的矛盾信息,有重点地进行教育疏导和防范工作。

六、人员私闯单位的防范与处置

(一)无证件私闯时的预防与处置

1. 无证件私闯人员的基本情况

无证件私闯人员是指没有身份证件或出入证件,未经准许擅自出入客户单位大门的人员。私闯的情形主要有趁门卫人员不备溜进、溜出,假冒工作人员闯入、闯出,或混在其他有证件的人群中跟进、跟出,与其他有证件的人员一起进出等几种情形。

无证件私闯人员的身份很复杂,有的确属工作人员忘带证件,有的属正常往来的人员,有的属非正常往来人员,有的可能是违法犯罪嫌疑人员或别有用心的人员。因此,对无证件私闯人员要及时阻止,严格审查,防止其混进、混出,损害客户单位利益。

2. 对无证件私闯人员的处置措施

(1)早发现,快识别。门卫保卫人员要随时注意大门周围情况,发现有私闯迹象的人员,应做好拦阻准备,必要时可提前招呼其出示证件或责令其离开。对本单位职工、正常往来人员没有出示证件迹象的,要提前招呼其出示证件;对身份可疑、行为鬼祟,在大门内外侧活动,伺机闯入、闯出的人员,要责令其离开门卫责任区。

(2)果断拦阻私闯人员。对无证件私闯人员,门卫人员要果断拦阻,除用身体拦阻外,还可以放下栏杆、关闭大门进行拦阻。上下班进出人流高峰时,或多人出示证件同时进、出大门时,保卫人员发现人群中未出示证件者或无证件跟进、跟出者,要及时将其叫出,请其出示证件或者促其办理出、入手续,必要时应果断将其拦住,带出人群处理。

(3)分别不同情况对私闯人员做出处理。对内部人员忘带证件的,可通知其单位领导领进、送出;对外来人员确属正常往来的,可通知接洽单位或人员领进、送出;对非正常往来人员,特别是闲逛者、拾荒人员等,要坚决阻止其进入或严格审查外出;对有违法犯罪嫌疑的人员,应通知保卫部门到现场处理并视情报警。

(4)注意方法,避免冲突。门卫保卫人员对各类私闯人员要坚持说服教育,文明执勤,尽量避免发生冲突。对本单位职工、正常往来人员,要耐心解释门卫规章制度,主动为其联系本单位领导或有关部门接待处理。对非正常进、出人员要坚决阻止,并严格审查,如发现有违法犯罪嫌疑,要及时报告保卫部门或报警。

(二)不配合验证时的预防和处置

1. 拒不交验证件又不办理登记手续人员的基本情形

拒不交验证件又不办理登记手续,是指进、出客户单位大门的人员,虽然已经出示了证件,但不按规定将证件交门卫人员查验,或不按规定履行登记手续。这类情况主要是一些内部人员或经常往来的人员怕麻烦所致,也可能有持假证件怕被查出而拒不交验的,甚至也可能是违法犯罪嫌疑人员混进混出。因此,对这类人员,应及时阻止,严格检查,认真登记,以防违法人员混进、混出。

2. 对拒不交验证件又不办理登记手续人员的处置措施

(1)要及时拦阻进出人员。这类人员逃避查验、登记,一般进出都很快,出示证件也很快,有的甚至只是做个动作。所以,门卫保卫人员要及时发现,及时拦阻,不要让其得逞。

(2)要耐心说服,讲明制度。对被拦阻人员,要耐心说服、劝导,讲明门卫规章制度。要注意言辞恳切,态度和缓,不要简单粗暴,更不要训斥,以防激化矛盾,发生冲突。

(3)要分类处置。对劝阻无效,执意不交验证件、办理登记手续的人员,如属内部职工,可通知其单位领导或保卫部门到场处理;如属外来人员出门,应及时报告保卫部门到场处理;如属外来人员进门,可视情况拒绝进入或报告保卫部门处理。

(三)不接受查验时的预防和处置

1. 交代制度,讲明利害

对拒绝接受物品查验人员,门卫保卫人员要交代清楚门卫规章制度,并讲明不遵守门卫规章制度的利害关系,请其配合工作。必要时,可说明查验的内容和方法,劝导其配合查验。

2. 阻止出入,分类处理

对拒绝接受物品查验的人员,一律不准其出入,并视情况分类作出处理。

(1)非本单位人员携带物品外出,拒绝接受查验的,应通知保卫部门到场处理。如其携带物品系赃物或危险物品,应当场扣留,并报警或报告保卫部门。

(2)内部职工携带物品外出,拒绝接受查验的,应通知保卫部门或其单位领导到场处理。

(3)进出人员身份证件齐全、有效,并办理了登记手续,可允许其将携带物品暂时留置门卫处,准其出入。留置物品,应开具物品清单,登记其姓名、单位、物品名称及数量等。

（4）不要强行对进出人员携带物品进行查验，以免发生意外或纠纷。必须查验的，应让其自己开包并将物品一件件取出查验。查验物品时，保卫人员一定要集中精力，认真细致，并要提高警惕，随时防止携物人弃物逃跑或包内有危险物品。

（5）查验中如发现危险物品或违禁品，应立即扣留，并报告保卫部门，对危险物品应立即采取安全措施，用防暴毯覆盖或将其移至防暴罐存放，待上级相关安全、技术部门现场处置。

（四）强行冲闯人员的预防和处理

遇有强行冲闯门卫时，保卫人员应沉着冷静、果断灵活地处置。

1.阻止强行冲闯人员的出入

必要时，可先关闭大门，放下栏杆，防止其冲闯。处理问题时，应先将外来人员阻挡在门外，将外出人员挡在合适位置，防止其冲闯。

2.如发生冲突，保卫人员应及时通知保卫部门派人到场处置

如强行冲闯人员实施暴力，危害保卫人员人身安全，或强行冲闯，严重危害守卫目标的安全，保卫人员可依法采取正当防卫措施。

3.当场抓获，及时报案

对犯罪后立即被发觉，或携带赃物、违禁品、危险品的违法犯罪嫌疑人强行冲闯的，保卫人员应当场采取果断措施，将其扭送公安机关，或及时报告公安机关，请求派人到场处置。

七、车辆私闯单位的防范与处置

（一）无通行标识私闯车辆的预防和处置

无通行标识车辆是指没有客户单位规定的通行证等通行标识，或不是客户单位通知免检的车辆，这些车辆进出客户单位应当停车登记，接受检查，对未经允许私自闯出、闯入的无通行标识的车辆，保卫人员应及时阻止，妥善处理。

1.发现无通行标识车辆时的处置措施

各种车辆，特别是机动车辆速度较快，进出客户单位大门有一定的危险性。因此，对无通行标识的车辆，保卫人员要及时发现，在其进入门卫责任区之前，及早示意其靠边停车，防止其突然停车造成事故。保卫人员千万不要在车辆临近时突然冲到车前拦截，防止刹车不及造成人员伤亡。

2.阻止无通行标识车辆通行后的处置措施

为有效地阻止车辆进出，可放下栏杆，关闭大门，或用阻车钉拦住车辆通行的

道路,以防止车辆突然冲闯。车辆停稳后,应示意司机下车办理验证、登记手续。保卫人员不要走向前去,特别不要到车前伸手要证件,以防止司机突然冲闯,发生意外。如验证、登记时间较长,为不影响其他车辆、人员进出,可先示意车辆靠边或停放在安全、不影响交通的位置。

3. 对无通行标识车辆强行冲闯时的处置措施

要记清强行冲闯车辆的车型、颜色、牌号和其他特征,并立即报告有关领导。若车辆强行闯入,则要通知要害部位守卫人员进入戒备状态,以防发生意外。同时,应派人在单位内部查找闯入车辆,并关闭大门,放下栏杆,加强门卫检查,以防其再次闯出。若车辆强行闯出,要立即通知保卫部门,必要时可报告公安机关进行查缉。报警时,应讲清逃跑车辆的特征和逃跑方向。

(二)拒绝查验和不安全车辆的防范处置

1. 对拒不接受查验车辆的处置

对拒不接受查验的车辆,首先应宣传有关门卫制度,说服司机配合查验,如司机仍不配合查验,可让其将车移至大门外侧或内侧不妨碍交通的地方,并要求司机将车熄火,下车等候处理。这时应通知保卫部门和有关部门领导到场处置。对这类情形,保卫人员不要强行查验,尤其不能扒车、登车验货,避免发生人身伤亡事故。如果司机强行冲闯,保卫人员不要扒住车门不放或跟车跑动,对强行闯入的要记清车号、车型、车身颜色,并立即报告保卫部门及时查找,同时要通知要害部门守卫人员提高警惕,防止发生意外,对强行闯出的还要看清其逃跑方向,及时报告有关部门或报警。

2. 对不符合安全规定车辆的处置

发现车辆不符合安全规定,保卫人员要耐心向有关人员指出,并要求其退出或移至适当位置整改,采取安全措施。

对现场不能采取整改措施,无法消除安全隐患的,可让有关人员将车辆移至安全地带后自行进入或使用其他运输工具完成工作。

在存放危险品的仓库等危险性大的地方,如发现车辆本身有重大隐患,应立即责成司机熄火,迅速将车辆移离危险区域;对车辆本身装载危险物品进入要害单位的,应立即责成其迅速离开。如果车辆发生故障,应立即使用拖、拉、推等安全办法将车辆移离要害单位、部位。

八、群体冲击门卫的防范与处置

保卫人员在保卫勤务中,遇有群众集体冲击单位大门事件时,应妥善处理。

1.及时报告

发生群体性冲击门卫事件,保卫人员应立即报告客户单位领导,并同时报告保卫服务公司领导。如果情况特别紧急,并有发生恶性后果可能的,应及时报警。报告时,应详细报告参与事件的人数、人员身份,是否携带器械以及事件的起因,以便领导决策。事件处置过程中,根据情况变化要不断报告新情况。

2.把好大门

发现群体性冲击门卫的苗头,保卫人员就应迅速关闭客户大门,把好侧门,严格按门卫制度验证出入。为保障大门前的秩序,防止发生冲突,应限制出入,特别是机动车辆的出入,生产用货物的进出可考虑另走其他通道或暂停运送。必要时,应封闭所有出入口,严防闹事者进入。

3.注意动向

保卫人员要时刻注意观察闹事者的动向,掌握现场事态,一旦有异常情况要立即向上级报告,特别要密切注意为首分子的言行,如有违法犯罪行为,要记清行为人的面貌特征及主要行为情节。有条件的可当场收集、保留证据。如夜间发生群体性冲击门卫事件,保卫人员应将门前灯光打开,关闭值班室和门内重要目标的灯光,以利于观察、监护。

4.保护客户

发生群体性冲击门卫事件,保卫人员头脑要冷静,不应与闹事者正面接触,做到不谈、不问、不争,更不要以武力相对峙,避免矛盾激化。同时,要妥善保护客户单位的利益,尽最大的努力减少损失,对试图翻越大门进入的、向大门内投掷物品的,要及时予以制止,并对大门内的重要目标采取保护措施。

5.平息事态

公安、安全保卫工作人员到达现场后,保卫人员要及时、详细地汇报现场事态及已采取的处置措施,并指明为首人员和现场重要目标。保卫人员应接受现场公安人员的统一指挥,坚守岗位,积极配合公安机关平息群体性冲击事件。

九、破坏生产案件的防范与处置

破坏生产案件是指故意毁坏机器设备,或以其他方式破坏生产,致使国家和企业财产遭受损失或危害人身安全的案件。

(一)破坏生产案件的特点

(1)破坏生产案件发生在生产、科研的重要环节或过程中,行为人破坏的目标是与生产、科研有密切联系的机器、设备、工艺流程、成品、半成品、科研仪器和科研成果。

(2)破坏生产案件的行为人大多数出于个人泄愤、报复或其他个人目的。

(3)破坏生产案件突发性强,预防有一定的难度。

(4)重大、恶性的破坏生产案件比以往增多,并呈上升趋势。

(二)破坏生产案件的预防

(1)要把破坏生产案件的预防工作摆在重要的位置。要认真摆正破坏生产案件预防工作与生产的关系,充分认识搞好预防工作的重要性,贯彻"谁主管、谁负责"的原则,将预防工作纳入企业经营管理之中,并把预防工作摆在企业发展的重要位置。

(2)加强情报信息工作,防患于未然。要及时了解、掌握单位的动态和内部的敌情、社情,对涉及职工利益的敏感问题和重大举措要重点关注,拓宽信息渠道,了解掌握破坏生产案件的各种情形,采取公开、秘密的手段,挖掘线索来源和隐患。

(3)建立破坏生产案件预防工作的各项规章制度。根据破坏生产案件的特点,制定各项预防工作的规章制度,使预防工作有章可循、有法可依,做到职责、权限的统一,充分调动各预防力量的积极性。

(4)加强技术防范,提高破坏生产案件的预防水平。在建立技术预防系统中,要针对本单位案件的特点,有选择、有目的地考虑在重点要害部位建立技术防范手段,本着实用、经济、有效和适度的原则,使技术防范设备能真正发挥作用。要形成人防、技防的统一结合,不可依赖技防。要保证技术防范设备能正常地运转,切实发挥作用。

(5)建立监督检查机制,及时发现隐患并尽快解决。要建立一套行之有效的监督检查机制,会同生产部门进行安全检查,对发现的问题要认真、细致地解决,坚决将案件制止在萌芽状态。

(6)要制定预防破坏生产案件的预案。根据不同的案件,采取不同的预防处置方法,一旦出现破坏生产案件,则要做到快速反应、及时出击、果断处置、严密控制。在安全保卫工作中,人力预防的内容很多,范围也非常广,人力预防的措施也非常复杂,需要保卫人员在实际的安全保卫工作中认真地去探讨、去完善,根据安全保卫工作的性质、任务及岗位的不同区别对待,努力做好安全保卫工作中的人力预防,圆满完成保卫勤务。

总之,充分认识和理解保卫管理工作对企事业单位的重要性,熟悉其概念、特点、任务、原则,不断加强学习和磨炼,提高自身素质,是做好安全防范工作的基础,也只有这样,才有可能在不断的工作实践中对常遇情况的处置做到得心应手。

思 考 题

1.什么是保卫管理工作？其特点、任务和原则是什么？

2.企事业单位常遇情况及处置方法有哪些？

第二章

危险化学物品的保卫管理

———— ✦ ————

  危险化学物品的保卫管理十分重要,这类物品的危害形式主要有火灾、爆炸、污染和在民众中造成恐慌等。近年来,危险化学物品安全事故时有发生。2015 年 8 月 12 日晚 11 时许,天津滨海新区一处集装箱码头发生火灾并伴生爆炸,现场火光冲天,事发时 10 公里范围内均有震感。天津港"8·12"瑞海公司危险品仓库特别重大火灾爆炸事故,造成 139 人遇难,34 人失联,近 800 人住院。事件引起了全球媒体的高度关注,联合国秘书长潘基文对这起危险品仓库爆炸表示慰问,党和国家领导人多次批示,公安消防部队、专职消防人员、人民解放军、武警部队和国家相关部门以及天津市人民政府等动员、派出大量人员参与抢险救灾。该起事故造成的直接和间接损失以及消耗的国家资源是用金钱无法衡量的。

  化学物品的种类很多,本章主要介绍危险化学品的保卫管理。危险化学品作为一种危险物质,是企业单位保卫部门管理的一个重要内容,对危险化学品的管理在整个企业内部安全保卫工作中有着举足轻重的地位和作用。危险化学品,特别是国家有关法律规定由公安机关列管的易燃易爆、易制毒、易制爆(特定种类)、剧毒化学品和放射性同位素等类物质,一旦被盗、丢失、泄漏、中毒或发生事故,会危害社会的公共安全,影响社会的安定和人民群众的身体健康。本章着重对危险化学品的有关法律规定、基本知识,特别对剧毒化学品的安全管理与保卫、各应用环节保卫的任务、检查内容和方法作一阐述,以使读者了解危险、剧毒化学品的基本概念,充分认识其易造成的安全危害,熟悉其相关法律法规和安全管理制度,掌握相关安全保卫常识及应急救援的方法。

第一节　危险化学品的基本概念

化学品包括各种化学元素、由元素组成的化合物及其混合物。化学品的种类繁多,归纳起来有纯净物和混合物两大类。其中具有毒害、腐蚀、爆炸、燃烧、助燃等性质,对人体、设施、环境具有危害的剧毒化学品和其他化学品统称为危险化学品。

目前人类已经发现的危险化学品有 6 000 多种,其中最常用的有 2 000 多种。我国按照危险化学品的主要危险特性对其进行分类。具体哪些化学品属于危险化学品,也就是危险化学品目录,我国采用列名的方式,由国务院安全生产监督管理部门会同国务院工业和信息化、公安、环境保护、卫生、质量监督检验检疫、交通运输、铁路、民用航空、农业主管部门,根据化学品危险特性的鉴别和分类标准确定、公布,并适时调整。例如,国家安全生产监督管理总局、工业和信息化部、公安部、环境保护部、交通运输部、农业部、国家卫生和计划生育委员会、国家质量监督检验检疫总局、国家铁路局、中国民用航空局于 2015 年 2 月 27 日联合发布的 2015 年第 5 号公告称,依照《危险化学品安全管理条例》(国务院令第 591 号)有关规定,安全监管总局会同工业和信息化部、公安部、环境保护部、交通运输部、农业部、国家卫生计生委、质检总局、铁路局、民航局制定了《危险化学品目录(2015 版)》,现予公布,请自行下载(网址:www. chinasafety. gov. cn)。《危险化学品目录(2015版)》于 2015 年 5 月 1 日起施行。《危险化学品名录(2002 版)》(原国家安全生产监督管理局公告 2003 年第 1 号)、《剧毒化学品目录(2002 年版)》(原国家安全生产监督管理局等 8 部门公告 2003 年第 2 号)同时废止。

第二节　有关危险化学品的法律法规

一、《危险化学品安全管理条例》介绍

国务院 1987 年 2 月 17 日发布实施首个《化学危险物品安全管理条例》,2002年 3 月 15 日修订时更名为《危险化学品安全管理条例》,又经 2011 年 12 月 1 日和2013 年 12 月 7 日两次修订。

《危险化学品安全管理条例》是一部行政法规,其立法目的是加强危险化学品的安全管理,预防和减少危险化学品事故,保障人民群众生命财产安全,保护环境。该条例规定了危险化学品安全管理的基本要求,适用范围,八个职能部门应履行的

管理职责,生产、经营、储存、运输、使用危险化学品单位和从业人员的安全责任,危险化学品生产、储存和使用的审批、企业的条件、设施的标准,设置了危险化学品禁止性、限制性和管制性的有关条款,相应规定了处罚措施。

二、《使用有毒物质作业场所劳动保护条例》介绍

《使用有毒物质作业场所劳动保护条例》于 2002 年 4 月 30 日开始施行,其目的是保证作业场所安全使用有毒物品,预防、控制和消除职业中毒危害,保护劳动者(从业人员)的身体健康和生命安全及其权益。用人单位应当依照条例和其他法律、法规的规定,了解职业中毒危害因素,采取有效的防护措施,预防职业中毒事故的发生。这是一部保护劳动者(从业人员)享有权益的行政法规。

三、化学危险品安全管理规定介绍

《陕西省化学危险品安全管理规定(试行)》于 2001 年 9 月 6 日起正式实施。该规定在国家法律的框架下,创设了针对陕西实际的管理制度,规定地方各级人民政府对本辖区化学危险品安全管理实行行政领导负责制。陕西省石化行业管理办公室负责化学危险品的生产安全监督管理工作;陕西省贸易管理办公室负责化学危险品的经营安全监督管理工作;陕西省交通厅负责化学危险品的运输安全监督管理工作;各有关部门负责各自职责范围内化学危险品的安全管理工作。同时,为防止学校、科研院所以及居民等零星购买、携带危险化学品搭乘公共交通工具,造成公共危险,该办法增加了运输车辆实行统一集中配送的规定,明确零售危险化学品要由有资质的运输单位实行统一配送等。这是一部符合陕西省危险化学品管理实际的地方性法规。该规定随着社会的发展和国务院相关法规的修订,也随之进行了修订完善。例如,"陕西省人民政府办公厅关于贯彻落实国务院督查组对执行《危险化学品安全管理条例》督查意见的通知(陕政办发〔2003〕96 号)指出,各设区市人民政府,省人民政府各工作部门、各直属机构:根据《国务院办公厅关于开展〈危险化学品安全管理条例〉执行情况督查的通知》(国办发明电〔2003〕43 号),国务院督查组于 2003 年 9 月 27 日至 29 日对我省执行《危险化学品安全管理条例》(以下简称《条例》)情况进行了督查。督查组先后听取了省政府和西安市、潼关县政府以及相关职能部门的工作汇报,检查了西安石油化工总厂、西安市天然气储备站、西安城东客运站、西安华山机械工业有限公司和兴平化工厂等企业的贯彻《条例》情况,肯定了我省贯彻执行《条例》所取得的成绩,也提出了需进一步加强和完善的意见。国务院督查组认为,陕西省委、省政府和各有关部门对危险化学品安全管理工作是重视的,做了大量的工作,取得了较好的成绩。但是由于安全监管工作基础差,整治工作量大面广,《条例》执行中还存在需要进一步加强和完善的地方。主要表现在以下几方面:一是由于受机构改革等原因的影响,《条例》贯彻执行工作开展不平衡。个别部门危险化学品安全监管的基础工作还比较薄弱;一些地区和从业单位没有严格按照要求搞好调查摸底和自查自纠;有的部门存在工作程序不规范,使用的单证不符合规定要求等。建议进一步深化危险化学品整治工作,坚决关闭、取缔不符合安全生产条件的生产经营单位,彻底消除事故隐患。二是个别地区对危险化学品生产储存单位和经营单位安全评估和评价工作重视不够。建议抓紧进行。三是由于政府多个部门分别负责危险化学品生产、经营、储存、使用等环节的安全监管工作,职责分工存在着一定的交叉,工作中有不协调的现象。建议省、市政府进一步明确部门职责权限,加强协调,理顺关系。四是建议进一步理顺各级政府安全监管体制,不断提高工作的权威性。五是加大学习、宣传、培训工作力度,营造贯彻落实《条例》的良好氛围。为认真落实国务院督查组的意见和建议,进一步加强我省危险化学品安全管理工作,现就有关事项通知如下:一是提高认识,加强领导。各级政府和有关部门要认真学习《危险化学品安全管理条例》(国务院〔2002〕344 号令)和《国务院办公厅关于深化安全生产专项整治工作的通知》(国办发〔2003〕60 号),进一步提高认识,切实加强安全监督管理,将责任落实到部门,落实到领导,落实到企业,落实到基层。二是明确职责,抓好落实。根据《危险化学品安全管理条例》(国务院〔2002〕344 号令)规定和国务院督查组提出的整改意见,省政府明确各有关部门对危险化学品的生产、经营、储存、运输、使用和对废弃危险化学品处置实施监督管理的职责。省经贸委及省石化行业办负责危险化学品安全监督管理综合工作,负责危险化学品生产、储存企业设立及其改建、扩建的审查,负责危险化学品包装物、容器(包括用于运输工具的槽罐,下同)专业生产企业的审查和定点,负责危险化学品经营许可证的发放,负责国内危险化学品的登记,负责危险化学品事故应急救援的组织和协调,并负责前述事项的监督检查;省公安厅负责危险化学品的公共安全管理,负责发放剧毒化学品购买凭证和准购证,负责审查核发剧毒化学品公路运输通行证,对危险化学品道路运输安全实施监督,并负责前述事项的监督检查;省质检局负责发放危险化学品及其包装物、容器的生产许可证,负责对危险化学品包装物、容器的产品质量实施监督,并负责前述事项的监督检查。”

不单单是陕西省制定了相关法规,各省市、自治区等也制定了相关的法规,保卫人员要认真学习所在地政府和行业制定的相关法规。

第三节 危险化学品的危害

危险化学品由于具有易燃、易爆、有毒、腐蚀等危险、危害特性,一旦失控发生事故会造成很大的危害结果,归纳起来主要有以下几方面危害性。

1. 爆炸危害性

爆炸是指物质自一种状态迅速转变为另一种状态,并在瞬间以机械功的形式释放大量能量的现象。危险化学品在生产、使用、储存、运输及装卸等环节过程中若管理不善或控制不当很容易引起火灾、爆炸事故,从而造成严重破坏后果。

2. 人体毒害性

危险化学品中有相当一部分具有毒性,在一定条件下人体通过口入、吸入、皮肤接触能对健康带来危害,甚至造成死亡。

3. 环境污染性

绝大多数危险化学品一旦泄漏,会对环境造成严重的污染(如对水、大气层、空气、土壤的污染),进而影响人的健康和社会的公共安全。

第四节 危险化学品分类、定义及特性

一、分类

《危险货物分类与品名编号》和《危险化学品安全管理条例》中列出危险化学品主要包括七大类(除放射性物品外),即第一类爆炸品,第二类压缩气体和液化气体,第三类易燃液体,第四类易燃固体,第五类自燃物品和遇湿易燃物品,第六类氧化剂和有机过氧化物,第七类有毒品和腐蚀品。由于危险化学品种类繁多、危险特性各异,为便于在运输、装卸和储存过程中的安全管理,对危险化学品按照其主要危险特性进行分类,并用法律形式固定下来。

二、定义与特性

1. 爆炸品

爆炸品是指在外界作用下(如受热、撞击等因素激发)能发生剧烈化学变化,瞬时产生大量气体和热量,使周围压力急剧上升,对周围造成破坏的物品。其特性是敏感度高、破坏力大、反应速度极快、放出大量热量、产生大量气体,从而造成很大

的破坏作用。

2.压缩气体和液化气体

它是指压缩、液化或加压溶解的气体,符合一定温度和蒸气压力条件的物品。其特性是受热易爆炸,与空气和其他气体混合易燃易爆,很多气体具有毒性,与人体接触会引起中毒,严重时能导致死亡。

3.易燃液体

凡在常温下以液态存在,容易挥发和燃烧,闭杯闪点等于或低于61℃的液体称为易燃液体。其特性是易燃易爆、引燃能量小、受热易膨胀、黏度低、易流淌、易产生和积聚静电。

4.易燃固体

它是指燃点低,对热、撞击、摩擦敏感,易被外部火源点燃,燃烧迅速,并可能散发出有毒烟雾或有毒气体的固体,但不包括已列入爆炸品的物质。其特性是燃点都比较低,一般在400℃以下,因此在受热、摩擦、撞击等情况下很容易使温度升高达到燃点而着火,燃烧速度都比较快且火焰猛烈。

5.自燃物品和遇湿易燃物品

(1)自燃物品。它是指自燃点低,在空气中易发生氧化反应,放出热量而自行燃烧的物品。其特性是发生自燃不需要外界火源,而是由于物质本身发生的物理、化学或生化反应放出热量,在适当条件下热量积累使温度升高,因自燃点低而自行燃烧。

(2)遇湿易燃物品。它是指遇水或受潮时发生剧烈反应,放出大量的易燃气体和热量的物品。其特性是遇水或潮湿空气都能发生剧烈反应,放出易燃气体和大量热量,这些热量成为火源使易燃气体燃烧或爆炸。

6.氧化剂和有机过氧化物

(1)氧化剂。它是指处于高氧化态,具有强氧化性,易分解并放出氧和热量的物质,包括含有过氧基的无机物。其特性是由于具有强氧化性,因此与易燃物、有机物、还原剂等接触会发生氧化反应,有些氧化剂反应很激烈,会引起燃烧和爆炸。

(2)有机过氧化物。它是指分子组成中含有过氧基的有机物,其本身易燃易爆,极易分解,对热、振动或摩擦极为敏感。其特性是因分解温度低,容易分解放出氧,使可燃物剧烈氧化,受摩擦、撞击、振动、明火、高热等作用而引起燃烧爆炸。同时,这类物质大多具有刺激性和毒性,能灼伤皮肤。

7.有毒品和腐蚀品

(1)有毒品。它是指经吞食、吸入或皮肤接触后可能造成死亡或严重受伤或健康损害,进入肌体后累积达一定的量,能与体液和组织发生生物化学作用或生物物理变化,扰乱和破坏机体的正常生理功能,引起暂时性或持久性的病理状态,甚至危及生命的物品。其特性是毒性很大,少量进入人体就会引起中毒。有些无机毒害品还有燃烧、爆炸的危险。部分毒害品遇酸、受热分解会放出有毒气体或烟雾。

(2)腐蚀品。它是指能灼伤人体组织,并能对金属等物品造成损坏的固体、液体,分为酸性、碱性和其他三种。其特性是对人体有腐蚀作用,与皮肤、眼睛接触或进入肺部、食道等处会引起灼伤,化学灼伤引发的炎症严重时会造成死亡,同时,对大多数金属、有机物及建筑材料都有腐蚀作用。

第五节　危险化学品安全保卫管理的职责

单位保卫部门作为单位的职能部门,承担着企业内部的安全防范工作。在危险化学品生产、使用、储存、运输等各应用环节的安全管理和安全保卫工作中,具体有以下管理职责。

1.执行法规,履行职责

贯彻执行国家和有关职能部门关于危险化学品安全的法律、法规、规范、规程、标准和阶段性的特别管理要求及特别管制措施,协助企业主要负责人组织、推动、督促、检查有关危险化学品安全的各项工作。

2.防盗防火,宣传督促

制定、修订本企业危险化学品应用环节的安全管理制度,防盗、防火制度,保管、领用制度等与危险化学品有关的岗位责任制,并贯彻、宣传、督促执行。

3.及时检查,组织整改

对储存保管及使用危险化学品的部位定期或不定期地开展安全检查,及时发现隐患并组织整改。

4.组织教育,适时考核

落实本企业危险化学品从业岗位人员的安全教育,定期或不定期地进行相关危险化学品安全知识的教育,并适时组织"应知应会"的岗位考核。

5. 积极参与，研究对策

参与危险化学品安全管理有关的各项工作，如采购、领用签字、应急预案、事故调查，组织研究适合本企业特点的防盗、防火、防爆、防中毒等措施。

第六节 剧毒化学品的定义和判定界限

1. 定义

剧毒化学品是指具有剧烈急性毒性危害的化学品，包括人工合成的化学品及其混合物和天然毒素，还包括具有急性毒性易造成公共安全危害的化学品。

2. 判定界限

急性毒性类别 1，即满足下列条件之一：大鼠实验，经口 LD50≤5mg/kg，经皮 LD50≤50mg/kg，吸入（4h）LC50≤100ml/m³（气体）或 0.5mg/L（蒸气）或 0.05mg/L（尘、雾）。经皮 LD50 的实验数据，也可使用兔实验数据。也就是说剧毒化学品进入肌体后累积达一定的量，能与体液和组织发生物理化学作用或生物物理变化，扰乱和破坏机体的正常生理功能，引起暂时性或持久性的病理状态，甚至危及生命。

第七节 剧毒化学品的范围和种类

1. 范围

2015 年 2 月 27 日，安全监管总局会同工业和信息化部、公安部、环境保护部、交通运输部、农业部、国家卫生计生委、质检总局、铁路局、民航局联合发布的 2015 年第 5 号公告称，依照《危险化学品安全管理条例》（国务院令第 591 号）有关规定，制定了《危险化学品目录（2015 版）》，共列出了 2 828 种危险化学品。这是公安机关及单位保卫部门依法管理剧毒化学品实际品名，并以此为管理范围，开展监管工作。

2. 种类

《危险化学品目录（2015 版）》所列入的品名种类，按其化学性质可分为氰化物类、砷化物类、汞化物类、磷化物类、生物碱类及其他等六大类，按其物理性质可分为固体、液体和气体。相关管理部门将根据其化学和物理性质，分别采取不同的管理方法和措施，以达到安全应用的目的。

第八节 剧毒化学品保卫的主要任务和职责权限

一、主要任务

单位保卫部门依法管理剧毒化学品的主要任务是"防盗窃、防丢失、防泄漏、防中毒、防事故",以维护社会的公共安全。

二、职责权限

1.督促检查,提出建议

进入剧毒化学品储存、使用场所进行现场监督检查,调阅有关资料,向从业人员了解情况,核对上岗资格和个人防护措施,对应用部位提出整改措施和建议。

2.发现隐患,整改排除

发现剧毒化学品各类事故隐患时,责令立即排除或限期排除。

3.违规设备,责令停用

对有根据认为不符合有关法律、法规、规章和国家要求标准的设施、设备、器材和运输工具,责令立即停止使用。

4.配合公安,积极查处

配合公安机关认真调查和处理剧毒化学品丢失、被盗案件和中毒事故的原因,查处个人的违法、违规行为。

5.严格检查,落实制度

检查"五双"(双本账、双人双锁、双人领用、双人发货、双人保管)制度的落实情况。

6.物防技防,屏障管用

检查剧毒化学品存放部位实体防护装置和技防设施的正常运转情况。

第九节 各应用环节安全管理制度和检查内容

安全检查是危险化学品安全管理中的重要环节,是安全管理工作的重要内容,也是消除隐患、防止事故发生的重要手段。针对剧毒化学品各应用环节的不同特点,安全检查包括生产(制造)、经营(买卖)、使用(购买)、运输(移动)、储存(保管)、处置(销毁)等六大环节。

一、生产环节

国家实行危险化学品(剧毒化学品)生产许可制度。

1. 许可生产制度

生产剧毒化学品的单位须取得安监部门和质检部门颁发的危险化学品生产许可证后方能生产。

2. 出入登记制度

剧毒化学品的生产部位应设有明显的剧毒化学品警示标志,所有出入人员必须有详细登记。

3. 原料定量制度

车间原料的储备量一般不超过一天的需用量。

4. "五双"管理制度

操作部位须按照"五双"管理制度进行管理,操作人员不得少于两人,应有工作记录和交接手续。

5. 成品入库制度

车间不得积压成品,成品必须及时入库,并有入库的交接登记。

二、经营环节

国家实行危险化学品(剧毒化学品)经营许可管理制度。

1. 许可经营制度

凡需经营剧毒化学品的单位,必须持有当地安全生产管理局审核颁发的危险化学品经营许可证(甲种)后方可从事经营销售活动。

2. 许可购买制度

剧毒化学品的买卖销售还需申领公安机关颁发的剧毒化学品购买凭证或剧毒化学品准购证,凭"两证"购买销售。

3. 购买记录制度

销售剧毒化学品必须认真查验剧毒化学品购买凭证和剧毒化学品准购证,做好销售记录,登记造册,并保存一年,以备后查。

4. 情况报告制度

经营单位应每天核对剧毒化学品的销售情况,发现有异常现象必须立即报告公安机关。

5.安全存放制度

在经营点,未经许可,不得存放剧毒化学品,企业单位自产自销的剧毒化学品也必须履行上述要求。

三、使用环节

国家实行剧毒化学品使用购买许可管理制度。

1.标志警示制度

使用剧毒化学品的部位,必须设有剧毒化学品警示标志。

2.双人使用制度

使用时,须实行双人制,随领随用,用多少,领多少。领取剧毒化学品时,必须填写剧毒化学品领料单,由主管领导、领用人、保管人共同签字备案。

3.清退入库制度

使用后因特殊情况有剩余的必须及时清退回仓库,不得私自保存或转让其他部门和个人。使用部门不得擅自设剧毒化学品仓库。

4.调剂备案制度

使用中对剧毒化学品的借用和调剂,必须在持有剧毒化学品购买凭证的单位之间进行,同时到公安机关登记备案。

四、运输环节

国家实行危险化学品道路运输许可制度。

1.准运资质制度

对运输单位、运输车辆、运输人员必须有所在地政府交通港口部门的资质认定。

2.许可运输制度

运输剧毒化学品的车辆必须持有县级以上公安交警部门签发的剧毒化学品公路运输通行证(有效期15天),专人押运。证、物、运输路线等相符。

3.运输限制制度

严禁内河运输剧毒化学品,严禁随身携带剧毒化学品进入公共场所和乘坐各类交通工具并夹带邮寄。化学性质相抵触的化学品不能混运,防止危险化学品混合接触的危险性。

4.装运安全制度

装运过剧毒化学品的车辆,未经清洗和消毒,不能装运其他物品。

运输剧毒化学品的车辆设置专用标志和安全标示牌,应当标明剧毒化学品品名、种类、罐体容积、载重量、施救方法及运输企业联系电话。

五、储存环节

国家实行剧毒化学品专业仓库储存登记备案制度。剧毒化学品的储存部位包括三方面的内容:仓库、储存室、保险柜及保险柜旋转的部位。在硬件设施上必须严格按照当地"重点单位和重要部位安全技术防范系统要求"关于剧毒化学品、放射性同位素集中存放场所的标准分级、分类存放。

1.符合要求有备案

经营性、专业性的剧毒化学品仓库必须取得安监部门的登记备案证明。仓库要符合安全、坚固、干燥、通风及防盗、防火、防泄漏等要求。

2.专库存放账物清

剧毒化学品必须专库(室)储存,化学性能相抵触的物品不能混放。物品堆放要整齐、稳固,地上无残留物,账、卡、物相符。

3.落实制度把三关

储存部位管理要严格把好"三关",即入库关、在库储存关、出库复核关。要制定仓库管理制度和保管员的责任制度。

4.确保安全严检查

定期检查剧毒化学品包装窗口有无破损,封口是否严密。

5.查验证件记录全

凡经营剧毒化学品的仓库,在发货时要验看公安机关交警部门的剧毒化学品公路运输通行证和驾驶员、押运员的有关证件,并做好发货记录。

六、处置环节

国家实行危险化学品定点处置制度。对搁置不用和废弃的剧毒化学品以及包装容器,要及时按照规定到环保部门认可的指定单位进行处置、销毁,严禁私自提供、调拨。对有些可继续使用的剧毒化学品须征得公安机关治安部门的同意方可使用。

第十节　化学事故的应急救援

1.概念

化学事故的应急救援,是指危险化学品由于各种原因造成众多人员伤亡及其他较大危害时,为及时控制危险源,抢救受害人员,指导群众防护和组织撤离,消除危害后果而组织的救援活动。

2.职责

与有关职能部门密切配合,制定应急预案。做好现场的警戒和人员的疏散工作。

3.基本任务

控制危险源,抢救受害人员,指导群众防护,组织群众撤离,做好现场清理,消除危害结果。

了解危险、剧毒化学品的基本知识,学会应急救援的基本方法,是做好危险、剧毒化学品安全保卫工作的前提和基础,因此,我们一定要在工作实践中充分认识其可能造成的危害,自觉执行相关法规,认真履行管理检查职责,确保此类物品的安全生产、安全管理、安全运输和安全保管。

思　考　题

1.什么是危险化学品?

2.涉及危险化学品的法律法规有哪些?

3.危险化学品有什么危害?

4.危险化学品有哪些类别及特性?

5.危险化学品安全保卫管理的职责有哪些?

6.剧毒化学品保卫的主要任务和职责权限有哪些?

7.如何做好危险化学物品事故的应急救援工作?

第三章

重点单位和重要部位保卫管理

———————— ★ ————————

重点单位和重要部位保卫管理是企事业单位内部安全保卫工作的一项专业措施。认真执行这项专业措施，对保障社会安全，维护单位秩序，保护公民人身安全和公共财产安全有着重要的作用。通过本章的学习，读者须了解重点单位和重要部位的基本常识及其特点，明确其确立权限，坚持相关原则，以制度为牵引，增强做好安全工作的自觉性。

第一节　重点单位和重要部位管理的特点

1.治安保卫重点单位确定权限规定明晰

治安保卫重点单位由县级以上地方各级人民政府公安机关按照规定范围提出，报本级人民政府确定。

2.治安保卫重要部位确定权限规定明晰

治安保卫重点单位应当确定本单位的治安保卫重要部位，按照有关国家标准对重要部位设置必要的技术防范设施，并实施重点保护。

3.是安全保卫工作的专门业务

重点单位和重要部位管理是企事业单位内部安全保卫工作的一项专业措施。认真执行这项专业措施，对保障社会安全，维护单位秩序，保护公民人身安全和公共财产安全有着重要的作用。

实施重点单位和重要部位管理,首先,是因为重要的单位、部位受到违法犯罪侵害或者发生治安灾害事故的概率最高,受到不法侵害后或者发生治安灾害事故后的损失、影响最大,从事安全保卫工作的人员不论其有意识还是无意识都会加大投入力量予以保护,这反映了重点管理的客观性。其次,单位、部位的种类很多,基于单位、部位之间的差异性,要求运用多元化的保卫措施实施区别管理,重点与非重点管理体现了最简单、最容易操作的多元保卫措施。最后,当人们将这种行之有效的管理措施以法律的形式要求有关部门及单位普遍执行时,它不仅提高了重点管理的自觉性,也使重点管理走向规范化、制度化,使重点管理从自发变为法律约束。履行重点管理是一项法定义务。

第二节　重点单位和重要部位的概念、特征和范围

一、重点单位的概念、特征和范围

1. 重点单位的概念

重点单位是指关系全国或所在地区国计民生、国家安全和公共安全的治安保卫单位。由此可见,重点单位是全社会各行各业中对社会整体(全局)具有重要或关键作用(影响)的单位。

2. 重点单位的特征

(1)地位重要。重点单位在全局和整体中处于特殊重要的地位,其安全牵动着全局。全局这个概念是有层次性的,有国家的全局、地区的全局。重点单位也是有层次性的,不同层级的重点单位影响和牵动着不同层级的全局。

(2)性能特殊。重点单位有其自身特有的性能,关系到国家或地区的利益和安全,关系到人民生命财产的安全。其性能的特殊性集中体现在以下几方面。

1)秘密性。秘密性是指重点单位涉及党和国家的重要秘密。重点单位中有的关系国家安危或国计民生,有的关系国家的经济利益,如军事国防工业部门、尖端科学研究部门,以及其他掌握国家政治、经济、科学技术秘密的重点单位。

2)贵重性。贵重性是指价值大,如重点建设项目,生产、科研过程中的关键环节,贵重的机器、仪器和珍贵的文物、资料等,这些是国家的重要财富。

3)危险性。危险性是指对单位和社会具有影响安全的威胁,如生产和储存易燃、易爆、剧毒、菌种、放射性等危险物品的部门和单位,关系国家财产和人民生命的安全。

（3）影响重大。重点单位一旦发生问题,将会给国家和人民带来严重的危害,造成重大损失。重点单位发生问题后涉及面广,连锁反应强。如动力、枢纽、控制、调度等部门和环节,一旦发生问题,既可能产生恶劣的政治影响,也可能产生连锁性的现实危害。

3.重点单位的范围

国务院颁布的《企事业单位内部安全保卫工作条例》以范围限制和列名的方法表述重点单位,以利于各地区根据当地实际情况确定重点单位。重点单位的范围如下。

（1）广播电台、电视台、通讯社等重要新闻单位。

（2）机场、港口、大型车站等重要交通枢纽。

（3）国防科技工业重要产品的研制、生产单位。

（4）电信、邮政、金融单位。

（5）大型能源动力设施、水利设施和城市水、电、热力、燃气供应设施。

（6）大型物资储备单位和大型商贸中心。

（7）教育、科研、医疗单位和大型文化、体育场所。

（8）博物馆、档案馆和重点文物保护单位。

（9）研制、生产、销售、储存危险物品或者实验、储藏传染性菌种、毒种的单位。

（10）国家重点建设工程单位。

（11）其他需要列为治安保卫重点的单位。

二、重要部位的概念和类型

1.重要部位的概念

重要部位是指对一个单位的全局有关键影响和作用的部位。它反映的是单位中的某部位与单位全局有较大影响的互动关系,就是局部与全局、部位与单位的关系。应当从单位治安稳定的需要,理解重要部位的概念,实施重要部位管理。

2.重要部位的类型

根据重要部位的判定标准,在机关、团体、企业、事业单位安全保卫工作实践中,重要部位一般分为以下几类。

（1）秘密部位。秘密部位是指单位内部涉及国家秘密、本单位重要商业秘密或其他重要内部事项的部位。一是涉及国家秘密的部位。国家秘密是关系国家的安全和利益,依照法定程序确定,在一定时间内只限一定范围的人员知悉的事项。如单位中保管国家秘密文件资料的机要室、档案室,产生、保存国家秘密物品的场所等。涉及国家秘密的部位一旦遭到破坏，就会使国家的安全和利益遭受损害。二是涉及本单位重要商业秘密的部位。如企业单位中的技术部门、销售部门。商业秘密是指不为公众所知悉，能为各权利人带来经济利益，具有实用性并经权利人采取保密措施的技术信息和经营信息。商业秘密包括技术秘密（如技术诀窍、配方、工艺流程等）和经营秘密（如经营决策、客户名单等）。商业秘密不一定是国家秘密，但商业秘密一旦泄露，可能使该单位在市场经济竞争中丧失优势，给单位造成巨额经济损失，甚至导致单位倒闭破产。三是涉及本单位其他重要内部事项的部位。如单位人事部门，单位中有一些内部事项，它既不属于国家秘密，也不是商业秘密，但它应当作为内部事项严加管理，不宜擅自扩散，否则可能引起单位混乱。如在一定时间和范围内不宜公开的有关机构设置，内部分工，干部选拔、配备、任免事项的材料。

（2）生产关键部位。生产关键部位是指对一个单位生产、科研等业务活动起关键作用，一旦发生事故或遭受破坏，会使该单位生产、科研等活动瘫痪或局部瘫痪，或者将使其生产的产品质量受到影响的部位。一是指可能导致生产、科研等瘫痪或局部瘫痪的部位，如铁路系统的调度指挥中枢、通信枢纽，民航系统的航行指挥中心、通信枢纽、飞行活动区（客机坪、停机坪、跑道、滑行道等），工厂的总装车间，科研单位的实验室，金融系统的数据处理中心、计算机主机房等。二是指可能使生产的产品质量受到严重影响的部位，如药厂、饮料厂的配方岗位，工厂产品检测岗位，科研单位新产品鉴定部位等。

（3）危险物品部位。危险物品部位是指生产、使用、保管易燃、易爆、剧毒、放射性化学物品的部位以及存放枪支、弹药和管制刀具等物品的部位。一是指涉及危险化学物品的部位，如军工厂中制造火药、炸药及其他弹药的部位，石油、化工企业中生产、使用易燃、易爆、剧毒等物质的部位，核工业企业中生产核材料、核武器以及其他放射性元素的部位，医学部门中培养、使用菌种、病毒的部位，矿山、基建、交通等工程部门中的爆破作业部位。危险化学物品具有爆炸、易燃、毒害、腐蚀或放射性等危险性质，在运输、装卸、生产、使用、储存、保管过程中，如果操作不慎或被刑事犯罪分子利用，将引起燃烧、爆炸，导致人员伤亡和财产损失，有时将导致毁灭性灾难的发生。二是指涉及枪支、弹药、管制刀具的部位，如政法机关的枪支弹药库，金融系统的枪支弹药保管室，军事博物馆的枪支弹药陈列室，公安、军事院校的枪支、弹药库。枪支、弹药、管制刀具具有杀伤性，如果管理不严，发生枪支弹药丢失、被盗，落入不法分子手中，将会对社会治安构成严重威胁或造成严重危害，也可能因不慎而发生意外事故。

（4）重要供给部位。重要供给部位是确保单位生产、科研等业务活动正常运转所必需的后勤保障供给部位,如民航机场的油库、航材库、动力热力站,工厂中提供生产用电、用水、用气的供电、供水、供气部位,医院中提供医疗用电、用水、取暖的供电、供水、供暖部位,港口的油库、加油站等。重要供给部位一旦发生事故,不仅会使单位财产遭受损失,而且可能导致单位业务活动陷入瘫痪状态。

(5)重要设备部位。重要设备部位主要是指价值昂贵、国内稀少、在生产和科研中起关键作用的机器、仪器等设备。重要设备部位之所以被列为要害部位,是由其固有特征决定的。一是价值昂贵,一旦遭到破坏或被盗,损失惨重;二是国内稀有,一旦损坏或失窃,重新添置需要花费较长时间,经历较大的周折;三是生产、科研业务所必需且起关键作用,一旦损坏或失窃,将导致停产或半停产,或使科研等其他业务活动处于停滞或暂时停滞状态,影响单位业务活动的全局。

(6)财物集中部位。财物集中部位主要是指单位内部集中储存钱财物资的部位。如各单位内部掌管钱款票证的财务部门,工厂的重要原材料库和成品、半成品库,商业部门的物资仓库,金融机构的金库,文博单位的展厅、展室、文物库房等。钱财物集中的部位是盗窃分子以及其他刑事犯罪分子侵犯的首选,必须严加管理,严密防范。

(7)其他重要部位。由于上述类型不能穷尽重要部位的所有类型,所以,在公安安全保卫工作实践中,应当依照重要部位的制定标准,把对本单位生产、科研等业务活动全局起决定性作用和影响的所有部位均列入重要部位管理范畴,严密防范。

三、重点单位和重要部位的关系

1. 重点单位和重要部位是特殊性与普遍性的关系

重点单位和重要部位是两个不同的概念、不重叠的实体。企业、事业单位是指独立地从事商品生产、流通、经营和服务经营活动,或者以生产精神产品和知识产品为主要劳动成果的实体。部位是单位中的某个部门,是构成单位的小实体,它与单位是从属关系。

重点单位是所有单位中符合特殊条件的少数单位,不是每个单位都是重点单位,因此,重点单位具有个性、特殊性和相对性。《企事业单位内部安全保卫工作条例》确定单位安全保卫工作的方针之一是安全保卫工作"突出重点",该条例第七条第二项又规定:单位范围内的治安保卫情况应有人检查,重要部位得到重点保护,治安隐患及时得到排查。这些规定明确地要求所有单位在安全保卫工作中都应当实施重要部位管理。

2.重点单位和重要部位的地位是有层级的

层级是指按照重点单位和重要部位对社会影响程度分成的级别。重点单位和重要部位,总的说来是安全保卫工作中应当重点加以保卫的地方。但不同的重点单位和重要部位,其重要性不尽相同。

(1)重点单位分为国家级重点单位和地方级重点单位。国家级重点单位的安全与否关系国家安危、国计民生,而地方级重点单位则关系本地区经济社会发展全局。国家级重点单位的重要性高于地方级重点单位。

(2)重点单位和重要部位的重要程度是有区别的。重点单位是对国家或一个地区经济社会发展全局有重大作用和影响的,而重要部位一般是针对一个单位全局起关键作用而言的,当然也不排除一些重点单位中的重要部位具有特别重要的地位,有些重点单位中重要部位可能比一些地方级重点单位的影响还要大。

(3)不同的重要部位的重要程度也是不相同的。国家级重点单位中的重要部位可能直接关系国家安危和国计民生,地方级重点单位中的重要部位可能对该地区经济社会发展全局有重大作用和影响。而非重点单位中的重要部位则可能影响不了该地区经济社会发展的全局,其重要程度甚至可能比不上一些重点单位中非重要部位。

因此,重点单位和重要部位的重要程度有其相对性,必须放在一个特定范围内才可以区分其重要性的层级。

3.重点单位和重要部位的性能是不相同的

重点单位的范围是从行业分类的角度提出的,重要部位类型是从单位实际操作层面提出的,它们比较具体。重点单位和重要部位也可以从性能的角度进行概括、抽象,这有利于深化认识管理对象,提高管理质量。重点单位和重要部位的性能是由它们所具有的个性特征决定的。一般说来,重点单位和重要部位按性能可以分为以下七种。

(1)决策型重点单位和重要部位。这类重点单位和重要部位的主要职能是决策,如党政首脑机关,指挥中心,重要的决策、规划、设计、调度等单位和部门。

(2)机密型重点单位和重要部位。它是指掌握党和国家重要的政治、经济、军事、科学技术秘密或重要商业秘密的部门和部位,如党、政、军领导机关,国防绝密产品,以及重要制造车间、重要科研单位的机要档案室、实验室等。

(3)生产型重点单位和重要部位。生产型重点单位和重要部位存在于工业、企业的生产流程之中,是指生产性的重要职能部门(如设计、检验、化验、配方等部门)和生产过程中的关键部位、关键工序。

（4）储存型重点单位和重要部位。它是指国家、企业、事业单位资金、物资储藏集中的地方，如国家金库，重要物资和危险物品仓库，珍贵文物、重要图书资料的库房等。

（5）能源、动力型重点单位和重要部位。它包括大中型能源动力单位或单位内部能源、动力供应部位，如核电站、水电站、热电厂、煤气厂、水泵站、变电所、锅炉房等。

（6）枢纽型重点单位和重要部位。它是指信息枢纽和交通枢纽的关键部门和部位，如信息港、广播电台、电视台、无线通信中心、有线电话总机房、电视塔、发射台、卫星地面站、机场、车站、码头、重要的桥梁等。

（7）基建型重点单位和重要部位。它是指国家重点建设工程或某一具体建设工程中的重点单位和重要部位，如国家级和省、市、自治区级的重点建设工程项目，重要的水库、水坝等。

四、重点单位和重要部位的发展

发展的观点与联系的观点是马克思主义的基本观点。重点单位和重要部位与其他事物一样，处于不断发展变化之中。重点单位和重要部位之所以称为重点单位和重要部位，是因为它具有其固有的特征。一旦随着时间的推移，它失去了重点单位和重要部位所具有的特征，则原先的重点单位和重要部位已不再是重点单位和重要部位。反之，原先的非重点单位和非重要部位随着时间的推移、条件的变化，却可能具备了重点单位和重要部位的特征，转化为重点单位和重要部位。

第三节　重点单位和重要部位的确定

一、重点单位的确定步骤

确定重点单位是实施重点单位管理的基础，是重点单位安全保卫工作的第一项基础工作。确定是一项认真细致的工作，也是一项严肃规范的执法工作，它影响后续管理的质量，因此确定重点单位有基本步骤。

政府是确定重点单位的主体，单位是被评审、被确认重点单位的客体，不参与确定工作。重点单位确定的一般步骤如下。

1. 调研

县级以上地方各级公安机关的治安部门，对管辖范围内的企事业单位开展调研，初定重点单位。

2.审核

本级公安机关审核治安部门初定的重点单位。

3.确定

各级人民政府审批本级公安机关提出的重点单位,予以最终确定。

4.告知

公安机关应当将人民政府确定的重点单位以书面形式告知该单位。

5.备案

各级公安机关将本级人民政府审批确定的重点单位报上级公安机关备案。

二、重要部位的确定步骤

重要部位管理是单位必须履行的一项法定义务,确定重要部位是单位行使企业管理自主权的范围。各单位有不同的确定重要部位的方法,但是确定工作的基本程序是相同的。

1.调研提出

由单位保卫部门(或者其他部门)开展调研,初定重要部位并向单位提出。

2.审批确定

单位对上报的重要部位进行审批,确定本单位重要部位。

3.建章立制

单位确定的重要部位应当按照相关的制度进行严格管理,对新确定的重要部位应当建立规章制度,对已经纳入制度管理的重要部位应当修改完善规章制度。

4.建立档案

重要部位管理应当规范化,每个重要部位都要有相应的档案,要求基本材料齐全、平时资料入档、有案可查。

5.公布于众

重要部位管理要依靠重要部位内的群众认真执行规章制度,也要发动单位群众积极参与,将单位确定的重要部位以各种方式告知群众,是依靠群众管理的前提条件。

三、重点单位和重要部位的确定原则

我国地域范围辽阔,各地情况千差万别,各单位类型和实际情况差异性极大。

为了确保重点单位和重要部位确定的准确性,在确定重点单位和重要部位的过程中必须遵循以下基本原则。

1. 坚持实事求是的原则

重点单位和重要部位固然有其本质的特征,但地区不同,重点单位构成条件也有所不同;单位类型不同,重要部位构成要素也有所不同。因此,必须坚持实事求是的原则。实事求是,就是要从实际情况出发,既不夸大,也不缩小,要正确地对待和处理问题,科学地研究客观事物的规律。

2. 坚持服从全局的原则

在确定重点单位时,一般要以其所属地区或系统、行业为全局,而在划定重要部位时则以其所属单位为全局。确定重点单位和重要部位时,都应有全局观念,服从于全局和整体。要将单位或部位置于全局之下,用其在全局中实际所处的地位以及其对全局作用力、影响力的大小来权衡其重要程度,并加以比较衡量。

3. 坚持宽窄适度的原则

由于各地区经济发展水平不同,所处的地理位置千差万别,有些重要地区、发达地方,重点单位可能定得多一些,其比例也可能高一些,而次要地区、落后地区重点单位可能少一些,其比例也小一些,这是客观存在的实际情况所决定的。同样道理,由于单位的大小不同、重要性不同,重要部位确定的数量和比例也肯定是有所区别的。坚持宽窄适度的原则就是要求公安保卫部门和单位保卫组织要真正确定那些符合重点单位和重要部位本质特征的单位和部位,保证不漏或过滥,才能把有限的力量全部投入到重点单位和重要部位的安全保卫工作上来。

4. 坚持确保重点的原则

重点单位和重要部位的保卫就是为了贯彻实施安全保卫工作中的"确保重点"方针,突出体现对重点关键单位和部位的优先确保,并推动一般保卫,以保证全局的安全运行。因此,在重点单位和重要部位确定过程中必须牢记"确保重点"原则,找出全局性的关键所在,这样才能达到重点单位和重要部位保卫的目的。

四、重点单位的构成条件

1. 符合特征

应当符合重点单位地位重要、性能特殊、影响重大等三大特征。这是构成重点单位的实体条件,也是重点单位的本质条件。

2.政府确定

这是构成重点单位的主体条件,政府是重点单位确认的权力主体。

3.书面告知

这是构成重点单位的程序条件,违反告知程序确认的重点单位是无效的。

在实际工作中三个条件都有特定作用,例如单位可以以这三个条件为依据,向政府提出本单位是或者不是重点单位的不同意见。例如单位没有收到重点单位的告知书,就不应当承担重点单位的法定义务,如果公安机关根据有关重点单位的法律处罚该单位,这种处罚也应该是无效的。

第四节 重点单位和重要部位保卫的基本原则

一、谁主管谁负责的原则

谁主管谁负责的原则,是指一个地区、一个部门、一个单位的主要领导,要对本地区、本部门、本单位的治安问题负责。

重点单位和重要部位安全保卫工作贯彻这个原则,就是要求机关、团体、企业和事业单位的党政领导要对本单位的重点单位和重要部位保卫负责,一旦出现问题要追究单位党政领导的责任。同时地方各级党政领导,对本辖区的机关、团体、企业和事业单位的重点单位和重要部位的安全保卫工作同样负有领导责任,要指导本辖区内的企业、事业单位做好重点单位和重要部位的安全保卫工作,为企业、事业单位创造一个良好的治安环境,推进整个社会治安综合治理工作的开展。谁主管谁负责的原则可以增加各行各业、各级领导搞好社会治安的责任感,调动起大家做好重点单位和重要部位安全保卫工作的积极性,把重点单位和重要部位保卫的各项措施落到实处,从而建立和完善各系统、各部门、各单位重点单位和重要部位保卫的工作网络,避免重点单位和重要部位的保卫流于形式。

具体贯彻这一原则,要求各层次的主管和分管的行政领导对本系统、本部门、本单位的重点单位安全保卫工作负主要责任,加强规划和协调,落实安全保卫责任制等安全防范措施;各单位内部治安保卫机构应充分发挥职能作用,具体落实重要部位保卫的各项具体措施,切实搞好重点单位和重要部位的安全保卫工作;公安机关对重点单位和重要部位的安全保卫工作情况进行业务指导,负责监督和检查。

二、服从、服务经济建设的原则

在市场经济体制下的重点单位和重要部位的安全保卫工作必须服从、服务于经济建设这个全党全国工作的中心,紧密围绕经济建设开展工作,为企业、事业单位的生产业务活动创造一个良好的治安环境,保障改革开放和社会主义现代化建设的顺利进行。

单位内部治安保卫机构在公安机关的指导和本单位党政负责人的领导下,结合本单位的实际,制订重点单位和重要部位的安全保卫工作计划,落实安全保卫工作措施,紧密围绕单位的生产业务活动开展重点单位和重要部位的安全保卫工作,通过保卫重点单位和重要部位安全,来保卫和促进经济建设。

服从服务经济建设是一个宏观的原则,具体到每一个单位,就是要紧密围绕单位的中心工作强化服务意识,服务生产,服务群众,从而促进生产的发展。首先,保卫干部要走出办公室,直接参与生产业务活动。通过参加生产,深入实际调查了解重点单位和重要部位在生产业务活动中的地位和作用、本身的特点和安全需要,过去的保卫措施哪些是切实有效的,哪些是形式的,重点单位和重要部位管理中有哪些隐患和漏洞,群众中有哪些好的意见和建议等,从中总结出今后的工作方向,有的放矢地做好重点单位和重要部位的安全保卫工作。其次,要解放思想,不断扩大服务范围,提高服务水平。只要对经济建设和单位生产有利,分内的事及时做、积极做、主动做,分外的事配合做、帮助做、协同做。

三、公开与秘密相结合的原则

公开与秘密是安全保卫工作的不同方式,安全保卫工作以保卫着装的形式公开实施门卫、巡逻、守护、押运工作,体现了预防为主、公开管理的基本方式。在重点单位和重要部位保卫中,公开管理是主要的手段,但秘密工作也是必不可少的。如只有公开管理而无秘密工作,就会耳不聪、目不明,就不能全面及时地了解和掌握社会动向和违法犯罪分子的秘密活动,也不能有效控制有些重要部位的治安面,重点单位和重要部位保卫就达不到预期目的。

保卫的秘密工作包括秘密管理方式和秘密收集信息情报两种工作方式。秘密管理方式是指采取隐蔽保卫身份实施门卫、巡逻、守护、押运等防范工作的形式,这是一种进攻式的积极防范手段。秘密收集信息情报是一项基础性工作,是用秘密方法收集信息情报,为门卫、巡逻、守护、押运等提供针对性防范的目标,为领导研究问题及采取措施提供决策依据。

秘密工作的具体方法有三种。

1. 便服管理

与穿制服相对的便服管理具有工作的秘密性,表现为便服巡逻、守候伏击等保卫方法。它有利于收集治安动向的实际情况,有利于发现、抓获违法犯罪分子,有些单位运用这种方式取得了控制治安面的较好效果。

2. 建用网络

建立情报信息网络,运用网络收集治安信息。它是指按照现有的组织结构在单位各部门直至班组建立治安信息员网络,收集治安情况并且及时反馈给领导。信息人员网络是一支红色的信息情报队伍,依靠这个队伍能够及时掌握违法犯罪嫌疑或者不稳定因素的线索。

3. 秘密调查

这是保卫人员自己开展调查工作或者通过特定员工过渡开展调查工作。收集治安信息情报的内容,以内部敌情和治安动向为主。通过调查,广泛深入地收集情报信息,为发现和防范境内外敌对分子的渗透破坏活动提供线索;了解掌握重要的政治动向,及时准确地向党委、公安机关提供预警性信息,为保障重点单位和重要部位安全、维护政治稳定和治安秩序服务;通过对可疑人员的调查,发现可疑动向,并采取相应的措施。调查既要从本单位的实际情况出发,又要同公安机关通报的敌情和治安动态联系起来,进行综合的分析研究,做到既从实际出发,为现实斗争服务,又要纵观大局,预测未来,为长期工作打下坚实的基础。

第五节 预防为主,确保安全的总体思想

一、预防为主

"预防为主"就是在重点单位和重要部位保卫的指导思想上,在预防和侦破的关系上,要强调预防,突出预防,对可能发生的情况预有准备,把着眼点放在预防工作上。要采取各种有效的防范措施,及时发现、消除各种不安全因素,预防敌对势力和敌对分子的破坏活动,预防各种刑事案件、治安案件和治安灾害事故的发生,千方百计保障重点单位和重要部位的安全。

二、确保安全

确保重点单位和重要部位安全是重点单位和重要部位安全保卫工作的出发点和最终目的。重点单位和重要部位保卫的一切工作、措施都是为了保障重点单位和重要部位的安全,如果离开了这个目标,也就失去了重点单位和重要部位安全保卫工作建立和存在的意义。

预防是手段,安全是目的。预防为主是确保安全的前提和基础,只有把预防工

作做好了,才能达到确保安全的目的;确保安全对预防提出了要求,促进了预防工作的加强和改善。因此,预防和安全是相互依存、相互促进的。

三、人物兼顾,以人为主

人和物是进行生产业务活动的基础,也是诱发案件、事故的重要因素和遭受侵害的主要目标。因此,预防工作必须从这两方面入手,采取有效措施,实行全方位、多层次的预防。

对人的预防,一方面要教育广大职工群众提高警惕,增强安全意识,积极主动地同违法犯罪作斗争,自觉遵守安全生产规章制度,保证生产安全,对易被犯罪分子侵害的人员进行法制和敌情教育,增强法制观念和防范意识,提高自防能力和同犯罪行为作斗争的积极性;另一方面要发动和依靠群众及社会力量做好轻微违法人员,尤其是失足青年职工的帮教工作,管理好重点人员,协助有关部门做好单位内部临时用工人员的管理工作,减少违法犯罪主体因素。

对物的预防,主要是协同有关部门管理好重点单位和重要部位的各种物资,特别是危险物品、贵重物品、密件、密品等。对危险物品要建立健全严格的管理制度,把好保管、发放、使用、回收等各个环节,防止被违法犯罪分子利用和进行违法犯罪活动或引发治安灾害事故;对贵重物品要加强管理,责任落实到人,贵重产品、原材料要实行双人保管制,严格出库制度,加固库房、箱柜,安装技术防范设施,严管严控,防止丢失、被盗;对密件、密品,要建立严格的保密制度,加强涉密人员保密教育,所有密件、密品要实行专人保管,一律造册登记,严格借阅、印刷、销毁、借用、出库管理制度,严禁无关人员接触,防止泄密、窃密事件发生。

第六节　全面规范安全保卫工作制度

单位规章制度是管理工作的规范,指由单位权力部门制定的、以书面形式表达安全保卫内容的、并以一定方式公示的、非针对个别事务处理的规范的总称。结合重点单位和重要部位的实际情况,建立健全相应的各项安全保卫制度,是重点单位和重要部位保卫的基础工作。这些安全保卫制度既是各单位行政管理的重要组成部分,对职工群众具有约束力,也是预防违法犯罪分子的破坏活动,保障重点单位和重要部位安全的一道重要防线。

一、安全保卫制度在重点单位和重要部位保卫中的作用

一个好的制度可以使人的坏念头受到抑制,而坏的制度会让人的好愿望四处碰壁。建立起将结果和个人责任及利益联系紧密的制度,能解决很多社会问题,安全保卫工作也是一样。如第二次世界大战期间,美国空军降落伞的合格率为99.9%,这就意味着从概率上来说,每一千个跳伞的士兵中会有一个因为降落伞不合格而丧命。军方要求厂家必须让合格率达到100%才行。厂家负责人说他们竭尽全力了,99.9%已是极限,除非出现奇迹。军方(也有人说是巴顿将军)就改变了检查制度,每次交货前从降落伞中随机挑出几个,让厂家负责人亲自跳伞检测。从此,奇迹出现了,降落伞的合格率达到了100%。

因此,建立健全相应的各项安全保卫制度能够有效地调动各级组织、部门、保卫人员和广大职工参与重要部位保卫的积极性和主动性,形成上下协作、齐抓共管、全体动员的工作网络。建立健全安全保卫制度能够把重要部位安全保卫工作纳入单位管理的轨道。安全保卫制度的建立打破了重点单位和重要部位安全保卫工作由保卫组织"单打独斗"的局面,使重点单位和重要部位保卫纳入了单位的日常管理体系之中,与其他管理工作同计划、同检查、同考核、同评比,使重点单位和重要部位保卫的目标成为各有关部门的共同目标,从而提高了重点单位和重要部位安全保卫工作在内部管理工作中的地位。建立健全安全保卫制度使重点单位和重要部位安全保卫工作有章可循,做到了规范化和制度化。

二、重点单位和重要部位保卫规章制度的类型

1.安全保卫责任制

安全保卫责任制是在单位党政组织领导下,以稳定内部治安秩序为目的,以调动各方面积极性为手段,实行责、权、利和名誉相结合的一种现代安全管理制度。它是各项安全保卫制度的中心环节。重点单位和重要部位保卫的各项具体规章制度都应在这一制度指导下制定,并依靠安全保卫责任制将重点单位和重要部位保卫的各项任务落实到各部门和各工作岗位。

安全保卫责任制以目标管理为主要形式,将单位各方面的安全保卫工作任务进行量化,再将量化过的指标分解后层层落实,并同经济责任制结合,使单位安全保卫工作具体化。从目前情况看,各单位制定的目标大体包括刑事案件发案率,治安案件发案率,职工违法犯罪率,治安灾害事故发生率,失密、泄密率,对轻微违法犯罪人员帮教转化率和保卫人员的称职率等。

2.安全保卫岗位责任制

岗位责任制是最基本的制度形式。安全保卫岗位责任制就是规定不同岗位上的职工对本职岗位上的安全保卫工作应承担的责任和应享有的权利的一种制度。

它要求每一名职工在自己的职责范围内,对安全保卫工作确实负起责任,并把它同个人的政治荣誉、经济利益挂起钩来,在安全保卫方面做到责、权、利统一。安全保卫岗位责任制是重点单位和重要部位安全保卫工作制度的核心。各单位要根据自己的实际情况制定出重点单位和重要部位各岗位的安全保卫工作制度,并认真执行,切实保障重点单位和重要部位的安全。

3. 重点单位和重要部位保卫规章制度

重点单位和重要部位保卫的规章制度种类繁多,不同类型的重点单位和重要部位规章制度也各不相同,常见的主要有以下几种。

(1)重点单位和重要部位技术防范制度。所谓技术防范,主要是利用自动报警、自动录音、自动录像和闭路电视等监控系统以及有关加固保险装置等,对保卫目标进行的防范。政府对重点单位的技术防范要求制定了标准,所谓技术防范制度就是政府制定的单位必须执行的制度。

(2)门卫制度。门卫制度包括人员出入制度、车辆出入制度、会客制度、携带物资出门登记制度。门卫是重点单位和重要部位安全防范的重要岗位,也是许多单位安全防范的薄弱环节。为防止违法犯罪分子的混入和被盗物资的流出,必须加强门卫管理制度的建立健全和落实。

(3)值班巡逻制度。它包括干部带班制度、请示报告制度、勤务检查登记制度、交接班制度等。通过值班巡逻能够有效地威慑犯罪,有效地对重点单位和重要部位进行防护。

(4)财物保管制度。它是指对现金、票据、有价证券、金银珠宝、珍贵文物、重要生产原材料、产品、半成品及贵重仪器、设备的保管制度。

(5)保密制度。它包括秘密文件保管、收发制度,传阅、借阅制度,泄密追查处理制度,秘密文件资料销毁、处理制度,对涉密人员的审查、教育、管理、使用制度等。必须建立健全各项保密制度,确保国家秘密安全。

(6)重要部位人员管理制度。应当控制好重要部位工作的进人关,特别是重点单位和重要部位的人员,要坚持先审后用、严格挑选的原则,并且掌握工作人员的现实动态表现,要坚持每年审查的措施。要坚持加强对重要部位员工教育的制度,重要部位人员的素质直接关系到要害的安全,因此,要坚持对重要部位人员进行政治、业务、纪律等方面的教育培训,使每个重要部位工作人员都能始终保持清醒的政治头脑,熟练地掌握本岗位的业务知识,及时发现和排除险情,以保证重点单位和重要部位的安全。

(7)危险物品管理制度。危险物品是指具有易燃、易爆、剧毒、腐蚀和放射性等特性的物品。凡是生产、使用、保管危险物品的要害部位都应在生产、储存、运输、销售、使用各环节建立严格的管理制度,加强监督检查,使之不被盗窃和破坏,不为犯罪分子所利用,避免和减少危害的发生,保障经济建设和人民生命财产的安全。

(8)消防管理制度。为保卫重点单位和重要部位的安全和单位生产业务活动的正常进行,单位要认真贯彻《中华人民共和国消防法》,把消防工作纳入生产、行政管理计划,建立健全消防组织,严密消防管理制度,落实各项消防措施。油库,易燃、易爆、危险化学品仓库,木工场地,重要物资仓库都要列为重要防火部位,落实防火责任人,完善消防设施,加强监督检查,严防火灾发生。

(9)安全检查制度。安全检查是为保障单位的内部安全,对安全保卫措施进行查验和补救的综合性监督措施。

执行安全检查制度,是发现和堵塞漏洞,消除不安全因素,加强预防措施,推动重点单位及重要部位安全保卫工作的一个重要方法。进行安全检查,保卫部门要在党政统一领导下,会同生产、技术、安全等有关部门按照领导和群众相结合的原则进行。

安全检查的内容主要有重点单位的各项安全保卫制度是否执行,措施是否落实,有关保卫组织是否健全,主要机器、设备、危险物品的管理是否安全可靠,防火设施是否符合规定等,一切不安全的因素都要过问。

(10)建立档案制度。重点单位档案的主要内容有重点部位登记表、确定重要部位的报告(或重点单位审批报告表)和批示材料、重点单位和重要部位人员名册、有关人员的审查登记表和审查材料、安全保卫工作的主要情况、重点单位发生和发现的各种问题登记、重点单位周围情况的调查材料以及其他与重点单位安全保卫工作有关的参考材料。

三、安全保卫制度的要求

保卫部门承担着制定安全保卫制度的任务,制定制度应当贯彻需要与可能相结合、需要与法制相结合、需要与效果相结合、需要与效益相结合等原则。需要与可能相结合是指单位需要某些制度,但是要考虑这些制度是否具有可行性。需要与法制相结合是指单位需要某些制度,但是要考虑这些制度是否具有合法性。需要与效果相结合是指单位需要某些制度,但是要考虑实施这些制度的最终结果是否能够达到预期,还要考虑实施这些制度的投入与产出的效益性。

制度的制定应当符合基本要求,或者说根据实践经验,制定制度应当考虑一些重要的制约因素。制定制度的基本要求有,制度要合理合法,要切实可行,内容要具体明确,各项制度之间要协调,制度要人性化,不能从条文上将员工当对手和敌人,要考虑执行制度需要的经济成本即制度的经济性。随着社会形势及单位情况的变化,制定制度的要求也要随之改变,但是制定制度要慎重,避免制度流于形式,避免制度产生其他负面效果。

四、坚持安全保卫制度落实情况的检查和考核

制定安全保卫制度是重点单位和重要部位安全保卫工作中的基本措施,但真正发挥作用还要靠制度的贯彻落实。因此,必须坚持对安全保卫制度的落实情况进行严格的检查和考核。要把安全保卫制度纳入单位的行政管理之中,使计划、布置、检查、总结、评比等安全保卫工作同单位行政管理的各项工作同步进行。检查考核中要将安全保卫制度执行情况和单位、个人的责、权、利、誉挂起钩来。制度落实好的单位和个人按规定经过考核评比后给予奖励;对工作不负责任、玩忽职守、给安全保卫工作造成损失的,须给予必要的处罚。执行奖惩要坚持领导与群众、干部与职工一律平等,违反了安全保卫制度,不论是谁都一视同仁,按章办事。这样,才能激发群众的积极性,才能取信于民,受到群众职工的理解和支持。

作为安全保卫工作人员,了解重点单位、重要部位的基本常识,掌握其特点,坚持安全保卫工作原则,建立健全并严格落实安全保卫工作制度,对做好本职工作非常必要,要结合工作实际,阅读相关书籍,从理论上提高做好安全保卫工作的自觉性。

思 考 题

1.什么是重点单位和重要部位? 其确立权限有何规定?

2.重点单位和重要部位保卫的基本原则有哪些?

3.如何理解"预防为主、确保安全"的原则?

4.企事业单位安全保卫制度有哪些方面?

第四章

安全保卫工作绩效考核

———— ★ ————

在管理学领域的理论与实践中,"绩效"的基本含义是"成绩和效果",也就是说,绩效就是结果,就是收获,就是进展情况,就是产出和收益等。考核,就是考试,考定核查,它有两层意思,一是考查核实,二是研究考证。因此,绩效考核就是业绩考评或"考绩",是针对企业中每个职工所承担的工作,应用各种科学的定性和定量的方法,对职工行为的实际效果及其对企业的贡献或价值进行考核和评价。安全保卫工作绩效考核就是结合工作实际,套用企业对员工的考核方法,对保卫人员进行考核的一项活动。

通过本章的学习,读者可以了解保卫队伍考核和保卫人员考核组织实施的基本理论,熟悉考核原则,掌握考核的标准、程序和方法,为调动保卫人员的积极性,加强保卫队伍建设和管理奠定基础。

第一节 保卫队伍正规化考核

一、总体要求

对大中型企事业单位而言,建设一支作风优良、纪律严明、具有处置突发情况能力的安全保卫工作队伍,对单位安全发展是很有必要的。为了规范安全保卫工作队伍正规化建设水平,依据《企事业单位内部治安保卫条例》以及本单位有关规定,要定期对保卫队伍正规化建设进行考核。

保卫队伍正规化值岗巡逻考核,应当坚持能力标准,坚持安全第一、综合评估、从严考评、以评促建的原则,把考核工作纳入单位整体考核之中,把平时检查和完成任务情况纳入其中,提高考核的质量和效益。保卫队伍正规化考核应当建立权威、正规、代表性广泛的考核机构。

二、组织实施方法

保卫队伍正规化值岗巡逻考核工作,由上级组织实施,平时对经常性安全保卫工作和完成任务情况进行检查考评,半年时进行初评,年终进行全面考评和综合评定。安全保卫工作分队应当每月对其承担的任务进行自评,保卫部门相关领导应当对所属保卫分队每月自评情况进行督导。组织安全保卫工作分队正规化值岗巡逻能力半年初评和年终考评时应当成立考评组。考评组通常采取听、考、查、谈、访、评的方法,按照下列程序实施:一是组长宣布课目,明确考评内容要求;二是听取受考评保卫分队工作汇报;三是根据考评内容,视情况分成 2～3 个小组,分头实施现地检查、走访其他部门、保卫理论和保卫人员情况处置考评等;四是依据安全保卫方案出情况,受考评保卫分队依案展开处置行动;五是根据安全保卫工作考核与平时检查和完成保卫任务情况,填写综合评定表;六是向受考评保卫分队通报考评情况;七是拟写综合报告,按程序报批,存档备查。

三、等级设置和成绩评定

对保卫分队正规化值岗巡逻能力考核,可设置优秀、良好、合格、不合格四个等级。要结合平时检查成绩和半年、年终考核综合评定,上级可根据单位的相关规定并参考其他部门考核模式对保卫分队的工作进行全面考核。

四、奖励和处罚

保卫分队或者保卫队伍应当达到优秀等级,其单位和相关负责人才能分别参加先进单位和个人的评比。上级单位应当制定相关奖励与处罚细则,便于执行,便于操作。奖励可以是单位和个人,处罚要有具体责任人,也就是板子要打在具体人身上。奖励以物质奖励与精神奖励相结合。

第二节　绩效考核的原则

绩效考核是一项复杂的工作,往往需要投入较大的精力、物力、财力,还不一定能达到预期的效果。根据美国普林斯顿舆论研究公司调查,大约有 30％的雇员认为他的绩效考核效果不好。咨询师莫林通过对大约260家大型工业企业的研究后指出，只有10%的经理认为他们的公司通过运用绩效考核结果提高了生产水平。专家认为，尽管有78%的高层主管在公司的计划中利用这些考核数据，但所有数据均未充分利用。可见，必须认真研究如何组织考核才能取得预期效果。根据国内外企业管理的实践，绩效考核应坚持以下原则。

一、客观公正的原则

指标体系和考核标准，一是要避免按个人主观意愿做出感情色彩浓厚的评价，应尽量采用客观尺度，进行定量考核，如合格的推销员每月要完成多少销售额；二是要用事实说话，切忌主观武断。这样做，至少有两个好处。

1. 比较公平

以评比保卫先进来说，因为各班组士气和绩效是有区别的，以同一尺度考核评选，班组里保卫符合先进标准的多，就可多给点指标，各班组获得先进称号的保卫数比例是不同的。它恰恰反映了班组之间的实际差异，这就是比较公平的。而采用按保卫人数的比例分配先进名额，结果在管理较差的部门获得先进称号的保卫，反而比不上管理水平较高的班组的一般职工，这就造成了事实上的不公平。

2. 客观公正

应尽量运用客观标准进行定量考核，可以引导人们改进工作，这样做直观且有效。而定性考核往往凭考评人的感觉，很难做到客观和公平。当然，在某些情况下，因很难确定一个尺度，采用定性考核也是允许的，但需有实例作为支撑。

二、多层次、多渠道、全方位考核的原则

要客观地评价保卫员工绩效有很多困难，因为员工在不同的时间、不同的场合往往有不同的行为表现。为此，应多方收集信息，实行多层次、多渠道、全方位的考核。考核的形式主要包括以下几种。

1. 直属上级考核

员工的直属上级在绩效考核中居于特别重要的地位。因为员工直接向其上级报告工作，上级对员工的情况了解较多；上级最了解组织对员工的期望，即考核标准，便于对下属进行比较；上级直接指挥员工，因此对员工的工作态度感受最深，因此应当十分重视直接上级的考评意见。但直接上级与被考核员工直接接触多，感情因素往往影响考评的客观性，对合得来、听话的下属考评易偏宽，而对合不来的下属考评易偏严，因此有时还需要更高一级上级作二次考评，以减小偏差。

2.同级评定

企业班组内同级互评,最有价值的信息是协作精神,其他方面因受晋升方面竞争心理的影响,所提供的意见价值有限,不过采取员工互评是一种民主参与方式,其意义往往超过考评本身。企业外部相关人员的评定,对于那些窗口部门员工、员工出入口保卫、办公室接待人员的职业道德、工作作风的考核具有重要意义。

3.下级评定

对于主管人员的工作作风和领导能力,下属很有发言权。但有些下属害怕得罪上级而不敢直言,有的则出于个人恩怨,评定缺乏客观性,因此对下级的意见要注意分析,尤其要强调事实依据,并从统领全局的角度认真剖析。

4.外部门同事评价

有必要向一些外部门的同事(与保卫部有密切联系的部门同事)征询对保卫人员的意见,这样的话就可以对保卫进行全面的考核。

5.员工自评

这是考评中不可缺少的一个环节。上级、同事、下级和其他部门的同事不一定了解员工的全面情况,对于遗漏的部分可以向员工本人了解,这也体现了对员工的尊重。员工的自评形式在考核其发展潜力方面意义较大。

在实际工作中,要将以上几种形式结合起来,综合运用,还要充分听取各方面的意见,才能切实保证考核的全面性和系统性。

三、责、权、利相结合的原则

绩效考核的主要目的之一就是帮助员工个人及组织改进绩效,不能为考核而考核,要将考核结果与员工的奖惩、晋升等紧密结合起来。

四、考核经常化、制度化的原则

为了使考核的各项功能得到有效发挥,企业必须制定科学的考核管理制度,并且在明确考核的原则、程序、方法、指标和标准的基础上,将考核工作落实到具体的职能部门,以实现考核的经常化。

第三节　绩效考核标准的制定

对保卫员工进行绩效考核,最重要的是在坚持绩效考核原则的基础上,制定考核标准。一般来讲,考核标准包括两方面:第一,员工应该做什么,其任务、职责、工作要点是什么;第二,员工应该做到什么样的程度,应该怎样做,达到何种标准。这是工作质量问题。

一、制定绩效考核标准的原则

1.事前性

考核标准应在考核之前的观察阶段制定和公布,而不应该只在事后进行考核。

2.参与性

被考核者有权参与对自己的考核标准的制定,只有让他们参与制定,考核才会取得他们的支持、合作和理解。

3.公正性

考核标准应该公正,各个部门都要接受考核,以防止出现苦乐不均的现象和考核死角。

4.规范性

考核标准本身应尽可能客观、准确、明了,以求最大限度地减少偏见和感情色彩等个人因素。

5.奖惩性

考核是为了鼓励先进,鞭策后进,带动中间,只有奖惩分明,才能收到效果。

6.定量性

考核标准必须找出工作定量的界限,并予以确切描述,使考核的目的明确,并具可操作性。

7.可靠性

要保证所得到的信息的可靠性,就要求考核者平时对被考核者经常注意观察,同时还要求尽量征求各个方面的意见。

8.可接受性

考核者和被考核者都能够接受和理解的标准才是可行的标准。

以上要求是综合的、概括的,有的考核标准也许只要满足其中一些要求就够了。

二、保卫岗位职责描述

先要制定保卫岗位职责,以下以酒店保卫为例给出一个范本(见表 4-1)供参考。

表 4－1　保卫岗位职责

职位	保卫员	主管部门	安全部
职类	G	部门	安全部
直属上级	保卫主管或领班	分部门	安全部
生效日期	2015 年 8 月 1 日	部门编号	Sec20101010

(一)主要功能

负责维护公司客人和员工的生命财产安全和公司的财产安全。

(二)责任概要

作为安全部的基本组成部分,保卫员承担了安全工作的基本职责。要确保自己工作区域内的安全,对附近的进出口和区域进行观察监视,发现可疑情况要立即报告。确保酒店设备的正常运转,发现任何故障、损坏或不安全的情况要立即上报。在紧急情况发生时,保卫员要服从保卫主管的指挥,履行自己的职责。

(三)工作任务

1.安全操作

(1)保护酒店客人、员工的生命财产安全。巡查酒店区域,特别是重点区域,如逃生通道,以避免灾害和犯罪行为的发生。

(2)工作时携带对讲机以便联系。

(3)将工作时发生的事情按时间顺序记录在工作日志上,包括岗位轮换、可疑目标、设备损坏和不安全因素等。

(4)执行酒店关于失物招领的相关规定,填写相应的表格,并立即报告相关负责部门。

(5)关注酒店内所有人员,确保他们的行为不会危害酒店利益。

(6)协助人事部检查员工更衣箱,在这之前要报告当值的安全主任。

(7)执行保卫管理层、安全主任安排的其他任务。

2.紧急应对

(1)接到报警呼叫后,按安全主任或管理层的指示行动。

(2)在紧急情况发生时,按指示立即到达现场,找出原因并报告当班安全主任。控制现场情况,在需要时进行急救。期间要进行详细的报告。

3.设备监护

(1)监督设备的维护和使用。

(2)及时报告设备故障和维护不足的情况。

4.积极参加培训和员工活动

(1)参加计划内的培训活动。

(2)积极参与公司组织的员工活动。

5.仪容仪表和卫生

遵守酒店关于卫生和员工仪容仪表的要求。

6.出勤

遵守出勤和考勤制度。

7.公司政策和程序

遵守员工手册内列出的规章制度。

8.环境保护

(1)循环利用或出售耗材以减少浪费。

(2)尽可能回收废弃物品。

(3)根据环保节能的要求节约使用周边区域的水和能源。

(四)职位要求

(1)年满18周岁的中国公民。

(2)身心健康,品行良好。

(3)具有初中以上学历。

(4)持有保卫员资格证。

(5)有责任感,对安全保卫工作有强烈的兴趣。

(6)处事沉着冷静,有从警或参军经历者优先。

(7)具有良好的团队合作精神。

(8)能说流利的普通话。

(9)有一定的英文基础。

(10)具有一定的调查和撰写报告能力。

三、制定保卫员绩效考核标准

根据保卫员的岗位职责,可以从以下几方面考虑制定绩效考核标准:一是仪表仪容,二是遵守劳动纪律,三是文明礼貌,四是执行岗位操作规范,五是报告书写能力,六是处理事件能力,七是学习能力,八是基本环境和知识掌握水平,九是态度,十是沟通能力,十一是清洁卫生,十二是公共关系,最后是团队精神。

第四节 绩效考核的程序

绩效考核程序一般包括五个环节。

一、制订计划

为了保证绩效考核顺利进行,必须事先制订计划。首先明确考核的目的和对象,再根据目的、对象选择重点的考核内容、考核时间和方法。

1. 不同的考核目的,有不同的考核对象

例如,为晋升至领班、主管和经理队长而进行的考核,是为选拔后备领导人才而进行的考核,是在有限范围内进行的;而评选保卫先进,决定提薪奖励的考核往往在全体员工中进行。

2. 不同的考核目的和对象,重点考核的内容也不同

例如,发放奖金应以考核绩效为主。这是因为发放奖金的管理意图就是为了奖励员工、改进绩效,着眼点是当前行为;而提升职务,既要考核成绩,更要注意其品德及能力,着眼点是发展潜力。

3. 不同的考核目的、对象和内容,考核的时间也不能一样

例如,团队精神、沟通及工作能力是不会迅速改变的,因此,考核间隔期可长一些,一般是半年或一年一次;工作数量和质量、态度及劳动纪律等绩效则变化较快,间隔期应短些,以便随时调整管理措施,因此以一个月或三个月一次为好。

二、技术准备

绩效考核是一项技术性很强的工作。其技术准备包括拟定、审核考评标准,选择或设计考核方法,培训考核人员等内容。

1. 考核标准的准备

绩效考核必须有标准,以作为分析评价员工的尺度,一般分为绩效标准、行为标准和任职资格标准。

(1)绩效标准。对保卫的定额要求,如巡逻的规定次数,CCTV 监控人员必须在 5 s 内做出对可疑人员或物品的反应指标。

(2)行为标准。例如,要求保卫员热情待客,不得与顾客争吵;微笑服务,向客人打招呼等。这些都属于行为规范。

(3)任职资格标准。例如,某公司规定保卫经理助理的任职资格见表 4-2。

表4-2 保卫经理助理任职资格

条件	最低要求
教育方面	主修企业管理的大专毕业生,或具有保卫师职称,或具有实际管理经验的同等学力
知识方面	必须会鉴别保卫服务工作的好坏,对安全系统有全面的理解,必须具备从事所有助理业务的良好知识,应彻底熟悉公司的安全政策和程序
能力和才能方面	能够从事保卫计划工作,监督指导员工,能与其他部门协调;善于委派职责与职权,以及能够有成效地工作;必须明确解释公司安全政策和利用正确的判断作决策;能够在举行大型活动时注意具体安全细节;必须具备调查事件的技巧;必须懂得举行消防演习、反恐演习
经验方面	有3~5年以上的成功经验(包括担任过保卫助理、高级保卫主管或资深保卫主管)
个人特色方面	强有力的领导品质;有分析、解决问题的能力;工作认真,善于协作,富有进取精神;具备良好的口头、书面表达能力;具有激发信心、忠诚和待人热情的个性、良好的人品,身体健康,具有个人风度及魅力

2.选择或设计考核方法

根据考核目的确定需要哪些信息,从何处获取这些信息,采用何种方法收集这些信息,这就是选择、设计考核方法要解决的问题。

常用的收集、记录考核信息的方法有考勤记录、岗位记事簿、工作日记、安全报表、备忘录、现场检查记录、立功记录、事件和事故报告等。

3.培训考核人员

为了保证考核质量,应对考核人员进行培训,使其掌握考核原则,熟悉考核标准,掌握考核方法,克服常见偏差。

三、收集资料信息

对人员的考核必须持严肃认真的态度。因为,考核结果常常决定一个人在组织中的地位和前途,所以,要求作为考核基础的信息必须真实、可靠、有效。收集资料信息要随时收集、形成制度,主要方法有以下几种。

1.岗位记录法

各岗位包括监控中心、出入口岗、巡逻岗、交通控制岗、货物进出控制、领班或主管等岗位,按规定填写原始记录和统计。

2.定期抽查法

定期抽查上述各岗位保卫人员的工作情况,以代表整个期间情况,一般由领班或主管人员抽查,并记录在案。

3.考勤记录法

考勤中注明迟到、早退、出勤、缺勤及原因,是否请假,并记录在案。

4.测试评定法

采用专门的调查形式,指定专人对员工逐项评定。如为观察监控人员的工作质量,管理人员往往采用遮摄像机探头的方法,来测试监控人员是否尽职;又如在巡逻的必经路线上,放置可疑物品或设计可疑现象,来测试巡逻人员是否发现。对测试结果记录在案,作为日后绩效评估的依据。

5.减分抽查法

按职务(岗位)要求规定应遵守的项目,定出违反规定扣分办法,逐日或定期进行登记。

6.限度事例法

对通常线以上的优秀行动或通常线以下的不良行动进行评估,即平时就把特别好、特别不好的事例记录下来。如同事有紧急工作忙得不可开交,并请求支援,自己虽有充裕时间,但仍予以拒绝,这是不良行动。相反,在看到同事有困难,尽管自己也很忙,但在干完自己工作后又主动加班帮忙,这属于优秀行动。

四、分析评价

这一阶段的任务是对员工个人的德、能、勤、绩等做出综合性的评价。分析评价是一个由定性到定量再到定性的过程。

1.对员工每一评价项目区分等级

对员工每一个评价项目,如工作质量、数量、出勤、协作精神、责任性等评定等级,一般可分为3~5等。五等级划分一般可按表4-3进行。

表4-3 五等级划分

等级	优	良	合格	稍差	不合格
表现	非常出色	比组织期望水平高	达到组织期望的基本要求	比组织期望水平低,但不妨碍业务	水平低,已妨碍业务

续 表

等级	优	良	合格	稍差	不合格
以出勤为例	全年无迟到	常几个月无迟到	每月迟到1～2次	每月迟到3～4次	每月迟到5次及以上

2.对员工的评价项目进行量化

为了将不同性质的项目综合,就必须分别予以量化,即赋予不同评价等级以不同数值。赋值方法很多,以五等级为例,可参见表4-4。

表4-4 员工的评价项目量化表

等级	优	良	合格	稍差	不合格
等差非对称赋值	5	4	3	2	1
等差对称赋值	2	1	0	-1	-2
累进对称赋值	3	1	0	-1	-3
不对称非等差赋值	2	1	0	-2	-4

3.对同一项目不同考核结果的综合

有时同一项目由若干人对某一员工同时进行考核,但得出的结果不一定相同,为综合这些考核意见,可采用算术平均法或加权平均法综合。现假设对某主管的工作能力的考核分值为上级评定5分,下级评定2分,相关部门评定3分、2分,按算术平均综合,其工作能力得分为(5+2+3+2)/4=3分。若考虑到上级意见更为重要,权值为2,下级意见权值为1,则加权平均综合为(5×2+2×1+3+2)/5＝3.4分,可见结论不一样。

4.对不同项目的考核结果加以综合

例如,要从总体上评价一个人的能力时,就要将其知识、判断能力、社会交际能力等综合起来。要决定一个员工是否提薪时,要将其工作成绩、工作态度及能力综合起来。这里也须对各个项目分配权值。确定各考核项目的权值,主要根据考核的主要目的、阶层及具体职务。考核的目的不同,同一项目在整个评价体系中的地位就不同。

例如,性格对于职务安排与提升有比较重要的意义。一个性格内向、不善交际的人难以胜任保卫主管职务。但性格对于提级、提薪奖励不应有什么影响。一个不适合担任保卫主管的人员未必不能当车库收费保卫,其贡献未必小于性格开朗、善于交际的保卫主管。而纪律性和坚持性对所有的安全保卫人员都至关重要。下面是某企业推荐提薪时的权值表(见表4-5)。

表4-5 推荐提薪因素权值表

因素		督导经理层	领班主管层	保卫员层
成绩	工作质	10	20	20
	工作量	5	10	20
	小计	15	30	40
态度	纪律性	2	8	10
	协作性	2	8	10
	积极性	2	12	10
	责任性	4	12	10
	小计	10	40	40
能力	知识技能	10	8	10
	判断能力	15	5	10
	筹划能力	20	5	
	沟通能力	15	5	
	指导管理能力	15	7	
	小计	75	30	20
合计		100	100	100

五、结果运用

考核不是目的,应当特别注意考核结果的运用。考核结果可以提供大量有用的信息,主要的应用如下。

1.选择适当时机

利用向员工反馈考核结果、帮助员工改进绩效的时机,如能结合目标管理,则效果更佳。

2.提供决策依据

考核结果可为人事决策如任用、晋级、提薪、奖励等提供依据。这时应妥善运用考核结果。例如,某企业在将考核与奖励、提薪、晋级联系起来时,晋级主要看能力,奖励主要看贡献。

3.检查工作落实

检查企业管理各项政策,如企业在人员配置、员工培训等方面是否有失误,是否有效。

表4-6为保卫员绩效考核标准。

表4-6 保卫员绩效考核标准

注:绩效等级标准

优	良	合格	稍差	不合格
5	4	3	2	1

序号	类别	NO.	评价内容	得分	检查人	核查人
1	仪表仪容	1.1	清洁双手,不留长指甲	1		
		1.2	头发要适当梳洗,鬓发不盖过耳部,头发不能触及后衣领	2		
		1.3	上班前剃净胡须,剪短鼻毛,不留胡子	3		
		1.4	制服干净整洁、挺括,每天更换衬衣	4		
		1.5	皮鞋上油擦亮	5		
		1.6	经常洗澡,清洁身体,没有异味	6		
		1.7	不穿制服进吸烟室	7		
		1.8	女生将头发扎盘起来	8		
		1.9	男生不戴耳环等	9		
2	文明礼貌	2.1	主动与客人、领导和同事打招呼	10		
		2.2	面带微笑,使用礼貌用语	11		
		2.3	接听电话符合礼仪,使用标准用语	12		
		2.4	不与他人争吵,骂不还口,打不还手	13		
		2.5	主动热情地为他人服务	14		
		2.6	热情为他人指路及其他服务	15		

续 表

序号	类别	NO	评价内容	得分	检查人	核查人
3a	纪律考勤	3.1.1	不迟到	16		
		3.1.2	不早退	17		
		3.1.3	事先请假,不无故缺勤	18		
		3.1.4	不与其他人员在岗位上闲聊	19		
3b	员工通道岗位操作	3.2.1	出入物品控制,严格审核物品出门单	20		
		3.2.2	正确办理计时工出入登记,填写项目正确	21		
		3.2.3	检查员工下班时携带的物品	22		
		3.2.4	阻止闲杂人员	23		
3c	车道控制岗位操作	3.3.1	登记发放临时停车证	24		
		3.3.2	保持车道畅通	25		
		3.3.3	车辆停放整齐有序	26		
		3.3.4	正确填写停车收费移交登记表	27		
3d	卸货平台岗位操作	3.4.1	进出货物登记无差错	28		
		3.4.2	登记停车卸货车辆	29		
		3.4.3	卷帘门下不堆物	30		
		3.4.4	正确办理临时出入证	31		
3e	巡逻岗位操作	3.5.1	按规定时间、路线巡逻	32		
		3.5.2	激活规定路线上的每个巡逻点	33		
		3.5.3	按规定填写巡逻日报表	34		
		3.5.4	发现物品堵塞通道要及时处理,保持消防通道畅通	35		
		3.5.5	检查消防设备和灭火器是否完好	36		
3f	监控中心岗位操作	3.6.1	正确记录监控日志	37		
		3.6.2	及时按规范处理火警	38		
		3.6.3	检查监控设备工作情况,及时报修设备故障	39		
		3.6.4	及时发现可疑情况,并指挥与协调	40		

续 表

序号	类别	NO	评价内容	得分	检查人	核查人
4	报告书写能力	4.1	语言通顺,字迹整洁,条理清楚	41		
		4.2	准确运用格式	42		
		4.3	报告及时	43		
5	处理事件能力	5.1	能及时报告	44		
		5.2	能阻止事件继续发展	45		
		5.3	能掌握人证和物证	46		
6	学习能力	6.1	积极参加各类培训	47		
		6.2	达到及格以上	48		
		6.3	出勤率在80%以上	49		
7	知识掌握	7.1	公司基本知识	50		
		7.2	保卫业务知识	51		
		7.3	岗位操作技能	52		
8	态度	8.1	能互相协作	53		
		8.2	能帮助他人	54		
		8.3	和蔼可亲	55		
9	沟通	9.1	岗位沟通,能积极互通岗位信息	56		
		9.2	开会沟通,能积极发言	57		
		9.3	书面沟通,能积极提建议	58		
10	清洁卫生	10.1	岗位清洁	59		
		10.2	能捡起垃圾	60		
		10.3	能通报自己不能解决的环境卫生问题	61		
11	公共关系	11.1	能与客人保持良好的关系	62		
		11.2	不与他人争执	63		
		11.3	虚心听取客人对单位的意见	64		
12	团队精神	12.1	积极参加部门活动	65		
		12.2	积极参加单位活动	66		
		12.3	能热情帮助他人	67		

第五节 绩效考核的方法

一、因素评分法

因素评分法,是将一定的分数分配给各项考绩因素,使每项因素都有一个评价尺度,然后根据被考核者的实际情况和表现在各项因素上的评分,汇总得出总分,即为被考核者的考核结果。

这种方法比较科学合理,便于借助电子计算机来处理数据,从而大大提高了考核的效率和质量。例如,某企业把考绩因素定为如下四项。

1. 出勤纪律方面

出勤、组织纪律占总分30%,分为上、中、下三个等级。出勤率100%为满分30分,病、事假1天扣1分,旷工1天扣20分,迟到、早退1次扣10分,旷工1天以上或缺勤30天以上者不得分。

2. 工作能力方面

能力占总分20%,分上、中、下三等。技术高、能独立工作、完成任务好、胜任本职工作评为上,低于这个水平的评为中或下。在考核阶段内,缺勤30天以上者不得分。

3. 工作业绩方面

成绩占30%,分上、中、下三等。协调性好,积极主动工作,完成任务好,评为上,较差的评为中,再差的评为下。在工作中出现一次差错,造成损失或在安全、服务方面发生事故,1次扣10分,情节严重者不得分。

4. 工作素质方面

文明礼貌、作风、团队精神占20%,分为上、中、下三等。工作服从分配,遵守规章制度,团结互助,评为上,否则评为中或下。违反公司规章制度或因工作失职,1次扣10分。

以上各项考核因素的上、中、下三个等级的比例分别控制在25%,60%,15%,其分数汇总在考核表内。

表4-7是某公司员工考核表。

表4-7 某公司员工考核表

部门		姓名		职务（工种）		考核总分	
项目		分数				考核情况说明	
出勤	30	上	30				
		中	24				
		下	18				
能力	20	上	20				
		中	17				
		下	14				
绩效	30	上	30				
		中	25				
		下	17				
思想作风组织纪律	20	上	20				
		中	17				
		下	15				
主管意见							
考核小组意见							
部门经理意见							
公司意见							

二、综合考评法

这种方法是首先自己总结，然后员工评议，最后领导归纳考核结果。它通常适用于对一般管理人员的考核。在考评时，一般管理人员先自我评定，总结半年或一个阶段、时期的工作情况，向本部门员工汇报，并由大家进行评议。部门负责人归纳总结被考者本人和大家的意见进行评分。个人自我总结一般需要包括如下内容：总结本人在报告期内所致力的工作和获得的成果，以及自己的满意程度，本人能力发挥的程度及热情和要求，今后的设想等。

综合考评法的特点是发扬民主。主管人员的考察不可避免地要带一定的主观成分，而且也不可能对下属每一个员工了解很全面。被考核者本人对自己了解最清楚。由本人对自己实事求是地总结评定就比较客观,有利于培养自我管理和严格要求自己的作风。不仅如此,为了避免个人在总结评定中可能出现不实事求是或不全面地评价自己的问题,就需要群众评议,以便对被考核者的自我评定进行检查、监督和补充。同时其他员工在评定他人中也受到了教育。综合考评法发扬了民主,也沟通了上下级和员工之间的思想联系。

三、考试评议法

这是将考试和评议结合在一起进行绩效考核的方法。考试主要用于检查被考核者的文化水平、专业理论和技术知识水平。评议就是采用多种方法征求有关人员对被考核者的看法,经过考核者的分析、比较、讨论,最后做出公平、客观、正确的评价。

工作成果考核的方法一般包括目标管理和工作计划及检查两种。目标管理只有在具备客观的工作资料时,方可采用。这两种方法不宜用于人事决策时的评价。

保卫队伍正规化考核和保卫人员绩效考核是保卫管理者必须掌握的管人员、带队伍的基本方法。作为安全保卫工作的各级管理人员,必须充分认识考核的重要性,坚持考核的原则,熟悉考核的标准,熟练掌握考核的程序和方法,调动保卫人员的积极性,做好单位的安全保卫工作。

思 考 题

1. 如何组织保卫队伍正规化考核?
2. 绩效考核的原则是什么?
3. 绩效考核有哪些标准?
4. 绩效考核的方法有哪些?

第五章

大型群众性活动保卫管理

———————— ★ ————————

大型群众性活动由于具有规模大、参加人员多、危险系数高、物资集中和安全问题突出等特点,管理不好极易发生各种纠纷、冲突甚至治安灾害事故,如踩踏事件、火灾、骚乱等。据统计,近年来,全国每年平均举办各类大型群众性活动1.5万余场,近3亿人次参加。在这类活动中,安全事故、治安和刑事案件时有发生,有的甚至酿成群体性事件,给人民群众的生命、财产安全以及社会治安秩序和公共安全带来较为严重的危害。不仅如此,一些大型群众性活动还具有一定的政治影响,很有可能成为恐怖分子或其他违法犯罪人员实施犯罪行为的目标。因此,保卫部门应当积极协调各有关部门,落实大型群众性活动安全保卫工作的责任和安全措施,为大型群众性活动的顺利举行提供良好的安保服务。通过本章学习,读者可了解大型群众性活动安全管理的法规依据和主要措施,明确其风险等级评估和治安许可,掌握大型群众性活动安全保卫工作方案及现场安全管理的原则和方法,学会对活动现场一般治安问题的应急处置,确保安全。

第一节　大型群众性活动安全管理的主要举措

一、大型群众性活动的内涵

根据国务院2007年颁布实施的《大型群众性活动安全管理条例》第2条,大型群众性活动是指法人或者其他组织面向社会公众举办的每场次预计参加人数达到

1 000人以上的下列活动：体育比赛活动，演唱会、音乐会等文艺演出活动，展览、展销等活动，游园、灯会、庙会、花会、焰火晚会等活动，人才招聘会、现场开奖的彩票销售等活动。根据该条例，影剧院、音乐厅、公园、娱乐场所等在其日常业务范围内举办的活动，不属于大型群众性活动。

大型群众性活动应包括五个要件：一是活动有明确的举办主体；二是活动必须依法举办，必须符合公安机关对安全条件的要求；三是活动有众多人员参加；四是活动的时间、地点（如场馆、水域、空域等）是特定的，不能随意改变；五是活动必须是有组织进行的。

二、大型群众性活动的分类

按照不同的标准，可以将大型群众性活动进行不同的分类。按照大型群众性活动的内容来划分，可以把大型群众性活动分为群众性文化体育活动、大型商贸活动、大型会议及大型庆典集会三类。

1. 群众性文化体育活动

群众性文化体育活动包括大型文化活动和大型体育活动。

大型文化活动主要是指大型文艺演出和民间传统文化活动，如大型演唱会、春节或者其他传统节日期间举办的庙会、游园、灯会、花会、赛龙舟等民间传统文化活动。大型体育活动主要是指国际性、地区性、全国性的综合或者单项体育赛事以及民间竞赛等群众性体育活动，如奥运会、亚运会、全运会、工人运动会、农民运动会等。

2. 大型商贸活动

大型商贸活动主要是指国际性、地区性、全国性以及其他范围的大型经济、商业、贸易活动，如大型商品展销会、展览会、交易会、人才招聘洽谈会等商贸活动。

3. 大型会议及大型庆典集会

大型会议主要是指国际性、地区性、全国性或者其他类型的重大会议。

三、大型群众性活动安全保卫工作的特点

1. 规模大，参与人员复杂

近年来，大规模、高档次、多层面的大型群众性活动越来越多。这些大型群众性活动既有党政部门组织的，也有工、农、商、学不同职业团体组织的；既有共青团、妇联等社团组织的，也有民间组织的，甚至还有宗教团体组织的。大型群众性活动的组织工作也涉及多个方面，往往是活动的主办者、承办者、协办者、赞助商相互交

织,政府行为、商业行为、民间行为相互交织。参与大型群众性活动的人员也很复杂,如参与大型体育活动的人员中就既有运动员、裁判员,也有工作人员、服务员;既有一般观众,也有党政要员,或者境外人员,甚至有违法犯罪人员混迹其间。由于参与人数众多,并且参与人员在一定时间节点内高度密集,极易造成活动场地的饱和,一旦出现矛盾、摩擦和意外情况,极易导致秩序的混乱,出现拥挤和踩踏,如果管理不善或指挥不当,极易发生群死群伤的事故。

2.影响大,易遭恐怖袭击

大型群众性活动具有一定的社会影响,容易成为恐怖分子袭击的目标。由于大型群众性活动涉及政治、经济、社会、科技、国防、体育、文化等各个领域,活动的内容和目的复杂,往往具有较大的社会影响力,甚至是国际影响。境内外敌对势力、恐怖分子总想利用这一机会千方百计地进行破坏活动,或枪击,或爆炸,制造轰动效应。一旦发生问题,将造成无法挽回的损失和政治影响。

3.变量多、涉及安全面广

大型群众性活动涉及的安全范畴广、变数多。其安全保卫工作需要确保各方面的安全,主要包括五方面:一是人身安全,这是大型群众性活动公共安全管理中需要考虑的首要问题;二是场所安全,这是大型群众性活动公共安全管理的关键;三是物资安全,随着经济的高速发展,大型群众性活动举办的规格也越来越高,资金等物质要求也越来越高,防止因火灾、盗窃等造成活动所需物资的损失,是安全保卫工作的又一重要环节;四是卫生安全,应排除噪声污染、细菌传染、食品安全问题等影响大型活动顺利进行的风险;五是信息安全,信息安全是大型群众性活动成功举行的基础,尤其是在大型商业活动中,为了保证利润,举办方都会保留一些比较有吸引力的信息来确保该活动高质量完成,若信息泄露出去,则会严重影响活动的吸引力和效果,甚至造成严重的经济损失。大型群众性活动安全保卫工作的难度还因为保卫对象的变数大,即大型群众性活动虽然事先公开,透明度很高,但为了安全起见,组织者事先不可能把具体时间、活动内容向有关单位确认,尤其是涉及领导人参加的活动一般确认得更晚,中间往往还要根据实际情况进行调整或改变预定计划,这些都不同程度地增加了安全保卫工作的难度。

四、大型群众性活动安全管理的主要措施

大型群众性活动的安全管理应当遵循安全第一、预防为主的方针,坚持承办者负责、政府监管的原则。

1.活动承办者履行的安全职责

根据大型群众性活动"谁主办、谁负责"的原则,活动的承办者是大型群众性活动安全责任的第一人,应当履行以下安全职责及采取以下安全措施。

(1)落实大型群众性活动安全工作方案和安全责任制度,明确安全措施、安全工作人员岗位职责,开展大型群众性活动安全宣传教育。

(2)保障临时搭建的设施、建筑物的安全,消除安全隐患。

(3)按照负责许可的公安机关的要求,配备必要的安全检查设备,对参加大型群众性活动的人员进行安全检查。对拒不接受安全检查的,承办者有权拒绝其进入。

(4)按照核准的活动场所的容纳人员数量、划定的区域发放或者出售门票。

(5)落实医疗救护、灭火、应急疏散等应急救援措施并组织演练。

(6)对妨碍大型群众性活动安全的行为及时予以制止,发现违法犯罪行为及时向公安机关报告。

(7)配备与大型群众性活动安全工作需要相适应的专业保卫人员以及其他安全工作人员。

(8)为大型群众性活动的安全工作提供必要的保障。

2.大型群众性活动的场所管理者具体负责的安全事项

(1)保障活动场所、设施符合国家安全标准和安全规定。

(2)保障疏散通道、安全出口、消防车通道、应急广播、应急照明、疏散指示标志符合法律、法规、技术标准的规定。

(3)保障监控设备和消防设施、器材配置齐全、完好有效。

(4)提供必要的停车场地,并维护安全秩序。

3.大型群众性活动监督部门的安保措施

作为大型群众性活动安全监督部门,公安机关的安保措施主要如下。

(1)制定大型群众性活动安全许可和安全监督管理的工作规范和标准,并向社会公布。

(2)制定大型群众性活动安全监督方案和突发事件应急预案。

(3)建立大型群众性活动不良安全信息记录制度,并向社会公示。

(4)审核、许可申请材料,实地勘验活动场所。

(5)在大型群众性活动举办前,对活动场所组织专项安全检查,发现安全隐患的责令改正。

(6)在大型群众性活动举办过程中,对安全工作的落实进行指导、监督和检查,发现安全隐患的责令改正。

（7）对安全工作人员进行安全宣传、教育。

（8）对现场秩序混乱、可能导致安全事故或者危害公共安全的紧急情况和其他突发事件，要及时进行处置。

（9）依法查处大型群众性活动中的违法犯罪行为。

第二节　大型群众性活动的风险等级评估

一、风险评估的特点

大型群众性活动安全保卫工作的风险评估是利用系统工程方法对拟进行的活动可能存在的危险性和可能产生的后果进行综合评价和预测，并根据可能导致的突发事件的大小，提出相应的安全对策，以达到系统安全的过程。风险评估具有科学性、专业性、可操作性的特点。

1. 科学性

安全保卫工作的构成与评价指标体系的形成是在科学的理论指导下完成的，其在实践中的具体运用都是在坚实的理论基础上产生的具体标准与规范。这些标准与规范是完全遵循客观规律的，充分体现了科学性。

2. 专业性

系统要根据安全保卫工作的特点，结合本单位的实际，区别于其他机关、团体、企业、事业单位举办的大型群众性活动，建立安全保卫工作的评估标准。因此，在实践中，具体的标准与规范要具有鲜明的活动类特点，评估者针对这种特点，确定符合实际的评价手段，使其在内容上和方法上具有鲜明的特色。

3. 可操作性

评价指标体系必须是具体的而不是抽象的，应当与具体的工作、专业和任务相结合，使每个人都能了解、掌握和运用，从而达到能够操作和便于操作的目的，使安保组织机构和人员的综合素质和基本能力得到真正的体现，为继续提高和完善安保工作人员的整体素质、做好安全保卫工作奠定基础。

二、大型群众性活动风险评估的步骤

风险评估主要包括风险识别、风险估测和风险评价、风险规划、风险控制四个阶段。

具体到大型群众性活动,风险评估可分为以下四个步骤。

1. 风险识别阶段

确定可能会影响大型群众性活动安全的风险因素,尽量全面地进行罗列并对每个风险因素的特征进行分析。风险因素信息采集的主要渠道如下。

(1)参阅活动的相关申报材料。包括活动的批准文件、场地平面图等,以此了解活动的性质、规模、举办场地情况等基础信息。

(2)活动的主办单位。主要是由活动的主办单位介绍活动的基本情况,包括活动的举办意义、内容,参加的观众群体,拟邀请参加的领导等。

(3)通过对活动现场的勘验,了解活动现场的具体情况。

(4)保卫秘密力量、信息员。

(5)通过以往大型群众性活动安全保卫工作的经验,来确定举办方的诚信度、工作规范落实情况、有无不良记录等。

(6)通过社会舆论、公共媒体了解活动的社会关注程度。

从上述六种渠道采集的风险因素信息可以归纳为人、地、物、事、其他等五大类风险因素。其中,人的风险因素又分为观众和举办单位两部分评估点,观众部分包括参加人数、年龄结构、层次划分等项目,举办单位部分包括诚信度、举办经验、内保人员素质等项目。地的风险因素又分为室内和室外两部分评估点,室内部分包括安全通道、消防设施、重点部位等项目,室外部分包括场地开放程度、周边地理环境等项目。物的风险因素评估点包括临时搭建设施、展品贵重程度、危险程度等项目。事的风险因素评估点包括活动内容的受关注程度、是否有政治影响等项目。其他类风险因素评估点包括气候、交通、秩序等项目。

2. 风险估测和风险评价阶段

所谓固有风险值,就是某项大型群众性活动在制定安全方案、采取安全措施之前本身固有的风险指数。对固有风险值的评定,是指对大型群众性活动风险因素的特点进行分析,对发生的概率进行估计,采取定性分析与定量分析相结合的方法,对该活动本身具有的固有风险值进行打分。固有风险值必须准确代表该项风险因素的风险大小,通常得分越高说明存在的风险越高。在进行完固有风险值评定后,就会对该活动哪方面存在较高安全隐患做出明确直接的判断。制定固有风险值的目的是为安全保卫措施提供科学的量化依据,并与勤务机制挂钩,为科学高效地配备安全保卫力量提供依据。

上述五类风险因素的固有风险值按历次大型群众性活动安全保卫工作投入精力的多少分别确定为,人和事各占 100 分,地、物、其他三项各占 50 分,共计 350

分。不同类型的大型群众性活动的风险因素侧重点不同,如文艺演出的风险因素主要集中在人上,而展览展销的风险因素则主要集中在物上。为了更加科学地评价某项活动的风险,固有风险值的最后综合评定将根据活动类型,将不同的风险因素确定为不同的比例进行分类评定,如在文艺演出类活动中,人占40%,事占30%,地占10%,物占10%,其他占10%。以上述比例计算出比例分值后,再与每个测评点的系数相乘的积加上5,即为整个活动的固有风险值。

固有风险值总分为350分,初步划定每70分为一个等级。70分以下为低风险活动,风险等级为绿色;71~140分为中低风险活动,风险等级为黄色;141~210分为中级风险活动,风险等级为褐色;211~280分为中高级风险活动,风险等级为橙色;281分以上为高风险活动,风险等级为红色。

3. 风险规划阶段

制定安全措施就是制定大型群众性活动的风险规避策略以及具体实施措施的过程。体现在具体的大型群众性活动安全管理工作中,就是根据风险评估结果采取有针对性的控制措施,降低风险发生的可能性,以及制定安全方案的过程。

4. 风险控制阶段

二次风险值是指某项大型群众性活动在采取安全措施之后的风险综合指数。该指数用来检验安保措施的保障程度。同时,控制在某个分值以下的二次风险值是能够举办该活动的最后标准。通常二次风险指数必须在中低级风险以下才能举办该项活动。

在大型群众性活动的举办过程中,应建立风险控制体系和风险管理机构,按照制订的风险管理计划,对本次活动进行风险监控,对活动过程中的风险事件做出响应。当出现新的风险事件或活动的进行与原来的估计有差别时,动态地进行风险识别、风险分析和风险规划的整个反馈过程,也是整个风险评估机制必不可少的一个环节。

三、依据风险等级,确定相应保卫等级模式

在对大型群众性活动风险做出评估的基础上,应根据不同风险等级确定相应的安全保卫勤务级别。安全保卫力量配备采取保卫和志愿人员(工作人员)相结合的方法,投放比例视安全保卫方案级别而定(不同等级的安全保卫数量以勤务等级模式为参考)。

1. 一级加强勤务等级

对于政治敏锐性强、可能威胁社会稳定和国家安全的活动,应确定为一级加强勤务等级,由公安机关全面负责活动的安全保卫工作,进行全面部署,形成高压态势。

2.一级勤务等级

对于风险评估等级为一级、政治性强、规格高的国际性、综合性大型群众性活动或有重要警卫对象参加的活动,应确定为一级勤务等级,由公安机关进行专门部署,制定周密细致的方案和应急预案,重点投放警力,以确保绝对安全。

3.二级勤务等级

对于风险评估等级为二级、规模大、参与人数在 10 000 人以上、群众参与度高的活动,应确定为二级勤务等级,在力量安排上采取民警和保卫力量分开使用、相互结合的办法,将保卫安排在活动现场外围警戒线或各出入通道口等位置固定、任务单一的岗位,主要警力安排在现场重点区域和应急力量上。

4.三级勤务等级

对于风险评估等级为三级、规模较大、参与人数在 10 000 人以下、群众参与性较高的活动,应确定为三级勤务等级,相较于二级勤务等级方案,其安全保卫力量略有下降,主要由保卫部门负责保卫方案的实施和力量的调配。

5.四级勤务等级

对于风险评估等级为四级、专业性强、规模较小、参加对象以专业人士为主或参与群体素质较高的活动,应确定为四级勤务等级,制定四级方案,现场安全保卫工作由保卫公司组织力量全面负责实施。

第三节　大型群众性活动的治安许可

一、举办大型群众性活动的条件

大型群众性活动的承办者应是依照法定程序成立的法人或者其他组织;活动的内容不得违反宪法、法律、法规的规定,不得违反社会公德;活动具有符合规定的安全工作方案,安全责任明确、措施有效;活动场所、设施符合安全要求。

县级以上各级人民政府、国务院有关部门直接举办的大型群众性活动的安全保卫工作,由举办活动的人民政府、国务院有关部门负责,不实行安全许可制度。

二、大型群众性活动的许可审核部门

大型群众性活动的规模不同,实施许可的主体也不同。

1.县级人民政府公安机关实施安全许可

大型群众性活动的预计参加人数为 1 000～5 000 人,由活动所在地县级人民政府公安机关实施安全许可。

2.设区的市级人民政府公安机关或者直辖市人民政府公安机关实施安全许可

预计参加人数在 5 000 人以上的,由活动所在地设区的市级人民政府公安机关或者直辖市人民政府公安机关实施安全许可。

3.国务院有关部门实施安全许可

跨省、自治区、直辖市举办大型群众性活动,由国务院有关部门实施安全许可。

三、申请许可的程序

1.申请方式

承办者应当在活动举办日的 20 日前提出安全许可申请,采取到有市局或属地公安分(县)局办公地点现场申请的方式。大型群众性活动的许可时限为受理之日起 7 日内。

2.须提交的申请材料

承办者合法成立的证明以及安全责任人的身份证明;场所租赁、借用协议书,活动现场平面图;活动使用的证件及门票的样本;安全风险预测或者评估报告、安全工作方案、突发事件应急预案;按照规定应当经有关部门事先批准的提交批准文件;其他与举办大型群众性活动安全工作相关的证明材料。

四、许可申请的审核

公安机关收到申请材料后,应当依法做出受理或者不予受理的决定。对受理的申请,应当自受理之日起 7 日内进行审查,对活动场所进行查验。对符合安全条件的,做出许可的决定;对不符合安全条件的,做出不予以许可的决定,并书面说明理由。

1.受理标准

受理主体受理的申请应属于本单位管辖并且申请材料齐全、规范、有效。

2.受理程序

公安机关对于不属于本单位管辖的申请,应明确告知申报者该申请属于哪个管辖单位。对于予以受理的,填写大型群众性活动安全许可申请受理凭证。对申办材料不符合要求的不予受理,并填写大型群众性活动安全许可申请不予受理决定书,告知申办人需补充、更改的事项、内容。

3.审核标准

公安机关审查大型群众性活动举办申请时需重点把握三条标准:活动举办场所硬件条件与申报材料相符,与活动所需的安全条件相适宜,根据工作需要开展实地踏勘;活动参加人数符合安全标准;活动证件样式、数量、限用区域、发放范围、使用人员、防伪措施等符合安全要求。

4.决定和送达

对同意举办的活动,核发举办大型群众性活动安全许可决定书;不予以许可的,要向承办者说明理由。

五、申请内容的变更

对经安全许可的大型群众性活动,承办者不得擅自变更活动的时间、地点、内容或者扩大大型群众性活动的举办规模。大型群众性活动的举办时间、地点、内容发生改变或者扩大规模的,须重新向公安机关提出申请。公安机关依照《大型群众性活动安全管理条例》的相关规定办理变更手续。

如取消大型群众性活动,公安机关将收回大型群众性活动安全许可证件。对变更的大型群众性活动,承办单位要采取措施,将变更的情况告知社会公众,办理退票、退款手续,并于活动原定举办时间派专人到原定活动举办地点,做好解释、疏导等善后工作。

第四节　大型群众性活动的安全保卫工作方案

一、方案制定的指导原则

制定切实可行、具有可操作性的大型群众性活动安全保卫工作方案,是确保各类大型群众性活动安全保卫工作顺利开展的重要保证。制定方案时,应遵循以下原则。

1.分析判断

保卫部门要对举办活动时的各种情况做出分析判断。

2.调查研究

制定方案前,保卫部门要进行调查研究,收集、分析情报,做到心中有数。

3.可行操作

制定方案要有针对性,且周密、严谨。

二、安全保卫工作方案的构成要素

《大型群众性活动安全管理条例》第6条规定:举办大型群众性活动,承办者应当制定大型群众性活动安全工作方案,包括以下几项构成要素。

1.大型群众性活动安全工作方案的内容

(1)活动的时间、地点、内容及组织方式。

(2)安全工作人员的数量、任务分配和识别标志。

(3)活动场所消防安全措施。

(4)活动场所可容纳的人员数量以及活动预计参加人数。

(5)治安缓冲区域的设定及其标志。

(6)入场人员的票证查验和安全检查措施。

(7)车辆停放、疏导措施。

(8)现场秩序维护、人员疏导措施。

(9)应急救援预案。

在保卫部门的日常业务工作中,各类大型群众性活动种类繁多、性质各异,在具体工作中的组织指挥、处置程序和方法等方面存在很大差别。因此,制作各类大型群众性活动工作方案的内容也必然要有所区别。这里仅就方案应包含的主要内容进行基本表述。

2.指导思想和工作目标

此项包括在工作中应遵循的总的原则和达到的总目标或总任务,并应把总目标或总任务加以分解、说明。

3.组织领导

制定方案中必须明确执行此项任务的领导和指挥机构的组成,包括指挥人员的姓名、职务、单位等基本情况。有些方案还应注明现场机构所设的地理位置。

4.保卫力量部署和任务分工

方案中要根据具体任务的种类、规模、性质等,合理配备参加任务的保卫力量,明确任务分工,即某项勤务工作有哪些单位参加,各自的职责任务是什么。同时,为了预防各种突发事件,还要留有一定的机动力量。

5.安全措施

为了保证每项安全保卫工作能安全顺利进行,在方案中一般要根据不同任务的具体情况,提出几项有针对性的工作措施,如现场加强安全检查、及时消除安全隐患、加强工作人员的安全教育、确保内部安全、事前召开各上勤单位协调会、对安全工作进行再部署等。

6.工作要求

方案中应明确安全保卫工作需遵守哪些要求,如所有执勤人员必须服从命令、听从指挥,严格按指令行动,及时汇报和反映情况,保持通信畅通,严禁擅离岗位和违纪、违法事件的发生,执法时注意警容风纪、方式方法,做到文明执法和严格执法。在特定场合执勤还必须遵守有关宗教、民族等方面的政策和规定。

第五节 大型群众性活动现场安全管理

一、大型群众性活动现场安全管理的基本原则

1.确保安全的原则

确保安全的原则是活动现场安全管理及应急处置的首要原则。它既是活动现场管理应急处置的出发点,也是最终目标。执勤人员要牢固树立"安全第一"的意识。

2.充分预测预警的原则

确保活动现场安全管理的预测、预警,即通过对引发或放大事件的各种因素实行监测、度量和分析,从中发现事件的预兆,预测到未来并提前采取措施。

3.科学部署保卫力量的原则

活动现场安全管理及应急处置要实现保卫力量合理布局。把保卫力量直接部署在重点地区和重点部位,保卫人员要与其他工作人员形成合力,整体作战,形成点、线、面的整体防控网络,实现保卫力量配置科学、有效统一。

4.实时监控、适时调整的原则

充分发挥防控网络的作用,对活动现场实施实时监控,根据情况适时做出调整,精确指导保卫力量部署。

5.及时发现、果断处置的原则

在活动现场安全管理过程中,充分发挥信息情报系统的最大效能,对出现的可

能引发突发事件的征兆要"抓早、抓小、抓苗头",执勤人员要加强敏感意识和责任意识,及时发现,果断处置。

二、大型群众性活动现场安全管理的工作重点

大型群众性活动主要包括文艺演出、体育比赛和展览、展销等,其安全保卫工作各有侧重。文艺演出安保工作的重点在于保护演员和观众的人身安全,防止发生群死群伤的治安灾害事故;展览、展销安保工作的重点在于对展览和展示物品的保护,防止发生丢失、被盗及损毁事件。

1.维护现场观众秩序

现场观众应凭票入场、对号入座。观众入场时,由工作人员在观众入口处负责维护观众入场秩序,在观众入口处应设置 S 形缓进通道,同时提高检票速度,使观众能够迅速入场,缓解入口压力。在观众区部署制服和便衣力量,及时处置和制止各类起哄、谩骂、打架等扰乱现场秩序的行为,必要时可将闹事者带离现场。散场时应开通广播系统,引导观众迅速、有序地退场。场地内设有观众席的,观众席要摆放固定座椅,并设立明显标志和紧急疏散通道。

2.落实安全检查制度

(1)比赛前,由现场指挥部组织相关部门和场地单位对比赛现场进行安全检查,特别是要检查现场临时搭建设施的情况、通道和安全出入口是否畅通,发现隐患立即整改。

(2)比赛期间,加强巡视检查,特别是要检查各项安全保卫工作措施的落实情况和各上勤保卫力量的到岗到位情况。

(3)在比赛结束后,加强对现场的清场检查,防止隐患的存在,以免安保人员撤离后发生意外。

3.现场外围控制

以活动现场为中心,对周边一定半径范围内的道路、地下室、地下通道、停车场等,采取定岗定位、巡逻检查、交通疏导等措施进行控制,必要时可采取交通管制、封闭等措施。

4.现场场地控制

大型群众性活动具有活动规模大、重要人士多、参与人员多、社会影响大等特点,根据活动内容的不同,活动现场可能会有党和国家领导人、友好国家元首、中外官员及各界嘉宾出席。由于大型群众性活动的影响力大,活动现场容易成为恐怖组织袭击的目标。

5. 入场安全检查

(1)目测检查。选择有利位置,在直视范围内与受检人保持 2m 左右的距离,密切注视其神态、动作,并注意周围可疑动向,发现异常立即警示其他保卫人员,并迅速采取必要的措施。

(2)手持安检器检查。采取一对一的检查方式,保卫人员要站在被检查人斜对面,注意其神态、动作,重点检查头部、肩膀、胸部、腋下、臀部、腰部、裆部、大小腿内侧、鞋内。

(3)X 光机检查。每台 X 光机前最低配备保卫力量为 3 人。前传员位于 X 光机前,负责提示并协助受检人将被检物品放置在传送带上,观察受检人的神态、动作,遇有可疑物品,示意执机员实施重点检查。执机员主要负责图像识别,发现可疑物品后,示意后传员实施开包检查。后传员协助执机员进行图像识别,并负责观察 X 光机检查现场有无可疑动向,对执机员提示的重点物品进行开包检查。

为确保大型群众性活动的安全顺利进行,应对大型群众性活动现场进行全方位的安全检查。安检工作将涉及大量的人身、物品、器材、车辆、场地设施,任务重,标准高,措施复杂,工作难度大。只有对参与活动的所有人、车、物进行认真细致的安全检查,才能确保大型群众性活动顺利进行。

6. 场地内管控

(1)人员疏导。对进入场地的人员采取证件管理的方法,所有工作人员一律凭通用或场地专用证件出入,在场地入口处要安排专人负责验票、验证。场地安排观众和摄影记者的,要采取分区管理的措施,设立记者席和观众区,同时要设有紧急疏散通道,并设有明显的标志。

(2)车辆疏导。车辆按照集中统一停放的原则,凭车辆专用证件在事前指定的车场停放,活动组织者负责派人看护,交管部门负责派出保卫力量进行车辆的调度指挥,同时可根据活动现场周边道路的交通状况,采取临时交通管制措施。

7. 场内区域控制

(1)工作人员区控制。工作人员一般分为主席台工作人员、场地工作人员、看台工作人员、场院工作人员等几种,由证件进行区分。活动期间要严格实行证件管理,除持有通用工作证件的人员外,其他工作人员必须在指定区域内开展工作,禁止跨区、带人进入等行为的发生。

(2)运动员区、演员区控制。按照集中管理的原则,要求领队等行政管理人员负责运动员、演员的比赛、训练、演出等活动,除比赛演出场地、运动员或演员休息室、混合采访区等区域外,运动员、演员要集体活动,比赛或演出任务结束后要迅速退场,通常情况下不与现场观众发生接触,以免引起人员拥挤、混乱等问题的发生。

(3)观众区控制。要坚持凭票入场、对号入座的原则。观众入场时,由活动主办方组织工作人员在观众入口处负责维护观众入场秩序,当入场观众人数较多时,应设置S形通道,同时提高检票速度,使观众能够迅速入场,缓解入口压力。散场时,应开通广播系统,引导观众迅速、有序地退场。场地内设有观众席的,观众席要摆放固定座椅,并设立明显标志和紧急疏散通道。

(4)记者区控制。记者分为文字记者和摄影记者。应在看台区指定一个固定区域作为文字记者席与普通观众隔离,记者凭有效证件进入。摄影记者可以进入比赛场地,但要严格限制人员数量。场地内要划定记者区,记者要在指定区域内工作,活动组织者要指定专人负责管理工作。新闻发布会应安排在室内进行,入口处要有工作人员负责查验证件。

第六节 大型群众性活动现场一般治安问题的应急处置

一、观众起哄问题的处置

1.宣传教育

安保人员发现或接到报告后,应以违反活动现场观众规则为由,立即上前教育、引导、告诫,原则上不带离现场。

2.带离现场

对警告无效、不服从管理、扰乱秩序或阻碍执行公务的,应带离现场。

3.文明执勤

在处置过程中,要明确安保人员身份,使用礼貌用语,慎用肢体动作。

二、个别观众不按指定位置就座或串台、翻跳看台问题的处置

1.教育引导

就近的安保人员要进行解释、引导和劝阻。

2.批评教育

对拒不服从管理的,可由现场民警进行批评教育,保卫人员配合。

3.带离现场

对扰乱秩序的,应将其带离现场。

4.严格管理

对翻跳看台的,就近的保卫应立即制止,对其进行批评教育;对服从管理的,准许其继续参加活动,但要重点关注,密切观察;对拒不服从管理的,应迅速带离现场。

5.协助处置

对已跳入活动场地的,应迅速带离场地,交由民警处理。

三、个别观众向看台或场地内投掷物品问题的处置

1.警告制止

就近执勤人员应以违反活动现场观众规则为由,立即劝阻、制止,予以警告。

2.批评教育

对服从管理的,可在进行批评教育后纳入重点关注对象,暂不带离现场。

3.带离现场

对拒不服从劝阻警告,继续扰乱活动现场秩序的,应迅速带离现场并交由民警处理。

4.收集证据

在不影响活动现场秩序的情况下,注意及时、全面收集证据。

四、观众因座位入场原因发生争执、口角问题的处置

1.解释劝阻

一般先由观众服务志愿者进行劝阻。

2.隔离调解

对不听劝阻的,看台安保人员要立即将争执双方隔离,做好调解工作。

3.带离现场

影响活动正常进行或造成人员受伤等后果的,应将双方当事人带离现场至办公地点处理,并通知活动现场医疗服务人员到场临时救治。

五、场馆内观众之间发生斗殴问题的处置

1.疏导劝阻

对苗头性的情况,现场安保和工作人员应先行疏导、劝阻化解。

2.协助调解

对已经发生双方互殴的,要立即制止,问明情况,进行调解,原则上不带离现场;对拒绝调解甚至继续扭打的,可带离现场并交由民警处理。

3.协助救治

对已经发生双方互殴并且有人受伤的,要立即上前制止,将双方分开,问明原因,报告现场指挥部协调医疗救护人员进行救治。

4.带离取证

对参与人数较多的,要报告现场指挥部,同时上前制止并注意紧盯或控制挑头闹事人员,现场指挥应迅速调集备勤力量赶赴现场处置,同时做好视频图像监控和录像取证工作。

六、恶意踢砸场馆设施和酒后在看台滋事问题的处置

1.教育制止

出现恶意踢砸场馆设施的情况时,就近的保卫应立即制止。对当事人服从管理且未造成设施损坏的,给予批评教育,原则上不带离现场。

2.带离现场

对造成设施损坏或者拒不服从劝阻、继续滋事的,应带离现场交由民警处理。

3.协助民警

出现个别观众酒后在看台滋事的情况时,应组织就近的保卫,以违反活动现场观众规则为由进行劝解制止。对劝解无效的,由民警出面给予警告、批评教育,保卫人员予以配合,原则上不带离现场。

4.带离现场

对扰乱看台秩序甚至危及其他观众人身、财产安全,以及警告无效继续滋事的,可迅速带离现场。

七、活动结束后,大量观众滞留聚集围堵活动场馆问题的处置

1.宣传引导

启动广播系统,加强宣传,协调组织观众服务志愿者引导观众有序退场。

2.快速疏散

现场指挥部组织安保力量对活动场馆内聚集的人员加大疏导力度,同时增加门口区域秩序维护和交通疏导力量,快速疏散人员、车辆,避免出现人员滞留、回

流。对于在外围控制区聚集的人员,视情况派出机动备勤力量协助外围安保团队,做好人员疏散工作。

3.带离取证

对制造事端的挑头闹事人员,要强行带离现场,并注意做好相关取证工作。

八、现场秩序混乱以及观众围攻事件的处置

1.控制秩序

因为运动员、裁判员判罚不公、误判等,引发群众不满,导致观众情绪躁动,造成现场秩序混乱时,由场馆运行团队领导统一指挥各业务口开展先期应急处置,安保团队应加强观众看台秩序控制,注意发现挑头滋事人员,严防观众跳入场地、向场内投掷物品等情况的发生。

2.劝阻制止

当出现观众围攻、追打裁判员、运动员或工作人员的情形时,现场保卫应立即报告现场指挥部,同时上前劝阻、制止。对听从劝解的,原则上不带离现场。

3.带离现场

对不听劝阻、继续滋事甚至造成危害后果的,应带离现场处理。

4.观察报告

对参与人数较多的,要随时观察事态动向,注意盯控挑头闹事人员,随时报告情况,按照指挥部的指令开展工作。

5.取证处置

现场指挥部接报后,视情况调集机动备勤力量赶赴现场增援进行先期处置,同时做好视频图像监控和录像取证工作。

思 考 题

1.什么是大型群众性活动?其特点有哪些?

2.大型群众性活动安全保卫工作的特点有哪些?

3.大型群众性活动承办者应履行的安全职责是什么?

4.大型群众性活动安全保卫工作方案有哪些具体内涵?

5.大型群众性活动现场一般治安问题应急处置的方法有哪些?

第六章

重大建设工程保卫管理

———— ★ ————

重大建设工程是指在一定时期内对社会经济发展起决定作用的重要工程建设项目,其安全保卫工作非常重要。

第一节　重大建设工程的概念和分类

一、重大建设工程的概念

重大建设工程是指列入国家或地方政府基本建设计划,由中央或地方集中人力、物力、财力建设的关系到国计民生、重大战略发展投资的工程,以及城市标志性建筑建设、城市发展基础设施建设、提升城市总体形象的建设工程。

二、重大建设工程的分类

现阶段,重大建设工程主要有以下几类。

(1)国家、省(市)级重要的国防高端和科研建设工程。

(2)大、中型水、电(火电和核电)、煤等能源建设工程。

(3)机场、铁路、港口、交通枢纽等建设工程。

(4)越江(河)大桥、隧道、城市轨道交通干线、城市穿越式隧道、高速公路、城市环线高架道路等基础设施建设工程。

(5)超高层建筑、城市地标性建筑、大型体育场馆设施等建设工程。

（6）其他与国家和地区经济发展密切相关的能源、汽车、冶金、化工等大型企业建设工程。

三、重大建设工程的特点

1. 社会影响大，领导关注程度高

重大建设工程牵涉到国家重大战略决策，对地方经济发展起关键作用，社会影响大，必然会引起各级领导的高度关注。因此，经常有领导到项目建设工地调研、检查、指导、协调，提出各种要求。

2. 施工周期长，工程规模投资大

重大建设工程规模大，施工周期长，投资额、施工面积都超出一般工程规模。施工建筑用地和附属配套设施占地面积等远比一般工程大得多，施工周期也要长得多，有些工程根据发展需要分为一期、二期、三期，甚至更长。

3. 施工单位多，协调配合难度大

重大建设工程需要许多施工单位共同协作才能完成。因此，不同地区、不同行业的施工队伍会聚在一起，在同一施工区域内施工时，其互相协调配合至关重要。

4. 技术含量高，安全管理风险大

重大建设工程一般都代表当今世界最新科技水平，远非一般意义上的简单重复，不少施工技术都蕴含着最先进的设计理念和技术水平，承担的风险也大，因此要确保万无一失、精心筹划、精心施工，才能达到目标要求。

5. 施工环境差，拆迁补偿纠纷多

重大建设工程会对民众的生活产生一定影响。施工可能会带来拆迁、施工噪声等问题影响居民的正常生活，以及引发周边老旧危房破损、动迁费用补偿等问题。

四、重大建设工程施工现场的综合治理工作现状

1. 治安消防隐患多

重大建设工程治安、消防形势严峻，容易引发治安案件和火灾事故发生。施工工地已成为盲流、拾荒人员及偷、盗、哄抢等违法犯罪分子作案的重灾区，工地建筑材料如钢筋、扣件、脚手架管、电缆线、氧气钢瓶、乙炔钢瓶、电焊机、小型电动工具等都是盗窃的目标。违章电焊切割作业引发火灾的事故也时有发生，有些甚至造成严重后果。

2.施工现场条件差

有些重大建设工程的工地选址偏僻,位于市郊或城乡接合部,施工条件差,办公条件差,生活设施差,防范环境差。

3.施工队伍素质低

农民工已成为施工队伍劳动力的主要来源。了解农民工的需求、解决农民工的困难、做好农民工的工作是做好综合治理工作的关键,也是有效预防各类治安案件、刑事案件和火灾事故的重要工作内容。

第二节 重大建设工程保卫机构的设置、组织领导形式和工作要求

一、保卫机构的设置和组织领导形式

1.建立统一机构

安全保卫工作应采取集中统一、分工负责的办法组织实施,凡重大活动、重要节点、专项行动,都应由保卫机构统一布置开展。

2.建立分级机构

各参建施工单位都应建立相应的保卫组织、保卫机构,指定专人负责,规模和人员配备应根据本单位规模大小和承担的工作性质安排。

3.组织安全检查

对重大建设工程安全保卫工作的情况要定期组织各单位检查讲评,实事求是,奖优罚劣,对发现的事故隐患应责令限期整改。凡属重大隐患,要立即整改,以防后患。对整改不力的单位,必要时应予以通报批评或处罚。

二、重大建设工程工作的要求

全面贯彻落实中共中央、国务院《关于加强社会治安综合治理的决定》《企业事业单位内部治安保卫条例》和《中华人民共和国消防法》,预防为主,切实做好重大建设工程安全保卫工作。

1.提高责任意识

要提高重大建设工程各级负责人的责任意识、忧患意识和大局意识,把综合治理、治安保卫、消防工作纳入目标考核范畴,与施工生产活动实行同部署、同检查、

同考核、同奖惩。

2.建立健全组织

建立健全重大建设工程治安保卫组织,加强治安保卫队伍建设,建立与重大建设工程施工任务相适应的保卫机构,落实专人负责安全保卫工作,配备专职治安保卫人员。

3.查找安全隐患

全面开展重大建设工程施工过程中治安、消防、不稳定因素的风险评估,着力查找工作中可能存在的安全隐患和薄弱环节,制定切合实际的安全保卫工作方案,对可能发生的各类因素加以研判,切实把矛盾解决在内部和萌芽状态。

4.落实安全责任

制定各项管理制度,落实治安保卫责任,依法监督隐患整改。对整改不力或造成事故的,坚决依法处理。对情节严重构成犯罪的,依法追究相关人员的法律责任。

5.提升防范能力

全面提升治安防范能力,确保工程建设有序进行。加强对重点部位和周边区域的控制,落实人防、物防、技防和联防的各项措施,增强重大建设工程内部的治安防范能力。

6.建立联防机制

主动会同企业公安与地区公安机关建立警民联防机制,自觉接受公安部门对内部治安防范工作的指导和检查,及时协商配合解决安全保卫工作中的突出问题,为重大建设工程顺利施工做好保驾护航工作。

7.加强业务督导

加强治安保卫业务监管督导,负责建立指导和检查的长效机制,督促落实必要的人力和财力保障机制。

8.开展业务培训

开展保卫人员业务培训,提升治安保卫人员的政治素质、基本素质和业务素质,使其在重大建设工程中完成所赋予的职责和使命。

第三节 重大建设工程安全保卫工作的基本方法

一、联席会议制度

建立组织机构网络,制定工作目标和工作网络,设立工作小组,明确责任人,由建设单位、公安部门、施工单位派员共同组成安全保卫工作领导小组。根据工程的特殊性,共同研究安全保卫工作方案,制订安全保卫工作计划,拟定安全保卫工作规章制度,落实安全保卫工作经费,完善安全保卫工作奖惩法则,健全各项工作措施,建立安全保卫工作体系。

二、签订治安、防火协议,落实责任制

根据"谁施工、谁负责"的原则,落实责任制。

(1)由建设单位和公安部门与施工总承包单位签订安全保卫工作责任书。

(2)总承包单位与各分包单位签订治安、防火协议。

(3)各单位明确各自在安全保卫工作中的权利和义务。

(4)明确奖惩法则。

(5)落实治安、防火工作措施。

(6)各支队伍责任人明确、制度齐全、人员落实、措施有力。

三、加强与社区沟通,了解社情民意

(1)了解社区的情况,重点掌握治安情况。

(2)了解驻地周边外来人口的情况,便于掌握防范工作尺度。

(3)及时与乡、镇街道、居委会沟通,共同做好防范工作。

四、建立警民共建机制

重大建设工程企业公安和所在地区公安、消防部门联手,共同营造良好的环境,预防和打击违法犯罪活动。保卫部门要及时将施工现场治安、消防情况与公安、消防部门沟通,根据实际情况,共同制定防范、打击工作方案,联手实施平日检查,发现问题,提出整改意见,消除隐患,运用多种方法帮助施工单位化解矛盾,做好维护稳定工作,处置突发事件,杜绝重大治安、消防事故的发生,确保施工正常进行。

五、在重大建设工程施工现场安装技防设施，实行规范运作

对重点部位、贵重设备仓库、易燃易爆危险品的储存场所、施工现场都要安装监控、报警设施，有条件的在工地主要进出通道要安装门禁系统，实施人、车分流，严密监控。

六、落实安保力量，实施有效监控

重大建设工程安全保卫工作有其特殊性，因此须加强安保队伍建设，实施有效管理。有条件的要建立围墙，建立门卫制度、出入证制度，严格检查有效证件，严禁无关人员进入；进出车辆也须严格控制，防止夹带物品外出；成立巡逻队，实施昼夜巡查。对重点部位、已竣工的场所要做好产品保护工作，实施封闭式管理，以防产品遭盗窃、损坏或人为破坏。

安保队伍应根据施工现场的实际，形成两道防护圈：第一道由安保队伍值守外围各主要进出通道，严格检查，控制人员、车辆进出；第二道由在建工地内部各施工项目部派安保人员值守，分片分块，层层设防，建立统一指挥，统筹安排，统一协调，因地制宜，随时调整布局，确保重点，减少治安消防隐患，有效保证施工现场安全。

思 考 题

1.重大建设工程的概念和特点是什么？

2.重大建设工程安全保卫工作的基本方法有哪些？

第七章

安全风险调查与评估

━━━━━━ ★ ━━━━━━

风险评估与分析是识别风险和确定风险发生概率的一种合理有序的综合解决方案。虽然它不属于精密科学,却可以看成定义概率的艺术。风险包括威胁和隐患。威胁是指对目标造成不利影响的事物;隐患是指漏洞或缺陷,可能引发威胁目标安全的事物。通过本章的学习,读者可了解风险管理及其发展,学会识别、控制和规避风险,熟悉评估、减缓及管理风险谋略,掌握风险管理程序。

第一节　风险管理的由来

一、风险管理的基本内涵

风险管理是某个实体识别潜在损失,并制定潜在损失最佳管理方案的过程。完成风险的确定、分析、评估后,就可以制定并实施最佳应对方案。很多因素都可能导致与安全相关的损失,如内部或外部盗窃、人为或自然灾害等。此外,火灾、安全问题、生产或第三方责任引发的损失也是企业风险管理人员相当关注的一些方面。正确执行风险分析可以实现很多目标,但它的终极目标是确定风险可能对企业的影响,明确企业的潜在风险损失。风险分析应该明示风险可能发生的地点、时间和发生的方式。风险分析还应当提示风险发生后,企业将遭受损害的严重程度或相关责任认定。风险管理人员可以据此设计涵盖潜在损失、风险类型、责任认定的程序。在处理绝大多数风险时,企业都面临着 3 个基本选项:一是风险能够被避免、消除或减少到可控制的范围;二是风险能够被预估或保留;三是风险能够被转移给第三方(转移给第三方通常意味着将责任转移给保险承保方)。

二、风险管理的发展历程

风险管理从 20 世纪 30 年代开始在美国出现,当时由于受到 1929－1933 年世界性经济危机的影响,美国约有 40％的银行和企业破产,经济倒退了约 20 年。为应对经营上的危机,许多大中型企业都在内部设立了保险管理部门,负责安排企业的各种保险项目。可见,当时的风险管理主要依赖保险手段。

1938 年以后,美国企业对风险管理开始采用科学的方法,并逐步积累了丰富的经验。20 世纪 50 年代,风险管理发展成为一门学科,风险管理一词才初步形成。

风险经理被认可是在 1950 年,保险公司的现状和成本之间日益相连的关系逐渐清晰,这个时候需要专门人员对被保险企业进行安全评估,从而得出保险费率或决定是否给予投保。

保险业风险管理角色的进一步显现是在 1975 年,美国社会保障部更名为美国风险和社会保障部。20 世纪 70 年代以后逐渐掀起了全球性的风险管理运动。

20 世纪 70 年代,随着企业面临的风险越来越复杂多样和风险费用的增加,法国从美国引进了风险管理并在法国国内传播开来。与法国同时,日本也开始了风险管理研究。

近 20 年来,美国、英国、法国、德国、日本等国家先后建立起全国性和地区性的风险管理协会。1983 年在美国召开的风险和保险管理协会年会上,世界各国专家学者云集纽约,共同讨论并通过了 101 条风险管理准则,它标志着风险管理的发展已进入了一个新阶段。1986 年,由欧洲 11 个国家共同成立的欧洲风险研究会将风险研究扩大到国际交流范围。1986 年 10 月,风险管理国际学术讨论会在新加坡召开,风险管理已经由环大西洋地区向亚洲太平洋地区发展。

我国对于风险管理的研究始于 20 世纪 80 年代,一些学者将风险管理和安全系统工程理论引入中国,在少数企业试用中感觉比较满意。但直到今天,中国大部分企业仍缺乏对风险管理的认识,也没有建立起专门的风险管理机构。作为一门学科,风险管理学在中国仍旧处于起步阶段。

第二节　风险的概念和种类

通常当提到风险和风险管理时,保险和银行的概念就会出现在人们的头脑中。事实上,风险和风险管理起源于保险业和金融业,风险能导致这些领域产生巨大的财政损失,并失去资产增长的机会。例如,进入 21 世纪,2008 年美国发生的次贷危机导致一些大银行倒闭事件,还有麦道夫欺诈案件(2008)、力拓间谍事件、安然公司因假账危机导致崩溃（2001)等一系列的公众丑闻。

由此可见,风险或风险管理不是保卫业独有的,它不但是任何一个单位或组织必须考虑的,更是与每个人休戚相关。风险实际上与所有能想到的活动都有关联,它会出现在日常生活的各个方面。每个人在过街的时候、更换工作的时候、驾驶车辆的时候,都会面临不同等级的风险。但就本书的目的而言,不得不将风险管理的理念论述限制在风险对于变化无常的财政损失的含义之内,如实际利益和预期利益之间的变化、发生或将要发生损失的概率。

一、风险的定义

布莱克法律词典把风险定义为"在一个任务和事业中存在着不确定的元素;未来的实际利益可能会偏离预期的利益"。

有安全专家说风险是"将来或未知事件在一个任务和事业上带来的不利影响"。

还有人认为风险是"任何行动、疏忽或情况可能严重阻止一个实体正常运行,引起资产流失、生命的失去或声誉的丧失"。

风险是独立于人类意识之外的客观存在,不以人的意志为转移。

人们在风险面前,只可能在一定程度上改变风险存在和发生的条件,降低风险发生的频率和损失程度,但不可能根治、消除风险。

风险＝威胁可能性×危险程度×薄弱环节。威胁和风险有联系,但不完全意味着同一件事,威胁是风险的起因。

二、风险的种类

1. 动态风险

这些风险导致的结果不是赢利就是损失,是正常商务活动的基本部分。动态的风险包含以下几个方面。

(1)技术方面。如发生的问题超出预期、知识准备不足、机械材料或型号错误。

(2)产品方面。如人为干预生产、成本增加或减少、原料供应受限。

(3)经济方面。如复杂多变的市场状况、通货膨胀、货币和金融政策的改变、竞争者。

2. 静态风险

纯粹的风险总是导致损失。纯粹或静态的风险将对企业产生直接的威胁,从而导致利润减少或其他负面的影响。必须对纯粹的风险加以分析,以评定出它们可能的影响范围,进而采取既经济又有效的对策。它们包括以下几类:

(1)人为的恶意破坏。如盗窃、诈骗、纵火、工业间谍活动、怠工、恐怖活动。

(2)自然界的作用。如风、雨、冰雹。

(3)技术风险。如危险的程序和物资、安全装置失灵、设备老化。

(4)人为的过失。如粗心的、无条理的、不留神的过失。

第三节 风 险 管 理

风险管理包括对风险的度量、评估和应变策略。理想的风险管理是一连串排好优先次序的过程,使其中可以导致最大损失及最可能发生的事情可以得到优先处理,而风险相对较低的事情则排后处理。现实中,优化的过程往往很难决定,因为风险和发生的可能性通常并不一致,所以要权衡两者的比重,以便做出最合适的决定。风险管理亦要面对有效运用资源的难题。这牵涉到机会成本。把资源用于风险管理,可能使运用于有回报活动的资源减少;而理想的风险管理,正希望能够利用最少的资源去尽可能化解最大的危机。

风险管理就是在降低风险的收益与成本之间进行权衡并决定采取何种措施、确定减少的成本收益权衡方案和决定采取何种行动计划(包括决定不采取任何行动)的过程。

1.风险管理必须识别风险

风险识别是确定何种风险可能会对企业产生影响,最重要的是量化不确定性的程度和每个风险可能造成损失的程度。

2.风险管理要着眼于风险控制

公司通常采用积极的措施来控制风险,通过降低其损失发生的概率、缩小其损失程度来达到控制的目的。控制风险的最有效方法就是制定切实可行的应急方案,编制多个备选的方案,最大限度地对企业所面临的风险作准备。当风险发生时,按照预先的方案实施,可将损失控制在最低限度。

3.风险管理要学会规避风险

在既定目标不变的情况下,改变方案的实施路径,可以从根本上消除特定的风险因素。例如,设立现代激励机制、制定合理的培训方案、做好人才备份工作等,可以降低员工流失的风险。

第四节　保卫行业风险管理

全世界的组织因受到大范围的威胁而蒙受巨大的损失，并为之遭受痛苦。它们包括政府或股东的形象损失或经济损失，这些损失可能最终导致政治和商务的失败。明白这些风险是什么、评估这些破坏的影响和防止它们的发生或至少缓解它们的影响，就是保卫行业风险管理。风险是所有商务活动每天都必须考虑的。它们可以按重要性、处理方式、经济有效的处置方式以及其给组织财务方面带来的益处等加以量化分析和排列。

当今，保卫行业风险管理是保卫行业对财产保护、预防犯罪和防止损失的最核心的理念。保卫行业风险管理原则帮助人们保护有限的资源（时间、金钱、人力和成就）。试着去排除商务企业中的所有风险是无用的，保卫行业风险管理科学的主要目的是让企业承担合适的风险。保卫行业风险管理的意义是衡量并对风险作经济的控制。这些风险将对行业或企业的财政和收入产生威胁。经济的含义使保卫行业风险管理的活动物有所值，不然的话，所投入的力量是无止境和无用的。

一、评估和减缓

评估和减缓是两个关键要素。保卫行业风险管理开始于完全的、好的风险评估，因为不能在了解问题所在之前就回答问题、解决问题。一个好的评估过程能发现一个企业的安全薄弱环节，并导出风险减缓的策略。这两个要素将会在以下的章节中详细讨论。

无论在公共或私人的领域，无论在处理传统的或时尚的保卫问题和财产保护的实践中，保卫专业人员将在保卫行业风险管理的原则上开展工作。

二、保卫行业风险管理策略

通常情况下，组织的决策者会寻找快速解决的方法去满足其保卫需求。他们购买先进的保卫系统及产品或购买外部保卫服务，并确信产品和服务已经满足了其保护资产的需求。他们确信重要资产已经安全，甚至不必要知道他们的资产究竟是什么，将会面临什么类型的危险。这种问题常常存在于中小企业甚至其他类型的企业中。一个有策略的处理方法是建立在资产保护实践当中的计划管理和评价、对组织的使命以及在运作过程中的环境等问题的考虑之上的。一个最佳处理的策略应该由保卫专家和行政决策者们共同研究（什么是需要被保护的，为什么它需要被保护及怎样保护）。保卫行业风险管理是一个体系，也是一个风险分析、降低和控制潜在的风险和损失的过程。保卫行业风险管理的含义包括下列内容。

（1）识别一个组织或系统的弱点。

（2）提出一个理性和可防御的方法，即为用有限的资源和选择经济的成本来保护重要资产而提供决策。

（3）提高决策层成功批准对风险分析和处理风险建议的概率。

（4）帮助安全人员和关键决策者回答"多少个保卫是足够的""需要多少个摄像头""在何处设置门禁、红外探测系统"等人防和技防的问题。

第五节 保卫行业风险管理过程

保卫行业风险管理步骤的五大方面，形成了一个资产保护策略循环图（见图7-1）。策略的首要步骤就是识别现实的资产保护项目，以及对其进行风险评估，可以针对一个企业、一个具体步骤或一个项目实行。

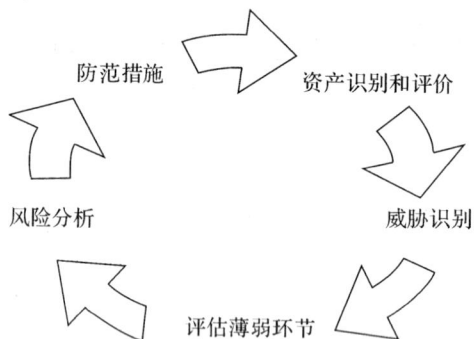

图 7-1 保卫行业风险管理步骤

一、资产识别和评价

保卫风险评估的第一步是资产识别和评价。如果决策层和保卫人员不明白什么样的资产需要被保护，那么再好的保卫措施也不能被认真去执行。资产的三种类型包括有形的、无形的及混合的资产要素，人、信息、形象和财产都应该被考虑到风险评估的过程中去。通常，业主和保卫专业人员只专注有形的资产，如建筑、设备、银库等看得见的资产。

安全风险评估的过程是始终围绕资产进行的。威胁识别与评估是针对被关注资产所面临的威胁，脆弱性识别与评估是针对被关注资产自身的脆弱性，潜在影响识别与评估是针对被关注资产失效时的负面影响,现有安全措施识别与评估也是针对被关注资产已具备的安全措施。因此,资产识别与评估的正确性和准确性对于后续的各种风险要素及其综合评估的导向至关重要。也就是说,资产识别与评估的偏差会导致关键资产的误选或遗漏,进而导致风险评估的方向性或片面性错误。

任何一个评估的步骤必须计量和计频,以便作定量和定性分析。资产的价值常常用金额来评估计量,但评估的数字往往是不确定的,它随着不断变化的环境而改变。定量和定性分析都有其各自的特点,要因地制宜地使用。

定性分析的方式是不用数字来分析风险的各部分要素,分析结果通常用"特别重要""重要""中等重要""不重要"和"特别不重要"或"极高""高""中等""低"和"极低"等不同等级的形容词来表示。

定量分析的方式可以用数字来为分析结果赋值,通常用"1～5"或"1％～100％"等数字表示。

人们喜欢用图、表直观地表达定性和定量的风险分析结果。

1.识别并评价资产

(1)信息安全资产识别与评估的意义。在安全风险评估的过程中,先对资产、威胁、脆弱性、潜在影响和现有安全措施进行识别、分析和评估,然后综合对这些风险要素的评估,得出风险的评估结果。资产是风险的核心要素,其他要素的识别与评估都是以资产为前提的。

(2)资产识别与评估的目的。明确与信息安全相关的资产清单、资产关系和资产价值,对资产的性质进行分类,对资产的关系进行梳理,对资产的价值进行分级,这样就为分类分级和适度有效地保护资产打下了良好基础。

(3)资产的分类及评估的对象。资产识别与评估的对象是涉及信息安全的所有资产。资产的概念范畴相当宽泛,涵盖了与易受到攻击相关的所有资源,它包括各种形态。

1)有形的、硬件的。如建筑、家具、计算机、网络设备、存储介质(磁带、磁盘等)、通信设备、其他技术型设备(电源、空调等)。

2)无形的、软件的。如品牌、信心、组织形象与声誉、数据库和数据文件、保密配方、培训资料、运作和支持程序、应急计划。

3)静态的。如规章制度、合同文件、策略方针、企业机密、记录重要商业结果的文件。

4)动态的。如服务过程等。

5) 人。如承担特定职能、责任的人员。

从技术的、管理的、人力的、物力的、财力的、知识的和时间的等方面来考虑,根据描述和理解的需要,可以从不同角度、依据不同特性来划分资产形态。

需要注意的是,列入评估清单的信息资产,一定是在评估范围内且与商务过程、安全相关的资产,否则,一方面清单过于庞大不方便分析,另一方面分析结果也会失去准确性和应有的意义。

得到完整的资产清单之后,应该对每项(类)资产进行定性或定量的分析,并予以赋值。按照定量分析的思想,应该确定资产的货币价值,但这个价值并不只是简单的账面价格,而是相对价值。在定义相对价值时,需要考虑以下因素:资产因为受损而对商务造成的直接损失;资产恢复到正常状态所要付出的代价,包括检测、控制、修复时的人力和物力;资产受损对其他部门的业务造成的影响;组织在公众形象和名誉上的损失;因为商务受损导致竞争优势降级而引发的间接损失;其他损失,如保险费用的增加。

可以看出,要对以上因素都以货币价值来度量,很显然是非常困难的,也很不现实。因此,目前资产评价更常见的是采用定性的方法。要对已识别的资产进行赋值,其实最关心的并不是其真正价值,而是资产对组织的重要性或敏感度,即由于资产受损而引发的潜在的商务影响或后果。为了保证资产评价的一致性和准确性,应该建立一个资产评估标准(在计划和准备阶段就应该提供),也就是根据资产的重要性(影响或后果)来划分等级的一个尺度。

在确定资产重要性或敏感度时,要同时考虑资产在保密性、攻击性和可用性这三个方面受损可能引发的后果。

2. 资产赋值

此处所指的资产赋值是对资产安全价值的估价,而不是以账面价格来衡量资产。在对资产进行估价时,不仅要考虑资产的成本价格,更要考虑资产对于组织业务的安全重要性,即资产损失所引发的潜在的商务影响。资产估价的过程也就是对资产保密性、完整性和可用性影响分析的过程。影响就是由人为或突发引起的安全事件对资产破坏的后果。这一后果可能毁灭某些资产,危及并使其丧失保密性、完整性和可用性,最终还会导致财政损失、市场份额或公司形象的损失。特别重要的是,即使每一次影响引起的损失并不大,但长期积累的众多意外事件影响的总和则可造成严重损失。一般情况下,影响主要从以下几方面来考虑。

(1) 违反了有关法律或(和)规章制度。

(2) 影响了业务执行。

(3)造成了信誉、声誉损失。

(4)侵犯了个人隐私。

(5)造成了人身伤害。

(6)对法律实施造成了负面影响。

(7)侵犯了商业机密。

(8)违反了社会公共准则。

(9)造成了经济损失。

(10)破坏了业务活动。

(11)危害了公共安全。

资产安全属性的不同,通常也意味着安全控制、保护功能需求的不同。通过考察三种不同的安全属性,能够基本反映资产的价值。

3.保密性赋值

根据资产保密性属性的不同,可将它分为五个不同的等级,分别对应资产在保密性方面的价值或者在保密性方面受到损失时对整个评估体系的影响。赋值标准见表7-2。

表7-2 资产保密性赋值

赋值	标示	定义
5	极高	组织最高机密,关系组织未来发展的前途命运,对组织根本利益有着决定性影响,如果泄露会造成灾难性的影响
4	高	包含组织的重要秘密,如泄露会造成安全和利益遭受严重损害
3	中等	包含组织的一般性秘密,如泄露会造成安全和利益遭受损害
2	低	在组织内部或在组织的某一部门内公开,向外扩散有可能对组织的利益造成损害
1	可忽略	对社会公开的信息,无须保密

4.完整性赋值

根据资产完整性属性的不同,可将它分为五个不同的等级,分别对应资产在攻击性方面的价值或者在攻击性方面受到损失时对整个评估体系的影响。赋值标准见表7-3。

表7-3　资产完整性赋值

赋值	标示	定义
5	极高	完整性价值非常关键,完整性的破坏会对实体造成重大的或无法接受、特别不愿接受的影响,对业务冲击重大,并可能造成严重的业务中断,且难以弥补
4	高	完整性价值较高,完整性的破坏会对实体造成重大的影响,对业务冲击严重,比较难以弥补
3	中等	完整性价值中等,完整性的破坏会对实体造成影响,对业务冲击明显,但可以弥补
2	低	完整性价值较低,完整性的破坏会对实体造成轻微影响,可以忍受,对业务冲击轻微,容易弥补
1	可忽略	完整性价值非常低,完整性的破坏会对实体造成非常小的影响,对业务冲击可以忽略

5.可用性赋值

根据资产可用性属性的不同,可将它分为五个不同的等级,分别对应资产在可用性方面的价值或者在可用性方面受到损失时对整个评估体系的影响。赋值标准见表7-4。

表7-4　资产可用性赋值

赋值	标示	定义
5	极高	可用性价值非常高,合法使用者对资源的可用度达到每年度的99.9%以上
4	高	可用性价值较高,合法使用者对资源的可用度达到每天的99.9%以上
3	中等	可用性价值中等,合法使用者对资源的可用度达到正常上班期间的90%以上
2	低	可用性价值较低,合法使用者对资源的可用度低于正常上班期间的25%以上
1	可忽略	可用性价值忽略,合法使用者对资源的可用度低于正常上班期间的25%

6.最终资产赋值

最终资产价值可以通过违反资产的保密性、完整性和可用性三个方面的程度综合确定,资产的赋值采用定性的相对等级的方式。与以上安全属性的等级相对应,资产价值的等级可分为五级,从 1 到 5 分别代表由低到高五个级别的资产相对价值,等级越高,资产越重要。具体每一级别的资产价值举例参见表 7－5。资产最终价值的等级评估是依据资产保密性、完整性、可用性的赋值级别,经过综合评定得出的。评定准则可以根据企业自身的特点,选择以安全三性中要求最高的一性的赋值级别为综合资产赋值准则,也可以三性的综合评定为准则。因此,在进行资产评估时,评估者应先根据被评估系统的实际情况建立一套资产估价准则,使整个资产的评估工作有一个统一的标准。评估者也可以根据被评估系统的实际情况自定义资产的等级。

表 7－5 最终资产赋值举例

资源	保密性赋值	可用性赋值	攻击性赋值	最终资产赋值
机房	5	5	4	5
金库	3	5	5	5
人力资源总监	5	5	3	4
油库	1	5	5	5
总裁	2	5	4	4
保卫监控室	4	5	5	5

上述资产分类和评估的方法是目前大多数安全服务部门或专业公司采用的主要方法,这种方法的优点是简单易用,缺点是分类和评估方法比较粗糙。

二、威胁识别

识别并评价资产之后,组织应该识别每项(类)资产可能面临的威胁。识别威胁时,应该根据资产目前所处的环境条件和以前的记录情况来判断。需要注意的是,一项资产可能面临多个威胁,而一个威胁也可能对不同的资产造成影响。

识别威胁的关键在于确认引发威胁的人或事物。威胁源可能是蓄意的,也可能是偶然的因素,通常包括人、系统、环境和自然等类型。威胁的意思是"一项行动的力量或意图会对资产或各方的任务目标产生负面的影响,从而导致负面的结果"。威胁在某种程度上是具体的,并一直存在着,但威胁是否影响组织的运作取决于组织所处的环境(包括自然环境和社会环境)、组织的运作过程、成员对组织的态度以及很多其他的因素。对任何有影响的威胁的评估被称为威胁的评定。

美国"9·11"事件以来,人们开始把风险分析的重点放在恐怖袭击上。然而,恐怖袭击只是威胁的一个考虑方面,威胁的趋势并不是一成不变的。如在20世纪80年代中期,高科技犯罪成为趋势,在其他的年代里,白领犯罪和网络攻击成为一种威胁,另外,近年来的自然灾害又连绵不断。所以,每个时期的威胁趋势是不同的。

威胁识别是对系统中涉及的重要资产可能遇到的威胁进行识别,并对其等级进行评估,形成威胁识别表。识别的过程主要包括以下方面。

1. 威胁源分析

根据风险评估目标的业务特点,对现实及潜在的威胁源进行分析,以了解目前主要的威胁源及可能的威胁影响。就评估威胁来源而言,可考虑将其分成三个类别。

(1)有意图的威胁。对有意图的威胁的评估,建立在识别和研究潜在对手的基础上。在摸排潜在威胁对象时,评估员应该像潜在威胁对象一样去思考。

(2)自然威胁。

(3)疏忽大意的威胁。

上述威胁的种类见表7-6。

表 7-6 威胁来源

种类	说明
浪费和泄漏(疏忽大意的威胁)	包括在工作中资源、能源、空间、材料的浪费和对废物的不当控制,如化工和核废料的泄漏,以及污染
事故(疏忽大意的威胁)	在火灾或爆炸中导致人员伤亡、财产损失或资产遭到破坏和损毁的事件
犯罪(有意图的威胁)	已造成或将造成损失的行为,包括偷窃、恐怖主义、诱拐、欺诈、商业间谍或破坏活动
疏忽(疏忽大意的威胁)	雇员、承包人和访问者执行某项活动失败,以及由于事先未回顾安全程序和正确执行规章制度,或者对一个程序和过程的忽视所造成的损失
差错(疏忽大意的威胁)	一个人的行为与正确的行动不同,是一项错误
环境(自然威胁)	自然事件,如洪水、狂风、龙卷风、冰冻的环境、闪电、干旱和地震或其他地面活动

威胁人们的工作就是威胁人们的财产。资产可以分为人、信息、形象和财产四种。

因此,保卫的作用就是通过仔细和经济的措施来保护资产免受任何形式的损害。这些措施须满足业务、股东、经理和雇员的要求。

2.历史安全事件分析

对风险评估目标以往发生的信息安全事件进行调研、统计与分析,以了解曾经发生的威胁及产生的威胁影响。

(1)可能性。从组织、行业或驻地等基本上能得到关于环境威胁方面的历史记录(如洪水、暴风、飓风、火灾等),而要获取犯罪或不道德行为的准确信息则颇为困难。虽然组织会有一些有关活动的历史记录,但这完全取决于以前对报告系统的有效控制,这种系统负责关注和记录有关事件。令人遗憾的是,大部分组织除了犯罪事件外,缺少对有关事件的记录。

如果组织没有历史的信息,那么意味着两种可能:组织过去几乎没有或根本没有问题,或可能问题没有被发现。

要评估风险,须评定不确定因素。如果组织没有相关的历史记录,那么只能从类似的行业或组织中获得信息,犯罪活动会延伸到一个区域的任何地方。

统计信息显示了犯罪的等级和目标,以及它们和被评估的组织之间的关系。

有些威胁还没有找到可能发生的足够证据,在这种情况下,需要评估者运用自己的判断能力进行识别。

将威胁按照其发生的可能性加以排列,以便将其分类,这需要将威胁量化,即以数字来表示威胁发生的可能性,如从 0(从未发生过)到 1(到现在发生几次)进行赋值,数值越小,风险发生的频率越低。实际分析中,频率常被分成若干层次。

1)每星期 1 次。即频率为 A。

2)每月 1~4 次。即频率为 B。

3)每年发生 1~12 次。即频率为 C。

4)每 10 年发生 1~10 次。即频率为 D。

5)自公司成立以来只有 1 次。即频率为 E。

6)可能性不大。即频率为 F。

7)极不可能。即频率为 G。

8)遥不可及。即频率为 H。

9)不可能的。即频率为 I。

10)难以置信。即频率为 J。

(2)危险程度。在评定了威胁和损失(直接的、间接的、非因果关系的)的等级,以及对易受攻击部位和发生时间的概率做了一个评定以后,评估者需要估量发生真实威胁的危险程度(见表 7-7)。

表 7 - 7 危险程度表

结果类别		程度						
		忽略不计	轻微	最低限度	中等严重	严重	特别严重	惨重的
人员损失	致命				1~2人	3~9人	10~29人	>29人
	重伤	1人	2人	3人	<10人	10~49人	50~99人	>99人
	轻伤	1人	2人	2~5人	5~50人	51~500人	501~5 000人	>5 000人
经济损失	货币表示	<1万元	1万~<5万元	5万~<10万元	10万~<50万元	50万~<100万元	100万~<1 000万元	≥1 000万元
时间损失	经营中断	<1小时	1~12小时	12~24小时	24小时~7天	7~28天	28~91天	>91天

注:针对不同类型的企业和组织可以灵活调整,因为对于一家注册资本只有50万元的小企业来讲,损失50万元就是一个灾难,很有可能导致破产,但对于一个有几亿资产的大企业来说,50万元则是微不足道的。

1)多少财产损失。

2)多少人员损失。

3)多长时间才能恢复。

(3)风险矩阵。一旦对危险程度或影响加以衡量和评估,以及事件发生的频率确定以后,建议将它们制成风险矩阵(见表7-8),供高级管理人员和经理们参考。该表格的主要作用是将威胁加以量化,也就是将威胁分门别类予以排列。这样就可按威胁的轻重缓急加以解决。如果表格制作得通俗易懂,那么完成解决威胁的任务就变得容易了。

表 7 - 8 风险矩阵

频率	严重度						
	忽略不计	轻微	最低限度	中等严重	严重的	特别严重	惨重的
A	R3	R1	R1	R1	R1	R1	R1
B	R4	R1	R1	R1	R1	R1	R1
C	R4	R2	R1	R1	R1	R1	R1
D	R4	R3	R2	R1	R1	R1	R1
E	R4	R3	R3	R2	R1	R1	R1
F	R4	R4	R3	R3	R2	R1	R1
G	R4	R4	R4	R3	R3	R2	R1

续 表

频率	严重度						
	忽略不计	轻微	最低限度	中等严重	严重的	特别严重	惨重的
H	R4	R4	R4	R4	R3	R3	R2
I	R4	R4	R4	R4	R4	R3	R3
J	R4	R4	R4	R4	R4	R4	R3

1)无法接受的——马上处理它(特别重点关注)。比如:轻伤 2 人,严重度为 2(轻微度),每星期 1 次,频率为 A,查风险矩阵表得 R1。

2)不好的状态——应该解决(重点关注)。比如:经济损失 5 万～10 万元,严重度为 3(最低限度),每 10 年发生 1～10 次,频率为 D,查风险矩阵表得 R2。

3)可容忍的情况——不是太好,但过得去。比如:轻伤 2 人,严重度为 2(轻微度),自公司成立以来只有 1 次,频率为 E,查风险矩阵表得 R3。

4)可接受的——但需关注。比如:经营中断小于 1 小时,严重度为 1(忽略不计),每 10 年发生 1～10 次,频率为 D,查风险矩阵表得 R4。

3.实时安全事件分析

通过日常的事件报告系统,对实时发生的安全事件进行统计与分析,以了解当前发生的威胁及威胁产生的影响。

适时地对待威胁评估是必需的,有效的威胁评估应该根据不同的时间和区域进行。长期的资产保护策略必须建立在现实的、充分的范围内和平衡的威胁评估之上。正确评估对组织的威胁等级是成功制订安保计划的前提。威胁是降低风险的程序准则中要分析的一个基本要素,评估者必须小心考虑,否则的话将盲目地制定优先解决对策。

三、评估薄弱环节

评估薄弱环节是对系统中涉及的重要资产可能被对应威胁利用的脆弱性进行识别,并对其等级进行评估,形成脆弱性识别表。脆弱性识别又具体分为物理和电子防范、政策和程序、组织结构、执行操作、人员素质、安全管理等多个方面的内容。

对薄弱环节的共同见解是漏洞或安全问题。商业组织评定薄弱环节只能以脚踏实地的方式加以衡量并做出评估。因为要对所有措施和对策都作全面的检查,并对其效果予以评定。若防护不足,那么薄弱环节被击破和爆发只是时间问题。

评定薄弱环节需要具有相关知识和方法。

(1)关于业务和组织运作的充分知识。

(2)关于犯罪技巧、动机和能力方面的良好知识。评估者要站在小偷、恐怖分子、诈骗犯等角色的立场上来寻找安全漏洞。

(3)一个符合逻辑的逆向思考的方法。即从一个破坏者的角度出发来审视现在的安全。按这种方式思考,新的安全危险会凸显,人们可以站在一个全新的视角上考虑安全问题。该方法的一个潜在优点是,这种职业安全的逆向思维具有新颖性和震撼力。这种方式与通常采用的口号、标语等僵硬的形式截然不同。

薄弱环节分析更为积极、主动、富有活力,比如在评估中,安全评估人员经常会问以下问题:"什么是薄弱环节?""漏洞在哪里?""弱点在何时会显现?""为什么会造成软肋?""假如我是'盗贼''暴恐分子',会怎么想? 我会怎么干?""谁会利用这些不足之处?"等等。

保卫专业人员可以用多种方法进行脆弱性的识别。

第一,回顾组织的政策和程序(特别是安全方面的),包括是否有安全方面的政策和程序、组织的结构状况、运作情况等,查明哪些是潜在的风险,弄清楚各级人员的责任。

第二,查阅与保险、风险有关联的文件,包括报告的损失事件(不论是否查出结果)。

第三,与各级人员交谈,了解重要的组织内部的损失信息,以及损失控制程序的实际现状。

专业人员通过这些询问和实地检查,勾勒出关于组织安全性的暴露程度,作为评价损失、控制程序执行有效性的基础。

进行脆弱性识别时可参考以下薄弱环节检查问卷。

薄弱环节检查问卷

(1)政策和程序。

①最高层建立过安全程序吗? 颁布过安全程序吗? 包含各级责任制吗? 委任或通报过保卫负责人吗? 颁布过安全计划吗?

②高层和保卫负责人经常沟通吗?

③颁布过规章制度吗?

④有安全标准吗?

(2)保卫组织。

①保卫主管24小时当值吗?

②每班有多少保卫?

③保卫接受过相关的培训吗?

④对保卫员做过背景调查吗?

(3)进出口(人和物)的控制。

①查验访客身份了吗?

②做访客登记了吗?

③任何时间访客都能进入吗?

④只有一个通道给访客进出吗?

(4)阻隔(栅栏、墙、门)。

①需要的地方是否有栅栏?

②栅栏上有孔洞吗?

③栅栏的高度足够吗?

④最外面的门有门磁吗?

(5)照明。

①被保护区周边有照明吗?

②定期检查照明系统吗?

③定期维修照明系统吗?

④照明系统开关完好吗?

(6)锁和钥匙。

①领用和借用钥匙有授权书吗?

②有无钥匙使用责任规定?

③钥匙遗失、更换、配制有规定吗?

④钥匙保存在防火箱内吗?

(7)警报。

①有无火警报警?

②有无入侵报警?

③对报警系统定期测试吗?

④有测试记录吗?

(8)沟通。

①有对讲系统吗?

②紧急情况下,如何与公安部门联系?

③火灾紧急情况下,如何与消防局联系?

④有无代码?

(9)财产控制。

①有无书面程序？

②有无授权批准程序？

③所有进出口都被控制了吗？

④所有损失事件均被报告吗？

(10)应急计划。

①有无书面紧急事件程序，以应对包括火灾、地震、抢劫、水灾、爆炸、炸弹威胁、台风、流行病、生化袭击、死亡、骚乱、劫持等在内的突发事件？

②有无责任分工？

③有无指挥部？

④有无培训、演练？

(11)人员筛选。

①所有应聘者都经过面试吗？

②做过背景调查吗？

③教育程度如何？

④有无经历核查？

(12)事件调查。

①所有已发生的安全事件均被调查吗？

②有无记录？

③有无分析？

④发生的频率如何？

(13)其他。

四、风险分析

在这个阶段，评估员将所有的资产、威胁和弱点的信息集中在一起，然后再考虑潜在的影响或损失所带来的后果。所有的风险分析，特别是定量分析，最好由委员会确定评估的等级（根据威胁、弱点和影响）。换句话说，应该由多学科专家组成的团队来进行评估，从而得到可信的、合理的数字以输入分析报告中。当评估者将风险分析结果报告交给客户、行政人员和决策者时，经常面临的挑战是数字是否合理。

一旦评价等级已经确定，有许多有效的和经过时间考验的方法可以计算风险的结果。风险分析的结果在一定程度上应当向客户或决策者展示，以帮助其理解这些数据并做出决定。展示的内容应包括从评估者的角度识别的风险分别置于何种优先顺序或优先类别，从而有助于显示哪些风险应当先被解决。

评估者需要考虑低概率重大后果的风险以及那些最有可能发生在工作场所的风险(如火灾事件)。

许多公司的行政人员和决策者只想展示出发生概率最高的风险——这也正是其想要扩大资源的原因。但是决策者们还应当认真考虑潜在的损失,虽然它们不是极有可能发生,但如果它们确实发生了,将导致非常严重的后果(任务的影响)。此类风险的例子是恐怖袭击和灾难性的工作场所的暴力事件。因此,一个全面的资产保护策略的目标是合理地平衡发生概率最高的风险与低概率重大后果风险之间的关系。

风险分析是一个合理和有序的方式,以识别问题和发生的概率,并能预估一些不良事件所产生的损失。这里的关键词是估计,因为风险分析绝不是一种精确的科学,而是正在讨论的概率。关于安全性暴露的问题可以通过一个详细的风险分析来确定。

五、防范措施

一旦风险被确定和分析后,处理它们、防止或减少由风险造成的损失是一件重要的事情。这种处理只在风险被作为整件事件来处理和所有暴露的问题都被解决了之后才算成功。同样,如果只有运作的一个方面取决于风险处理程序,那么这种防范措施就不是有效的。分析结果得出的风险发生的概率越高,处置的紧迫性就越高。

一个风险缓解策略要考虑的三个根本的原则是五个对付风险的途径、四个 D 和纵深策略,如图 7-2 所示。

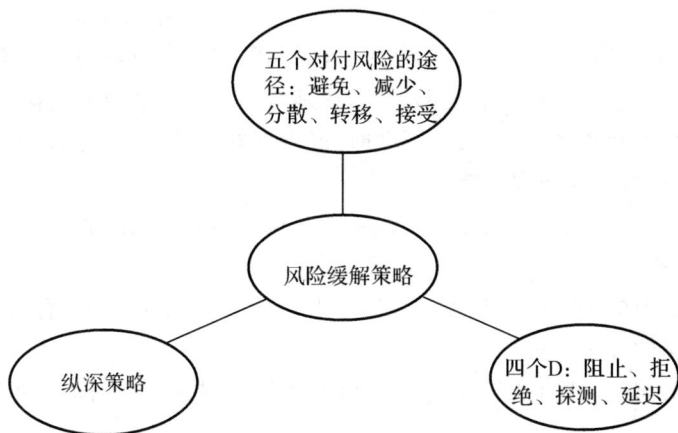

图 7-2 风险缓解策略的原则

1.五个对付风险的途径

（1）避免。完全避免风险。一个例子是生产一个新产品的计划被取消了，因为制造过程中所带来的风险比预期的利润还大。

（2）减少。通过实行安全或损失防护措施等减少（排除不必要的）风险。例如，火灾带来的损失可以通过安装防火警报、洒水系统和对雇员进行防火训练来大幅度减少。

（3）分散。将物资储存和生产运作分散到一个较大的安全地理区域，确保任何单个事件都无法扩散出去。

（4）转移。这是一个把潜在的损失减少到最低的方法，通过将财务和其他损失转移到另外一个公司而规避风险，主要的例子是利用保险。

（5）接受。一个公司敢于承担损失，这或许是因为风险被评估得太低了，接受风险的原则是因为这种风险不会对企业构成大的威胁，导致公司有意保留着一些无足轻重的风险，如轻微的工伤、小宗货品的流失。

2.四个 D

（1）阻止（Deter）。阻断对手袭击或袭击的企图。

（2）拒绝（Deny）。阻挡对手接近目标。

（3）探测（Detect）。探测可疑情况。

（4）延迟（Delay）。让犯罪分子放弃袭击意图。

3.纵深策略

（1）制定和更新本单位的保卫政策和程序：

1）要根据国家和地方的法律、法规以及本单位的实际情况制定详细的安全政策和程序，并力图做到可操作、能达得到、有时间限制、有具体目标、可衡量的状态。

2）政策和程序要定期或非定期更新，特别是遇到国家和地方法律、法规以及本单位的安全政策和程序、人员发生变动时，或者有新产品、新工艺、新设备投入运营时，安全政策和程序要随即更新。

3）政策和程序要面向所有的行政层级，覆盖范围要纵向到底、横向到边。

（2）安全审计、评估：

1）根据既定的安全政策和程序来制定审计模板，要做到全面、有效。它是一种常用且很实用的安全管理方法。

2）定期对单位、部门执行安全政策和程序的情况进行审计，并对其进行安全评级。

3）审计当中发现问题的部门和单位应当制订整改计划，并落实到人、部门、时间进行整改。

4)安全审计和评估是考核单位和部门安全工作的有力工具。

5)可以请第三方的专业保卫服务公司进行,因为这些公司更专业,更实事求是。它们的背景相对于本单位来讲是独立的,与本单位没有任何的瓜葛,所以会体现公正性。

(3)培训:

1)有高质量的培训教材,培训内容是有针对性的、实用的、简明扼要的。

2)必须全员参加。

3)有一定的书面考核。

4)必须有记录,它将成为法规的依据,也是保卫干部自我保护的凭证。

5)培训员必须是专业的和有丰富经验的。

(4)人力安全防范:

1)根据有关规定配备保卫力量。

2)根据实际需要配备保卫力量。

思 考 题

1.简述风险管理的起源。

2.什么是风险?其种类有哪些?

3.风险管理及其内涵是什么?

4.保卫行业风险管理及其主要工作是什么?

5.试述保卫行业风险管理的程序。

第八章

治安防范工作的责任

───────── ★ ─────────

人们处在社会发展之中,从社会总体来说,人人有安全感,社会才能稳定发展,这是政府的最大安全追求。社会是由具体的群体和人员组成的,这些具体的群体和人员构成了治安防范的主体。

保证社会治安秩序的稳定、维护社会群体和人员的人身财产安全,需要政府机构、企事业单位、社会团体和公民个人的共同努力,这就要求在一定的时期内,无论是政府机构、企事业单位、社会团体还是公民个人,都应当承担起一定的防范刑事、治安案件和治安灾害事故发生的社会责任和义务。保持社会治安的稳定,对于治安防范主体来说,既是权利,又是义务和责任。公民在要求社会治安稳定的同时,也应当承担相应的治安防范责任和义务,因为这直接与自己的安危有关。尽管对于单个公民来说,可能政府从法律层面对其要求并不是很高,但起码可以起到报知和应急义务。

第一节　治安防范的责任主体

治安防范,人人有责。治安危害的本质在于会产生一定的社会危害性,治安危害的制造者存在于一定的社会环境里,所以控制、减少和消除治安危害需要国家、社会和个人三方的共同努力,仅仅依靠一方的努力是远远不够的。事实证明,国家不能也无法包揽所有社会治安问题的治理。社会治安综合治理的意义,实际上也就是强调和明确国家、社会和个人在共同治理社会治安问题中的责任和义务。当然,国家、社会和个人的治安防范责任的内容、方法和侧重点是有所不同的。

具体来说,治安防范责任的承担形式主要有三种。

一、治安防范的国家责任

国家通过各级人民政府及其派出机构承担起治安防范的责任,以保障经济的发展、社会的繁荣和人民的安居乐业。

1.各级政府的责任

省级人民政府的治安防范职责是,领导制定全市的社会治安防范规划,组织开展法制宣传教育工作,检查、考核、协调各市、区人民政府和市级管理的系统、单位的社会治安防范工作。

市、区、县一级人民政府的治安防范职责是,领导制定本辖区的社会治安防范规划;组织开展法制宣传教育工作;检查、考核、协调各街道办事处、乡、镇人民政府和区、县级管理的系统、单位的社会治安防范工作;定期分析本辖区的社会治安情况,改进防范措施;监督辖区内市级管理的系统、单位的社会治安防范工作;领导本辖区暂(寄)住人口的管理工作。

街道办事处和乡、镇人民政府的治安防范职责是,实施区、县人民政府的社会治安防范规划,开展法制宣传教育工作,检查、考核管理范围内各单位的社会治安防范工作,监督辖区内区、县级管理的系统、单位的社会治安防范工作,指导居(村)民委员会的社会治安防范和民间纠纷调解工作,落实辖区内刑满释放人员的跟踪帮教措施,监督、协调辖区内暂(寄)住人口的管理工作。

2.政府派出机关的责任

各级公安机关在同级人民政府领导下,对本辖区的社会治安防范工作负有主要的责任,主要负责本辖区社会治安防范工作的实施。作为治安防范组织,行政性治安防范组织通过法律、行政、教育、经济、专业、科技等手段,承担了更多的控制、减少、消除治安危害的职能。行政性治安防范组织主要是公安机关的治安行政管理部门,包括人口管理机构、治安管理机构、出入境管理机构、道路交通管理机构、消防管理机构、地区公安派出所、技术防范设备和工程管理机构、公共信息安全管理机构、内部单位治安保卫管理机构以及机场、铁路、港口和城市交通公安机关或治安管理机构。

市、区、县公安机关的职责是,根据同级人民政府的社会治安防范规划,制定治安防范实施方案;在同级人民政府领导下,检查、监督、考核社会治安防范工作;指导管理范围内机关、团体、企业、事业单位的社会治安防范工作;预防、制止和侦查各类违法犯罪活动;及时处置激化状态的治安事件;负责公共场所和旅馆、废旧物资回收、印铸刻字以及其他特种行业的治安管理;保护国家、集体、公民的财产安全和公民的人身安全。除履行这些职责外,公安派出所还应当履行下列职责:负责辖区内的户口管理和暂(寄)住人口的治安管理;指导治安联防组织和治安保卫委员会的工作;监督、考察被判处管制、剥夺政治权利、宣告缓刑、假释和监外执行的犯罪分子,教育轻微违法犯罪人员;做好刑满释放人员的帮教工作;调解处理涉及治安管理的民间纠纷。

二、治安防范的社会责任

治安防范的社会责任是指社会上的机关、团体、企业、事业单位在本辖区或者管理范围内防止发生刑事、治安案件和治安灾害事故的责任。机关、团体、企业、事业单位的治安防范职责主要是,根据所在地人民政府或者系统主管部门的社会治安防范规划,建立内部社会治安防范目标管理责任制度;健全治安保卫组织,配备专职或者兼职的治安保卫人员;落实内部社会治安防范措施,定期检查,及时消除治安隐患;对本单位职工和暂(寄)住人口进行法制教育和管理;调解职工纠纷;按照有关规定,参与所在地的社会治安防范工作。

作为治安防范组织,即具有独立法人地位的企业型治安防范组织和自我组织、自我管理、自我服务性质的群众性治安防范组织,通过巡逻、守护、安全检查、报警监控等手段,承担了更多的控制、减少、消除治安危害的职能。

三、治安防范的个人责任

个人的治安状况是社会治安状况的主要组成部分,社会治安是否稳定与个人的利益直接相关。每一个人都会关心自身的安全,都会有意识或无意识地承担起个人的治安防范责任。治安防范的个人责任表现在:加强自身和家庭的安全防范,参加群众性治安防范活动,检举、制止违法犯罪行为;对正在实施犯罪或者被追捕、通缉的人员勇于扭送其至公安机关。需要指出的是,少数个人一方面对社会治安的不良态势持批评态度,另一方面却对单位或社区的治安防范无动于衷,这实际上是缺乏治安防范责任感的表现。

第二节　治安防范的原则

治安防范的原则是有关部门在组织、管理、指导和协调治安防范工作时需要遵守的准则,也是有关组织在开展治安防范工作时需要遵守的准则。治安防范原则是对治安防范工作现状的基本判断,是对治安防范工作成功经验的高度概括。一段时期以来,一些地区和单位治安状况比较混乱,其重要原因之一就是片面认为治安防范是公安机关的事情,特别是一些单位的领导,把治安防范看成一种单纯的投入而没有任何回报的工作,把治安防范工作放在可有可无、可轻可重的位置,以至于造成了群众难发动、发案率难下降、经费难落实的局面;另一个重要原因是,由于治安防范工作的职责不明、责任不清,导致在具体工作中相互推诿、扯皮,使不少治安问题成了治安顽症。解决这些问题的关键是确立人人遵而守之的基本准则,也就是治安防范原则。

一、政府分级管理与系统(行业)主管部门管理相结合,以政府分级管理为主的原则

政府分级管理指的是各级人民政府及其派出机关的管理。系统(行业)主管部门管理指的是机关、团体、企业、事业单位系统(行业)主管部门的管理。机关、团体、企业、事业单位在开展治安防范工作时,既受到政府的分级管理,又受到系统(行业)主管部门的管理,但以政府的分级管理为主。

二、专门机关与群众防范相结合的原则

专门机关主要指的是各级人民政府的派出机关以及各级人民法院和人民检察院。其中,公安机关主要负责本辖区社会治安防范工作的实施;各级人民法院、人民检察院结合自身业务实际,参与社会治安防范。

三、谁主管谁负责的原则

"谁主管、谁负责"的原则,指的是各部门、各系统、各单位的治安责任人或法定代表人根据有关规定,对其主管的治安防范工作承担相应的领导、组织、监督、指导等管理责任。"谁主管、谁负责"也是社会治安综合治理方针中的一个基本原则。"谁主管、谁负责"的原则体现了社会治安需要齐抓共管的战略思想,改变了社会治安只靠公安司法机关单枪匹马、孤军作战的状况,走出了一条既不搞群众运动,又紧紧依靠人民群众的治安防范新路子。

第三节　治安防范责任制体系

不断取得治安防范的效果、实现社会治安的持续稳定,关键是制定和实施各种形式的治安防范责任制,建立起纵向统管、横向联系、重点负责的责任制体系,做到责、权、利的有机统一。这是使治安防范原则落到实处的有效途径和方法。纵向统管,是建立各级领导负责制;横向联系,是建立社会方方面面的责任制;重点负责,是指建立重点单位、重要部位的岗位安全责任制。高效的治安防范必须通过完善的责任制体系来实现。

一、治安责任人及其责任

各部门、各系统、各单位均应确定一名治安责任人负责管理本地区或本单位的治安防范工作。各级人民政府和街道办事处、系统主管社会治安防范工作的负责人为本辖区、本系统的治安责任人。机关、团体、企业、事业单位的法定代表人或者主管社会治安防范工作的负责人为本单位的治安责任人。法定代表人不是治安责任人的,但对其所管范围内的社会治安防范工作负有领导责任。

1.各级人民政府和街道办事处、系统的治安责任人的职责

主管本辖区、本系统的社会治安防范工作;领导制定本辖区、本系统的社会治安防范规划;向上级人民政府如实反映本辖区、本系统的社会治安情况;检查、考核本辖区或者管辖范围内的社会治安防范工作,提出奖惩建议。

2.机关、团体、企业、事业单位的治安责任人的职责

主管本单位的社会治安防范工作;审定本单位各部门的社会治安防范目标;检查单位内部的社会治安防范工作,提出奖惩建议;向系统主管部门、相关公安机关如实反映本单位的社会治安情况;对发现的治安隐患,负责落实整改措施。

二、治安防范工作的奖励与处罚

1.奖励

地区、系统、单位的治安责任人、法定代表人和公民,具有突出治安防范工作成绩的,由政府或者系统主管部门给予奖励。这些成绩主要包括:切实履行职责,成绩显著的;开展法制宣传教育,帮教违法犯罪人员,成绩显著的;预防或者制止重大刑事、治安案件和重大治安灾害事故发生的;扭获犯罪分子,检举、揭发犯罪行为或者协助破案有功的;社会治安防范工作中有其他显著成绩的。这里所指的公民,既指社会上的公民,也指单位内的职工群众。

2.处罚

在治安防范工作中,由于治安责任人或者法定代表人的故意或者过失行为,造成了一定后果的,由政府或者系统主管部门依法追究其行政责任;构成犯罪的,依法追究其刑事责任。列入处罚的行为大致包括:治安责任人或者法定代表人工作

不负责任,发生特大案件或者恶性治安灾害事故,造成严重损失或者恶劣影响的;管理不善、防范措施不落实,发生刑事案件或者治安灾害事故,使国家、集体财产遭受损失,又不认真查处、改进工作的;对公安和司法机关的整改通知书、检察建议书、司法建议书以及上级主管部门所指出的重大治安隐患,不采取有效措施的;内部社会治安防范目标管理责任制不落实,致使本单位职工或者暂(寄)住人口中违法犯罪情况严重的;发生重大刑事、治安案件和治安灾害事故,隐瞒不报或者作虚假报告的。

三、治安防范目标管理责任制

治安防范应当由上级机关对单位和部门以及有关人员全年的治安防范目标实行量化管理,在规定的期限内,依据责任目标进行检查和考核,并根据检查和考核结果进行表彰或责任追究。责任制的关键是切实使有关领导任务明确、责任清楚,在本辖区或者管理范围内认真履行好自己的职责。所以在各种形式的责任制中,领导责任制是至关重要的。领导责任包括领导的个人责任和领导的集体责任。

四、治安防范责任追究制

所谓责任追究制,就是在治安防范工作中,由于责任人或者当事人的故意或者过失行为,造成了一定的后果,由政府或者系统主管部门依法追究其法律和行政责任。治安防范的责任追究,除了追究个人的责任之外,也应根据有关规定和责任认定,追究集体责任。个人责任包括公民的个人责任和领导的个人责任。凡是发生治安防范方面重大问题的,都要追究有关领导的个人责任。领导责任主要是指领导的集体责任,就是根据不同情况,对领导集体的相关成员逐个追究,包括对主要领导人、治安责任人或者法定代表人的责任追究。

五、综合治理一票否决制

"一票否决制"是社会治安综合治理中的监督制约机制的重要体现。对于治安防范工作而言,"一票否决制"主要围绕治安防范的职责规定和目标管理而设立。社会治安综合治理包括打击、防范、教育、管理、建设和改造等六方面的工作。实践中,一些地区、部门、单位设定了一个发案率的数量标准,作为是否行使"一票否决制"的重要依据。"一票否决制"对于强化各级领导对治安防范工作的重视,保证治安防范措施的强力推行,确实具有一票定乾坤的作用。但也要看到,影响发案率高低等治安防范目标质量的因素较为复杂,重在结果的"一票否决制"可能会影响人们对建立、健全治安防范的制度、措施及其运作机制的关注和信心。

六、治安防范承包责任制

所谓治安防范承包责任制,是指在一定时间内,将单位的整体或部分治安防范工作有偿承包给另一个组织或个人,通过签订治安防范责任合同,明确责、权、利,以兑现奖惩。治安防范和治安管理是治安承包的两种主要形式。近年来,治安防范承包通过引入竞争机制、"谁受益谁出钱"等符合市场经济的作业方式,以不同的模式风行于许多地区。治安防范的承包内容包括守护、巡逻和押送。治安防范承包的发包方既有公安机关,也有街道综合治理委员会、物业管理公司和村(居)民委员会;承包方既有国家工作人员,也有物业管理公司和居民个人。短短几年能够风行于许多地区,治安防范承包确有其优势。首先,治安防范需求的多样性与提供的单一性之间的矛盾,需要引入多元的治安防范提供方式;其次,治安防范承包具有经济上的合理性,能够使相关受益人以较低的成本获得较高的治安防范收益;再次,治安防范的受益者能够获得政府所不能提供的、高于社会平均水平的治安防范服务,满足其较高的安全需要。由于以前治安防范服务的主要供给被政府垄断,导致治安防范服务在供给上的不足和低效。因此,在治安防范上引入竞争机制,有助于提高治安防范供给的效率。特别是治安防范承包采用契约的形式,使权、责、利明确,使治安防范受到契约的约束和规范,加速了治安防范的职业化。但治安防范承包与现行的法律和体制尚有不吻合之处。治安防范承包的内容范围、协议性质、签订主体、经费来源、公安机关和承包方的关系定位及其合法性等问题,都需要在今后的法律规范中加以明确。

思 考 题

1.治安防范的社会责任是什么?
2.治安防范的原则是什么?

第九章

治安防范目标管理

———————★———————

目标管理是治安防范工作中制定决策和提高效率的一种系统方法,其基本出发点是确定目标和提供实现这些目标的途径。目标管理的作用在于使管理者根据实际情况制定出切实可行的目标和具体任务,并能由此规范、指导和帮助下属开展治安防范工作,激发、鼓励下属防范工作的信心和热情,提倡防范者个人能力的提高。目标管理的前提之一,是要对治安防范效果做出比较正确的评估,这要求先对治安防范的对象即治安危害做出比较准确的评估。由于对治安危害的解释有多种模式,不同时期、不同地区的治安危害有不同的表现,构成或影响治安危害的因素又错综复杂,因此,虽然国内外对包括治安危害评估在内的社会治安状况的评估标准和方法已研究了相当长的时期,并取得了很大的成果,但从实际效果看,尽管基本的评估标准和方法趋于共识,但具体的评估标准和方法则根据本国或本地区的实际情况而有所不同。

第一节　治安危害评估指标

治安危害情况是社会治安形势的动态反应,基本上反映了社会治安形势的走向。但一个地区的治安危害情况一般只对应着该地区的社会治安形势。尽管由于统计学方式方法上的缺陷及其他方面的原因,治安危害的统计或者说评估不可能做到详尽无缺,与治安形势的变化也不呈现严密的函数关系,但治安危害大致可以用一些量化指标加以反映。

治安危害表现为社会秩序面临的人为的灾害性危险或受到破坏后的损害和伤害。其评估来自于两方面：一是公众的主观感受，二是案件数量等客观指标。来自于自然界的对社会秩序造成的灾害性危险或受到破坏后的损害和伤害不在评估之列。

公众的主观感受可以由公众安全感调查得来。将公众安全感列入治安危害评估指标，是因为公众安全感更多地表达了公众对社会治安状况的看法、对社会治安问题的担忧和对严重犯罪的恐惧，以及对警务工作的评价和要求。在我国，将一些国家特别是美国的公众恐惧感称为公众安全感。安全感和恐惧感的不同表述源自于不同的学科关注点。

一、公众安全感

公众安全感是指"公民对社会治安状况的主观感受和评价，是公民在一定时期内的社会生活中对人身、财产等合法权益受到侵害和保护程度的综合的心态反应"。公众安全感是许多国家普遍采用的用来评价社会治安状况和警务工作的指标之一。公众安全感调查是获取公民对社会治安状况主观感受和评价的一种社会调查。我国有关学者和专家从多种学科和多种角度，对公众安全感开展了研究，并在下面几方面达成了较为一致的看法：其一，安全感是一种主观感受，不是客观实体；其二，安全感感受的客体是社会治安秩序和公共安全的现状；其三，安全感感受的主体是被称为公众的一定范围内的居民群体，而不是居民个体；其四，反映和评价社会治安秩序与公共安全现状的标准有多种，公众安全感是其中一个标准；其五，作为一种主观感受，公众安全感受到许多因素的影响，特别是受到感受主体自身因素的影响，这是公众安全感调查中需要特别关注的问题。

1.公众安全感调查的作用

作为衡量社会治安状况重要指标之一的公众安全感指标，与以案件、事件、事故为中心的统计指标不同，反映或注重的是公众对社会治安的直接观察和感受。这是因为，社会治安直接关系到公民的生命、财产等权益，公众安全感就是公民生命、财产等权益是否受到威胁和损害的真实表达，这些威胁和损害的背后反映了社会治安的真实状况、治安防范的成效以及警方控制社会治安的能力。

(1)公众安全感调查有助于全面认识治安危害的实际影响。通过公众安全感调查，可以了解、认识违法犯罪活动对于社会治安的恶化程度，其中包括对公众生活和心理所产生的影响、公众对治安危害的容忍程度和承受能力以及公众对社会治安潜在危险的忧虑。

(2)公众安全感的程度直接反映了社会居民对生活质量的要求。不同层次的公众对治安的具体要求并不完全一致,但对于能够获得正常家庭生活和社会活动的安全保障的需求都是共同的。通过公众安全感调查,可以认识到社会上绝大多数不同层次的公众的需求。

(3)公众安全感调查有助于促进治安防范。公众安全感反映了治安危害的实际影响、造成治安危害的原因所在以及公众对治安防范的具体需求,有助于公安机关及其他防范组织改进工作方法,提高防范质量。此外,适度的恐惧感也有助于公民支持警方等防范组织的治安防范工作,有助于公民提高和保持警惕性,同时积极参与防范活动。

2.影响公众安全感的因素

公众安全感调查与任何社会调查一样,被调查的人数与调查的结论成正比,除了被调查人数的多寡,调查的结论还受到许多其他因素的影响。但通过科学的指标项目和测验方法,公众安全感调查具有较高的真实性和可靠性。影响公众安全感的因素包括性别、年龄、职业、经济地位、生活水平和所处地域等。社会中的各类群体由于其构成及经历的不同(男与女、年龄大与小、贫与富、文化程度高与低、健康状况好与差、职位高与低等),对同样的问题会做出不同的回答。

3.公众安全感指标

我国从 20 世纪 80 年代开始进行公众安全感抽样调查。公众安全感指标可以从指标体系和指标层次两方面来设定。

(1)指标体系。指标体系由两个一级指标(主体因素、客体因素)、7 个二级指标(生理因素、心理因素、个人境遇、自卫能力、社会环境、社会影响及保护程度)和29 个三级指标组成,体现的是从哪些方面进行安全感调查。

(2)指标层次。指标层次反映了指标的相互关系,由最终指标(或中心指标)、中间指标(或核心指标)和辅助性指标组成。最终指标是安全感综合评价,包括社会治安综合评价、执法公正情况评价、对公安工作的满意度、敢于做证的比重和敢走夜路的比重五个中间指标。中间指标又由若干个辅助性指标构成,如设置住家附近是否有路灯、女工上下夜班是否有人陪送等辅助性指标,以作为敢走夜路的比重这一中间指标的认定条件。是否敢单身走夜路是国际上经常用到的测定安全感的指标。

4.调查方法

公众安全感调查是一种问卷访问式的民意测验,其定量分析的可靠性和准确度是比较高的。

(1)调查问卷设计。问卷又称问卷表或访问调查表。问卷是安全感调查也是民意测验使用的主要工具和方式。调查问卷设计具有较高的专业性、科学性和艺术性,其优劣关系到调查结果的质量。问卷设计的第一项要求是通俗化,即问卷提问项目的设计,措辞要精练、通顺、明了,便于公众理解。第二项要求是中立,即问卷设计者应从旁观者的角度提问题,不得将自己的意见、观点置于或暗示于问卷的提问之中。调查时使用专门设计的问卷表,设计时以定选式问题为主、开放式问题为辅。具体到公众安全感调查,设计要点大致应包括:符合治安工作的实际需求,满足理论研究的需要;项目内容与数量比例适中,应答问题以 50 个左右为宜,避免调查对象的厌烦和疲劳;尽量减少是否式的问题;设置适当的开放式问题,使调查对象畅所欲言;问卷的式样、编排和编码等便于计算机进行信息处理和储存。

(2)调查问卷的问题设定。调查问卷由被调查人信息、填表说明、问题等组成。问题是调查问卷的主要部分。每一问题设定两个以上的选项。需要被调查人做出选择的问题主要包括:性别,年龄,文化程度,从事的职业,婚姻状况,家庭人均月收入,家庭组成情况,居住的地区类型,住房情况,是否遭受过不法侵害,当前是否感觉安全,感觉安全或不安全的原因,是否敢在夜间单独行走,家里有无女性上夜班,当前刑事犯罪情况如何,当前交通事故情况如何,当前火灾情况如何,当前公共场所治安秩序如何,当前社会治安状况如何,最影响自己安全的治安问题是什么,在家时是否害怕陌生人来访,遭受不法侵害时是否报案,遭受不法侵害时是否敢于反抗,遇见他人遭受不法侵害时是否敢于制止,是否愿意做证,目前是否感受到犯罪威胁,是否经常见到住家附近的治安巡逻人员,住家附近是否有路灯,最担心在什么地方会遭遇不法侵害,是否因自己或家人的人身财产安全发生问题而求助警方,求助警方时警察的工作态度如何,求助警方时警察的工作能力如何,自身采取了什么防范措施,自身的安全感比两年前好还是差,目前的社会治安状况比两年前好还是差,对警方的工作建议。

(3)信息处理。信息处理主要分为信息的收集、储存、传输、转换和提取五个步骤。

信息处理大部分由计算机完成,但如何准确、完整地收集和输入数据,需要人员和管理方面的素质保证。

二、案件、事件、事故统计数

案件、事件和事故的发案和处理情况,是评估治安危害的重要指标。统计数包括过去、现状和发展趋势三方面。统计的重点可以是对本地区最有影响的几类案件、事件和事故。统计时,对指标类目进行权数分解,参照其他地区或本地区过去几年的平均值,用百分数或其他评分标准划定升降范围,以对本地区影响社会治安的危害因素做出基本估测。案件、事件、事故统计数直接地反映了社会治安的基本状况和治安危害的程度,但它们之间的关系并不一一对应,因为统计数受到许多因素的影响。统计数在不同的地区和不同的时期可能具有不同的意义。

1.案件统计数

案件(刑事和治安等案件)统计数是指案件的发案数和处理数。除了总数统计(包括刑事案件中的特大案、重大案和一般刑案)之外,更应注重对八类案件(杀人、抢劫、伤害、强奸、爆炸、绑架、劫持和放火)等严重影响社会治安的案件的统计。案件的统计数由司法部门公布。法院、检察院和公安部门各自公布本部门所管辖案件的统计数。公安部门的案件统计数不仅数量庞大、种类繁多,而且大部分案件具有直接的被害人,具有广泛的社会危害性。案件统计数是评判社会治安及其防范工作的主要指标之一。

2.事件统计数

事件的统计难点在于事件概念及范围的确定。按一般解释,事件是历史和社会上发生的大事情。就现代而言,事件的发生无论其缘由如何,其过程或结果都在社会上产生了很大的影响。治安防范关注的事件,是其过程或结果对社会治安产生了很大影响的大事情。当前,治安防范研究的事件主要是具有特定含义的群体性事件。

3.事故统计数

事故统计主要是统计有关违反法律、法规的事故的发生数,主要统计重大的火灾、交通、矿难、建筑物倒塌等事故。需要说明的是,部分事故已经属于刑事案件或治安案件。重大事故对社会影响很大,部分事故会影响甚至中断社会的正常运行。由事故演变而成的斗殴、哄抢行为和群体性事件亦屡见不鲜。事故与主要由故意行为导致的其他刑事案件或治安案件不同,大部分事故由过失造成。公众更关注的是事故后果的严重性及其对生活的影响程度。

三、危险等级

治安防范中的危险概念,广义上指的是社会风险,本书取的是狭义概念,即某一实体或某一事物遭受治安危害的可能性。这种可能性有大小、高低之分,这些大小、高低的不同形成了不同的危险等级。对危险做出等级划分之前,须对危险进行评估。危险评估的基础在于标准的确定和相关数据的收集。

评估标准由治安危害指标和治安控制标准构成。通常取更多同类的相邻区域或单位治安危害指标的平均值和治安控制的标准值作为本地域或本单位的评估参考。也就是说,只有将危害可能性与平均值和标准值进行比较,危险评估才有意义。相关数据足够详尽,危险评估才有可能。危害可能性不论高于或低于平均值、标准值,都代表了某个危险等级。

防范区域内的危险评估,大量的是对建筑物、区域内的物品、防范人员、防范设施、特定人口进行受害的可能性以及程度的大小进行估算。通过这些估算,大致可以了解区域内违法犯罪的主要类型、手段以及作案路径、防范方面存在的薄弱环节等。只要收集到充足、合适的数据,就比较容易估算出危险的分布和大小,从而确定出人、事、物的危险等级。例如,经过数据的收集处理,可以计算出某一特定居住区入室盗窃的频度,入侵的途径,入侵的房屋结构和时间分布,被侵害人的职业、收入及其受害程度。用同样的方法,也可以计算出一些企业、事业单位的受害情况。危险数值计算出来以后,危险等级可根据具体情况(防范可能性、可行性等)加以确定。

第二节　治安防范评估指标

治安防范评估主要是指对治安防范活动有效性的评估。治安防范评估指标设计得过高或过低都是不恰当的。原则性的治安防范评估指标确定以后,可以将其分解成若干个可以量化的具体指标,但应当注意,量化的评估指标不可能一成不变,而且理论与实践都表明,任何量化指标都不会完美无缺,因为与治安防范相关的许多因素都是可变的。

一、评估与指标

治安防范评估与社会治安评估之间有相同之处。社会治安评估是测量、评价一个国家和地区社会治安状况的标尺,意在对现实状况的测量和评价,其评估指标尽管尚未统一,但综合国内外的研究情况看,接警指标、公众安全感和生产力标准是趋于共识的重要指标,尤其是接警指标和公众安全感为大多数研究者所接受。社会治安评估结果通常可以在国家和地区之间进行比较。治安防范评估是测量、评价一个地区治安防范活动有效性的标尺,其最终意义在于回答"推行的治安防范措施是否有效"这个基本问题。由于治安防范评估结果通常将本地区的过去与现在进行比较,所以尽管治安防范评估指标同样未有统一的标准,但接警指标和公众满意度(安全感)是过去与现在进行比较时的两个较能准确反映防范有效性的标准。

二、指标的设定

接警指标和公众满意度（安全感）是治安防范评估的两个基本指标。前者是客观性指标，后者是主观性指标，两者大部分均由可考核的重在结果的量化指标组成。

1. 接警指标

接警指标主要由各类案件、事件和事故的发生数构成。发生数包括两个不同的概念，即公民的报警数和警方的立案数。两种不同的发生数分别具有不同的意义。立案数是法律、法规规定予以处置的刑事案件和治安案件的发生数，但是由于立案标准及其他因素的限定，立案数并不能全面反映实际社会治安状况；报警数是公民通过电话、口头、信件等方式向司法部门报告案件的发生数，由于报警的内容涵盖了全部的治安问题，且大部分公民是通过电话方式报警的，故报警数较为真实地反映了实际社会治安状况。

与过去相比，各类案件、事件和事故发生数的减少是治安防范追求的目标，也是评估治安防范的标准之一。但如何判定发生数的减少呢？可以进行时间上的纵向比较，即对比测定实施新的防范活动前、后案件（事件、事故）数的升降情况。例如，取前三年平均发案数值作为比较基数，如果案件绝对数下降，一般可以认定发案少。但对比测定时要考虑这些因素：第一，发案少不一定表示公众满意度高。除了看案件的绝对数之外，还要看案件的相对数，主要是看那些严重暴力性案件和严重影响社会稳定、群众安居乐业的不安定因素及八类案件是否下降。第二，案件持平或上升可能另有含义。案件持平或上升的原因可能是统计标准的改变或者经济发展状况的突然变化，也可能是区域内与案件有密切关系的外来人口、公共场所和特种行业等数量的剧增，或者是防范人员和防范设施的撤离或减少。第三，发案数少的量化。从绝对数上比较，容易知道发案少，但少的百分比是多少，在统计之前也应有所考虑。百分比的幅度可视多种情况而定。

2. 公众满意度

公众满意度（安全感）的评价当然来自于公民。评价方式一般采用调查问卷，公众安全感调查也可设有公众满意的内容。满意度调查与安全感调查有相似之处，两者基本呈同比关系，当然侧重点有所不同。满意度调查关注的是对防范组织及其防范人员的工作评价，安全感调查关注的是公众对自己和社会安全状况质量的评价。

（1）满意度（安全感）指标设计。满意度（安全感）的调查内容较为广泛，主要围绕本区域内治安防范的效果评价。设计时应考虑如下要点：区域治安状况的总体感受，是否察觉到治安防范的规划及其实施，是否感受到防范组织正在推行的治安防范活动，治安防范是否使周围的违法犯罪活动真正减少，警察等防范人员的可见度，防范组织提供的服务或所涉及的地点是否正是所需要的，警察等防范人员的工作态度与工作效率。

（2）满意度（安全感）测评。满意度（安全感）的测评可以采用系数制的评分办法。评价标准可采用社会统计学中的系数制计分办法，"秩序良好"给以量化值为1，"比较好"给以量化值为0.75，"一般"给以量化值为0.5，"不太好"给以量化值为0.25，"不好"给以量化值为0。指标相同的情况下，满意度（安全感）测评可以对一个区域过去和现在的防范情况做出评价，也可以对多个区域或区域内多个社区进行比对测评。

第三节　治安防范目标的确定

治安防范目标管理的第一步是目标的确定。目标是防范部门计划在一定时间内要取得的结果，或者说要解决的问题。目标应当是可以完成的并且有特定的时间限定的。当然目标的完成并非轻而易举，时间的限定也并非长达数年之久。防范组织的目标管理中，确定了一个或数个总目标，每一个总目标可以由若干个分目标组成。

一、确定目标的依据

目标的确定要基于工作的职责和工作的任务，通过问题的解决，更好地提高工作效率和完成工作任务。如何找出问题？第一步是用差距的形式把问题的症结表达出来。以诊断病症为例，通过健康人的参照标准，逐一诊断出病人有哪些方面出现了不符合健康人标准的毛病，即现状，从而得出病人的差距所在。它们的相互关系是，差距＝标准－现状。治安防范目标的确定可以称为一种社会诊断。社会诊断选用的标准有相关标准、上级要求、规章制度、国家法令、发展规划和同行比较等，但究竟选用哪一种，应依据问题和条件的不同而定。

社会诊断的第二步是找出形成差距的原因，以便根据原因确定目标。寻找原因时，要对导致问题的原因进行横向和纵向的比较研究，以找出众多原因中的主要原因和根本原因。寻找原因的方法是正面论证法和反面论证法，应尽可能采用反面论证法。

确定目标时，对资料的全面收集和客观分析是至关重要的前提，否则确定的目标是有偏差的。立案数、公众满意度(安全感)、人口分析和对过去工作的评估都是必不可少的。如果做有关防范入室盗窃案件的目标管理,下列数据是必须收集的:入室盗窃的地点、入室盗窃的时间、入室盗窃的方法、发生盗窃案的建筑物情况、财物损失及物品损坏情况、防范情况。

二、确定目标的要求

目标是一个时期内的行动指南,它的确定并不是随心所欲的,因为目标的确定是为了目标的实现,而目标的实现涉及对目标的理解、目标结构的合理设置、目标的量化验收等要求。

1.目标的单一性

目标必须是单义的,即只能有一种理解。目标如果多义或者含义不明,不同的人可以有不同的理解,这样的目标设置便没有意义。

2.目标的层次性

目标必须具有分层结构。目标是一个体系,它由总目标(或称大目标、长远目标、上一级目标)和一系列的具体目标(或称小目标、眼前目标、下一级目标)构成。具体目标往往是总目标实现的手段。

3.目标的具体性

目标必须准确和具体。所谓准确,就是目标的确定是建立在对于现实状况的准确评估上,即准确的社会诊断。所谓具体,就是目标的实现有一个衡量其实现程度的明确标准,即目标具有量化标准。对于直接表现为数量的目标,其标准容易确定,对于非量化的目标,可使用问卷调查等方法确定其标准。

三、目标的约束条件

目标的设定受到若干要求的限制,同样,目标的实现也受到若干条件的约束,这些约束条件在制定目标时要全部予以考虑。

1.目标必须有时间限定

总目标的时间限定一般比具体目标要长,具体目标的时间限定最长可设定为一年,总目标的时间限定最长可设定为三年。

2.目标必须切实可行

必须有事实或理论证明,以及使绝大多数的参与者认识到,目标实施的每一个步骤都是合理的、经过测算的、经过努力可以达到的。这是目标实施的基本条件。

3.目标的实现必须受到客观条件的限制

目标的实现必须受到客观条件的限制,如投入治安防范的人力、财力数量,社会及有关方面对防范的支持和配合。

四、目标的优先确定

确定的目标不宜过多,因为确定目标并不困难,困难的是能够实现目标。有的目标必须优先确定。确定目标的分类通常有三种。

1.必须去做的

必须去做的指那些关系到治安能否基本稳定的目标。比如遏制住影响治安防范评估指标的一些违法犯罪活动,包括升幅较大的凶杀、抢劫、强奸、入室盗窃等案件。

2.应该去做的

应该去做的指那些对于提高防范效率而言所必需的目标。这些目标对于防范组织而言,如不能去做,就会逐渐丧失战斗力,使声誉大受影响。比如改善警察等防范人员的工作态度,提高守望、巡逻以及技术报警等防范手段的质量。

3.最好去做的

最好去做的指那些为提高防范效率所希望实现的,但在必要时可延期或者删除的目标。比如,因人力、财力所限或执行其他任务,可对防范宣传教育的某些方法进行调整。

上述三种分类中具体目标的确定可以参考公众安全感调查的统计分析结果。需要指出的是,在优先确定目标时不能不考虑到人员的因素。在人员状况不变的情况下,人员的素质往往可能成为决定性的因素。当然,有理由认为,通过优质的管理可以提高人员的素质。不过,情况并非如人们想象得那么简单。防范目标管理基本上是人与人之间的互动,人员的主动参与和被动参与是两种不同的状态,参与人员的工作能力也并非如希望的那样,短时间内可以得到明显改进。

第四节　治安防范目标方案书

治安防范目标确定以后,须拟定方案书。方案书是关于确定目标及实现目标的步骤和方法的书面文件。一个目标可以有多种实现的步骤和方法,换言之,目标确定以后,应拟定各种目标的实现及其评价的方案。

一、拟定方案

方案书的基本要素:确定的目标、实现目标的步骤和方法、目标实现后的评价。目标应该简明,任何相关的人员都能记住和理解;步骤和方法应该详尽、明确,任何相关的人员都能在方案书内找到自己的位置,明了自己该做什么。

1. 方案书的内容

方案书不必包罗万象,列出简明的目标和明确的完成策略即步骤和方法是制作的要点。方案书至少应包括下列内容:要完成的任务;任务细化,分解到人;完成目标的策略;如何监督、考察进展情况;因主观因素导致完不成任务时应承担的责任。

2. 拟定备选方案

目标确定之后,即拟定供选择用的各种可能方案。拟定各种可能方案,是为了寻求最好的方案,达到实现目标的最佳途径。拟定备选方案时,理论上要求具备两个条件:一是整体详尽性,即把所有可能的方案都列出,否则不能断定最后的方案是最优的,当然已在实践中证明其优劣的方案则可灵活取舍;二是相互排斥性,即不同的备选方案之间相互排斥,执行了某个方案,就不能同时执行另一个方案,否则拟定各种备选方案就失去了意义,当然实际上完成一个目标可采用两个以上的方案(可理解为一个总方案)并不违反这一条件。

二、方案的评价和选择

评价和选择是确定最终方案前的必经程序。评价和选择过程中,公开的交流是必要的。没有必要认为或者也不可能达到最后的方案必定人人意见一致,即使是意见一致的方案,在环境和条件发生重要变化的情况下,也可作更为完善的补充,当然这种补充不是一个人的突然决定。

1. 评价方案的标准

每个参与讨论的人可能都有自己的评价标准,但共同的评价标准主要包括价值标准和优化标准。价值标准方面,主要考虑经济效益和社会效益;优化标准方面,当然选择代价最小、效益最大的方案。

2. 选择方案的方法

方案的选择是方案比较的结果。对方案进行比较时,代价、利益和风险度是三个基本要素。代价是所失,利益是所得,风险度标志由所失到所得的可能性。在排除了所有错误或者不合理方案以后,对剩余各方案的代价、利益、风险度及其组合进行比较,只要有两个要素同时最优,该方案即为最优方案。三个要素中,优先考虑利益,即从利益最大的方案中挑选。在三个要素中有一个要素最劣的情况下,如果利益最小,此方案应予以排除;如果代价最大,则必须利益最大且风险度最小,方为优化方案;如果风险度最大,则必须利益最大且代价最小,方为优化方案。三个要素中如果有两个要素为中等,则另一要素必须达到最高要求。

最优方案和优化方案往往是人们所要选择的方案,实际情况是人们往往会面临不止一个最优方案和优化方案。这时,应该在全面掌握和研究分析客观情况和自身情况的基础上,依据经验判断和有关实验,充分考虑方案的可行性,再选择最后的方案。

第五节　目标的实施和结果的评价

总目标主要由上级制定,分目标主要由中下级制定,目标的实施策略则主要由下级制定。方案书是上下级交流互动的结果,目标的实施就是上下级合作的过程。目标实现后,应对实现后的状况进行评价。

一、目标的实施

目标确定和目标方案书制定确认以后,即开始实施目标。实施分三方面:一是通过对下级人员委任权限,使每个人都明确自己在实现总目标中应负的责任,让其在防范工作中实行自我管理,独立完成具体目标。二是目标实施者按照目标方案书上的要求进行工作,为的是在目标实施阶段,各个防范工作岗位都能协调一致地开展工作,从而保证完成预期的目标。三是加强领导和管理,这主要是指上级对下级的工作进行全面的协调、监督和指导,以及上级与下级之间对于目标实施的意见交流,应该充分发挥下级的积极性、主动性和创造性,去完成方案书规定的目标。

目标实施的过程中,环境和情况可能会发生变化,策略负责人可以在其认为必要的时候对策略加以修改,甚至可以在现实表明策略根本无效时建议撤销该策略。需要注意的是,目标管理只是防范组织在履行防范职责时的一种辅助工具,并不能取代人员管理、组织防范活动、落实防范措施等广泛的日常职责。目标管理的目的是帮助防范组织在特定的领域带来变化和取得进展。如果一个单位的所有人员和主要财力都投入到下一个目标的实施上面,这种管理不是科学的管理,而可能是一场灾难。

二、结果的评价

当目标实施活动已按预定要求结束时,要按照定量目标值对实际取得的结果做出评价,并使这种评价与奖惩挂钩;与此同时,还要把评价结果及时反馈给执行者,以总结经验教训。评价是目标管理的重要步骤,是验证并确认目标是否完成、完成得如何的程序。无论是定量目标还是非定量目标,其总的评价标准都应围绕治安防范评估指标制定。评价主要分为四个层面:

(1)目标实施者的自我评定,自我评定的评分占评价分值的30%。

(2)上级对评定工作的指导,包括指导评价标准,组织考核评定小组,提供相关数据等。

(3)考核评定小组的综合评议。考核评定小组的成员应包括同类组织成员、有关专家和地区公众代表等。考核评定小组综合评议的评分占评价分值的70%。应注重对策略的评价,因为策略直接体现了对目标的实现所起的作用,也体现了实施者的工作态度和工作能力等问题。

(4)奖惩与总结。有必要指出的是,成果的评价与执行者的奖惩挂钩并不是评价的目的,也不是目标管理的初衷。奖惩实际上也只是一种手段,其目的是激发员工的工作热情和主动性。不管是实施目标管理,还是目标实现后的奖惩,都不应该严重影响单位的工作稳定和人员力量。

思 考 题

1.公众安全感的因素和指标有哪些?

2.如何设定治安防范评估指标?

3.治安防范目标确定的依据有哪些?

4.如何拟定治安防范目标方案书?

第十章

安全保卫工作规划与计划

---★---

规划,就是个人或组织制定的比较全面长远的发展计划,是对未来整体性、长期性、基本性问题的思考和考量,是设计未来整套行动的方案。规者,有法度也;划者,戈也,分开之意。所以规划也可以说是有计划地去完成某一任务而做出比较全面的长远打算的公文,是计划的一个种类,属于应用写作研究的范围。

计划有两层含义:一是工作或行动以前预先拟定的具体内容和步骤,如保卫部2015年工作计划;二是作计划,如"计划一下再动手"。

规划与计划基本相似,不同之处在于,规划具有长远性、全局性、战略性、方向性、概括性和鼓动性。这主要表现在三个方面:一是规划的基本意义由"规"(法则、章程、标准、谋划,即战略层面)和"划"(合算、刻画,即战术层面)两部分组成,"规"是起,"划"是落;从时间尺度来说侧重于长远,从内容角度来说侧重(规)战略层面,重指导性或原则性,如国家的"十一五规划";二是计划的基本意义为合算、刻画,一般指办事前所拟定的具体内容、步骤和方法,从时间尺度来说侧重于短期,从内容角度来说侧重(划)战术层面,重执行性和操作性,如国家的"第二个五年计划";三是计划是规划的延伸与展开,规划与计划是一个子集的关系,即"规划"里面包含着若干个"计划",它们的关系既不是交集的关系,也不是并集的关系,更不是补集的关系。通过本章的学习,读者可以了解规划与计划的概念与内容,熟悉其内涵,掌握其格式及拟制方法,明确抓规划与计划落实的方法。

第一节　安全保卫工作规划与计划的含义

安全保卫工作规划和计划是安全保卫工作的长期或者短期愿景,是做好相关工作的基本依据和遵循。只有按照规划和计划做好工作,才能确保安全保卫工作循序渐进、逐步深入地确认、分析、排除安全保卫工作所面临的风险。

从规划、计划的本义看,规划也是计划,是比一般工作"计划"更为长远的"计划",都是对未来工作开展的一种设想性行为。从时间角度来说,规划侧重于长远,计划侧重于短期,二间既有联系又有区别。同时,规划和计划随着工作内容和目标不同,各自在时间上不仅有长短之分,而且有范围大小之别。安全保卫工作规划和计划是确保完成安全保卫工作各项任务的基本思路和途径;安全保卫工作规划是在制定上比较全面、在时间上比较长远的发展计划;安全保卫工作计划是开展具体安全保卫工作或行动前,预先拟定的内容和步骤。因此,开展安全保卫工作都应从每个单位的实际情况出发,既要有规划也要有计划,我们平时所讲的"长有计划,短有安排",实际上就是工作规划和计划的形象表述。

一、安全保卫工作规划的含义

(1)安全保卫工作规划应具有实用性、可操作性以及时效性。

(2)安全保卫工作规划需要结合工作实际情况和主要矛盾,提出在今后一个阶段内应该落实的主要任务、主要方法和需要达到的预期目标。

(3)安全保卫工作规划从时间上说,一般都要在 3 年以上,甚至 10 到 15 年,具有全局性、长远性、方向性、战略性和指导性的功能。

二、安全保卫工作计划的含义

(1)安全保卫工作计划是根据实际情况,通过科学、准确的预测,提出在未来一定时期内的安全保卫工作目标及实现该目标的方法。

(2)安全保卫工作计划目标一般在一年、半年左右,范围往往仅涉及某个单位或某个具体事项。

(3)安全保卫工作计划,是预先拟定工作内容和实施目的的,较主观的思考安排,要充分考虑到每一个具体工作计划与整体工作规划之间的关系,为实现工作规划的目标奠定良好的基础。

第二节 安全保卫工作规划与计划的制订

制订安全保卫工作规划与计划要特别注意把握几个问题,即阶段性目标要实际,工作任务要明晰,岗位责任要明确,落实责任要奖惩,运行操作要可行。

一、安全保卫工作规划的制订

相对于其他计划类公文而言,规划带有方向性、战略性、指导性,因而其内容往往要更具有严肃性、科学性和可行性。

1.确定工作目标

由于规划是计划中最宏大的一种,从范围上说,工作目标大都是全局性工作或涉及面较广的重要工作项目,制订工作规划既不能过高也不能过低,应当尽可能地进行量化或具备测定考量的办法,使确定的目标依据充分、方向明确,切忌不切实际侃侃而谈或脱离实际空喊口号。

2.确定工作任务

要充分考虑到现实与长远之间的关系,同时也要充分预估社会发展和治安环境改变所带来的变数,使任务能围绕工作目标而体现具体性和可操作性。

3.确定工作措施

安全保卫工作规划要求在掌握大量可靠资料的基础上,根据党和国家维护社会稳定和社会治安综合治理等发展方针,结合具体单位工作实际,确定发展远景和总体目标,充分吸收各方面的意见,以科学的态度进行深入调查和周密测算,经过多种方案的研究、比较和选择,最终确定各项指标和措施。

4.规划文体格式

安全保卫工作规划文体较严肃,所以通常是以"指示性通知"的形式来转发或下发,其格式都是由"标题"和"正文"两部分组成,一般不必落款。规划的标题通常应具备"四要素":单位名称+时间期限+内容范围+"规划"二字,如《××单位"十二五"期间安全保卫工作发展规划》。规划的正文一般都比较长,大致分为以下几方面内容。

(1)前言。前言,即有关的背景材料,也就是制订规划的起因和缘由。这是制订规划的依据,因此不能简单地罗列事实,而应把各项情况通过认真分析,找出其有利因素和不利因素,这样才能使下文所述的目标言之有据,具有可靠性。

(2)指导方针和目标要求。指导方针和目标要求是在前言的基础上提出的,是规划的纲领和原则,因此要用概要精练的语言进行阐述,既鼓舞人心,又坚定有力。

(3)主要任务和工作措施。这是规划的主体和核心,是解决"做什么"和"怎样做"的问题,因此任务要提得明确,措施要提得概括有力。这部分写作通常有两种结构,一是对于全面规划或任务项目较多的规划,因其各项任务比较独立,一般采用以任务为主线的"并列结构"(措施都在各自的任务之后分别提出);对于专题规划或任务较单一的规划,因其任务项目较少,且项目之间的联系较大,一般采用任务、措施分说的"分列式结构"。

(4)结尾。结尾即远景展望和号召。这部分要写得简短、富有。

二、安全保卫工作计划的制订

(1)安全保卫工作计划是对一定期间安全保卫工作预先做出的安排和打算,它是对工作规划的目标、任务进行分解,是近阶段开展安全保卫工作的指标性任务清单,也是检验考评一个阶段安全保卫工作效果的测量仪,所以在制订时间上不宜跨度太大。

(2)安全保卫工作计划要根据不同任务、不同时间和不同要求进行制订,深入、细致、全面的年度以及月度等安全保卫工作称为"计划",贴近工作实际且需短期完成的称为"安排",事项重大或比较全面繁杂的安全保卫工作称为"方案",比较简明、概括的安全保卫工作内容称为"要点",对某项安全保卫工作有粗略、雏形的想法称为"设想"或"打算",要做到事无巨细、面面俱到。

(3)计划文体格式。安全保卫工作计划由"标题"和"正文"两部分组成,标题一般出制订计划的单位名称、计划期限、计划内容和文种四要素组成。如计划尚未成熟或还未正式讨论通过,需在标题下面注明"讨论稿""征求意见稿"字样。计划的正文一般包括三个方面的内容。

1)前言。或阐述依据,或概述情况,或直述目的,要写得高度概括、简洁明了,不必过于具体。

2)主体。即计划的核心内容,具体阐述"做什么"(目标、任务)、"做到什么程度"(要求)和"怎样做"(措施办法)三项内容,既要详尽、具体,又要条理清晰、层次分明。工作计划一般采取"并列式结构"(任务、措施分说)。

3)结尾。或突出重点,或强调有关事项,或提出简短号召,当然也可不写结尾。

第三节　安全保卫工作规划与计划的执行和落实

一、分解目标

根据规划与计划的主要内容和涉及的部门,对照总体工作目标,按部门、按时间将总体工作目标进行分解,提出阶段性工作目标和具体工作内容,或由相关部门和人员在总体工作规划和计划的框架下结合实际,进行细化、部署和实施。

二、明确责任

有效实施安全保卫工作规划与计划,关键是要落实各单位、各部门、各岗位的责任,要明确单位和部门的职责是什么,具体岗位责任是什么,把责任分解到部门,落实到个人,只有责任明晰、尽责尽职,才能使各项工作措施真正落到实处。

三、加强检查

安全保卫工作规划与计划制订后,就要组织力量对各项工作推进情况进行检查。行之有效的检查工作既能及时了解和发现在规划和计划实施中存在的问题,又能总结和调整相应的工作步骤,有针对性地提出下一步工作措施。在组织形式上可采取上级单位或部门开展由上到下的检查,组织下属单位或部门开展横向之间的检查,同行业之间的交叉检查以及其他形式的社会力量检查,在具体方法上可采取普查或抽查、暗访或明察、常规检查和突击检查等方式。

四、落实奖惩

安全保卫工作规划与计划的执行落实情况,应通过一个阶段进行综合评估,既肯定成绩,又要分析在实施工作中存在的主要问题和"瓶颈"环节,做到有奖有罚,特别是完成了年度工作或某项具体工作后,要及时点评总结,并积极开展评先创优,树立典型,弘扬先进,鼓舞斗志,以利于下一步工作开展。

上面简要介绍了安全保卫工作规划与计划的含义及其拟定要求和程序,在实际工作中,我们不但要会拟定,重要的是抓落实,再好的规划与计划,不执行、不落实等于零。

思 考 题

1. 什么是安全保卫工作规划与计划？
2. 如何制订安全保卫工作规划与计划？
3. 浅析你们单位安全保卫工作规划与计划存在的问题，提出落实建议。

第十一章

安全保卫工作谈判

★

谈判是伴随人类社会交往活动而产生的。人的本质在于其社会性。人们的社会实践证明,谈判是一种有效的协调手段,已被广泛应用于社会生活的各个领域,越来越受到人们的关注和重视。我们要做好单位安全保卫工作,必须学会、重视谈判。

通过本章的学习,读者可以对谈判有一个概略性的了解,学会在前期做好准备,在过程中善于沟通,注意策略的运用,掌握谈判心理,为成功谈判奠定基础。

第一节　谈判概述

谈判,顾名思义,是通过"谈"和"判"的过程来构成的。谈就是交流,可以是双方也可以是多方的沟通。判就是做出选择,做出决定。可见,只有在沟通和交流的基础上,了解他方的需求,权衡得失,才能判定。中国、美国、英国和法国等多国学者,对谈判都有自己不同的认识和论述,但是他们对谈判的基本特点的认识却是一致的,即谈判的目的性、相互性和协商性。谈判就是人们为了满足各自的需要,交换相互的意见,协调彼此的关系,从而争取达成一致认识的行为和过程。这个过程是在谋求利益、寻求合作、力求共识的动因驱使下实现的。而安全保卫工作的谈判一般是指机关、团体、企事业单位和有关社会组织,为了满足安全的需求,与保卫服务企业或保卫培训机构在满足各自利益的前提下,取得利益互惠的过程。

一般来讲,谈判有广义与狭义之分。广义的谈判是指除正式场合下的谈判外,一切协商、交涉、商量、磋商等。狭义的谈判仅仅是指正式场合下的谈判。这里所讲的安保工作的谈判,主要是从狭义角度而言的。

一、谈判是利益驱动的结果

谈判总是以某种利益的满足为目标,是建立在人们需要的基础上的,这是人们进行谈判的动机,也是谈判产生的原因。尼伦伯格指出,当人们想交换意见、改变关系或寻求同意时,人们开始谈判。这里,交换意见、改变关系、寻求同意都是人们的需要。这些需要来自于人们想满足自己的某种利益,这些利益包含的内容非常广泛,有物质的、精神的,有组织的、个人的等。当需要无法通过自身而需要他人的合作才能满足时,就要借助于谈判的方式来实现,而且需要越强烈,谈判的要求越迫切。随着经济社会的发展,人们迫切需要保护自己的人身、财产安全,维护企业、事业单位和其他社会组织的治安秩序,安全保卫服务企业则应运而生,提供安全保卫服务的谈判也随之产生。这是经济社会发展到一定阶段的必然产物。

二、谈判必须有两方以上参与

谈判是两方以上的交流和交往活动,只有一方则无法进行谈判活动。而且只有参与谈判各方的需要有可能通过对方的行为而得到满足时,才会产生谈判。比如,安全服务的需求方与安全服务的提供方的谈判,也就是商品交换中买方与卖方的谈判,只有买方或者只有卖方时,不可能进行谈判;当卖方不能提供买方需要的产品时,或者买方完全没有可能购买卖方想出售的产品时,也不会有双方谈判。因此,至少必须有两方参与 ,这是进行谈判的先决条件。

三、谈判是建立社会关系的行为

谈判是寻求建立或者改善人们的社会关系的行为。人们的一切活动都是以一定社会关系为条件的。就拿商品交换活动来讲,从形式上看是买方与卖方的商品交换行为,但实质上是人与人之间的关系,是商品所有者和货币持有者之间的关系。买卖行为之所以能发生,有赖于买方或卖方新的关系的建立。谈判的目的是满足某种利益,要实现所追求的利益,就需要建立新的社会关系,或巩固已有的社会关系,而这种关系的建立和巩固是通过谈判实现的。因此,并非所有的谈判都能起到积极的社会效果,失败的谈判可能会破坏良好的社会关系,这可能会激起人们改善社会关系的愿望,产生又一轮新的谈判。

四、谈判是一种协调行为的过程

谈判开始意味着某种需求希望得到满足,某个问题需要解决或某方面的社会关系出了问题。由于参与谈判的各方的利益、思维和行为方式不尽相同,存在一定程度的冲突和差异,因而谈判的过程实际上就是寻找共同点的过程,是一种协调行为的过程。解决问题、减少矛盾,不可能一蹴而就,总需要一个过程。这个过程往往不是一次,而是随着新问题、新矛盾的出现而不断重复,意味着社会关系需要不断协调,因此安全保卫工作的谈判更具有战略意义。

五、谈判要选择合适的时间和地点

任何一种谈判都选择在参与者认为合适的时间和地点举行。这是区分狭义的谈判和广义的谈判的一个很重要的依据。谈判时间与地点的选择实际上已经成为谈判的一个重要组成部分,对谈判的进行和结果都有直接的影响。尽管某些一般性的谈判不一定对此非常苛求,但至少企业之间、团体之间,乃至国家之间的谈判是这样的。安全保卫的购销谈判、安全保卫培训项目谈判、对外贸易谈判等都对时间和地点的选择十分重视。尤其是重大军事谈判,更注重地点的选择。美越战争,双方选择在法国巴黎进行和谈;朝鲜战争,中美双方在朝鲜"三八"线上的板门店举行谈判,谈判桌的放置,一半在"三八"线的左侧,一半在"三八"线的右侧;20 世纪60 年代的中苏会谈,在各自代表的国家轮流进行。可见,谈判双方对谈判地点选择的重视。

综上所述,我们认为谈判是参与各方出于某种需要,在一定时空条件下,采取协调行为的过程。安保工作的谈判一般是指需要安保服务的客户与提供安保服务的企业间的谈判,安保工作的谈判是一种商务谈判。

第二节 谈 判 准 备

凡事预则立,不预则废。举行一场安全保卫工作的谈判,前期准备工作非常关键,安保谈判准备工作做得充分可靠,就会增强谈判者的自信,从容应对安保的变化,正确处理各种问题,从而在谈判中处于主动地位,为谈判奠定基础。安保谈判准备工作一般包括谈判准备工作的背景调查、组织准备和计划制订。

一、安保谈判的背景调查

1.安保谈判环境调查

安保谈判是在特定的社会环境中举行的,社会环境的各种因素,如政治环境、经济环境、社会文化环境、自然资源环境、基础设施条件、具体气候条件、相关地理位置等,都会直接或间接地影响安保谈判。因此,谈判人员必须对上述各种环境因素进行全面系统的调查分析,才能制定出正确的安保谈判的方针和策略。

2.安保谈判对手的调查

对谈判对手的调查,是安保谈判准备最关键的环节。如果同一个事先毫无了解或了解不够的对手谈判,会导致极大的被动和困难,甚至会冒很大的风险。谈判对手情况是复杂多样的,主要是调查分析对方的身份、企业的性质、资信的情况和履职的能力,参加谈判人员的权限和谈判的目的等情况。

3.对谈判者自身的了解

古人曰:欲胜人者,必先自胜;欲论人者,必先自论;欲知人者,必先自知。因此,在安保谈判准备工作中,还应当正确了解和评估谈判者自身的状况,没有对自身的客观评估,就不会客观地认识对方的实力。

在自我评估中,要防止高估或低评自身实力的情况,而应既看到所具备的实力和优势,同时又要客观分析自己的需要和实现需要所欠缺的优势条件。

二、安保谈判的组织准备

1.安保谈判人员的选择

谈判人员的选择,是安保谈判组织准备的最关键的环节。没有良好素质的谈判人员,就不能完成艰苦复杂的谈判工作。因此,安保谈判人员在具有专业技能知识的同时,还应具备识、学、才等良好的综合素质。古人曰:学如弓弩,才如箭镞,识以领之,方能中鹄。因此,"识"是谈判人员素质结构中最核心的内容,对整体素质起着决定性的作用。"识"主要包括气质、性格、心理素质和思想意识等内容。

2.安保谈判组织的构成

安保谈判组织构成必须遵循知识互补、性格互补和分工明确的原则,配备精通本专业的人员组成的一个素质过硬、知识全面、配合默契的队伍。一般由主谈人(或称谈判领导人)、安保商务人员、技术人员、财务人员、法律人员和翻译等辅助人员组成。主谈人负责整个谈判工作,领导谈判队伍,有领导权和决策权。安保商务人员要熟悉安保业务情况、市场情况和服务价格等,负责合同条款和价格的谈判,并制作合同文本。技术人员、财务人员和法律人员各司其职,分别提供技术、财务和法律方面的支持。

3.安保谈判组织的管理

要使安保谈判成功,不仅需要组建一支优秀的谈判队伍,还需要通过有效的管理来提高谈判力,使整个谈判向正确的方向发展,最终实现谈判目标。安保谈判的组织管理,主要是指谈判组织的负责人的直接管理和高层领导对谈判的管理指导。谈判组织的负责人要负责挑选好谈判人员,组建谈判团队;制订好谈判计划,明确目标策略;管理好谈判队伍,调节人员状态;把握好时间节奏,负责实施谈判。当然谈判组织的负责人也必须要知识全面、决策果断、管理有力。高层领导对谈判的管理指导,主要体现在确定安保谈判的方针要求和必要时对谈判人员的宏观调控。

三、安保谈判计划的制订

1.安保谈判计划的要求

安保谈判的计划必须具有合理性、实用性和灵活性。合理性是指要建立在周密调查和科学分析的基础上,能体现企业根本利益和发展战略,并能对谈判人员起到纲领性的指导作用。而合理应从理性的角度去把握,一是相对的合理,二是各方能接受的合理。实用性是要求安保谈判计划的内容力求简明、具体和清楚,使人们容易记住主要内容和基本原则。灵活性则是指在发生突然情况时,为使自己取得主动,就必须使计划具有一定的灵活性。可以确定几个可供选择的目标,或第二、三套备用方案,谈判人员可视情况在权限允许的范围灵活处理。

2.安保谈判计划的内容

安保谈判计划内容主要包括谈判目标、策略、议程、地点和职责分工等内容。其中谈判目标的确定、谈判策略的部署和谈判议程的安排是谈判计划的重要内容。谈判目标一般分为三个层次:一是最低目标,二是可以接受的目标,三是最高期望目标。最低目标是商业机密,要严格保密。谈判策略是实现谈判目标的途径,因此,要根据可能出现的情况有所准备,灵活运用。

3.安保谈判地点的选定

安保谈判地点的选定,一般有三种情况:一是在己方国家或公司所在地谈判,二是在对方国家或公司所在地谈判,三是在谈判双方之外的国家或地点谈判。三种情况各有利弊,不细赘述。但需要指出的是,谈判者要善于把握有利因素,克服地点的劣势,变不利为有利,以促成安保谈判的成功。

第三节 谈 判 沟 通

一、安保谈判语言的类型

安全保卫工作的谈判往往是以语言为载体,来实现沟通交流的。谈判的语言是多元化的,从不同视角和不同标准,可以分出不同的类型。然而,每一类型的语言均有自己适用的环境和条件,安全保卫工作谈判中,应当相适为宜、相机而行。

1.按表达方式划分

根据不同的表达方式,安全保卫工作的谈判语言可以分为有声语言和无声语言。

在安保谈判中,有声语言一般称为口头语言,是通过人的发音器官来表达的语言。有声语言是通过人的听觉来传递信息、交流思想的,具体有陈述语、祈使语、同情语、委婉语、幽默语、格言、成语等。

2.依表达特征划分

依据语言表达的特征,安全保卫工作的谈判语言可分为专业语言、法律语言、外交语言、文学语言、军事语言和警务语言等。

(1)专业语言。专业语言是指在安保谈判过程中,运用的与安保业务工作内容相关的一些专用或专门术语,如重点单位、重要部位等。这些专业语言的特征是简练和明确专一等。

(2)法律语言。法律语言是指安全保卫工作谈判过程中,所涉及的有关法律、法规的用语,如治安隐患、限期整改等。每种法律语言及其术语均有其特定的内涵,不能随意解释和使用。法律语言的特征是法定的强制性、通用性和规范性。通过运用法律语言,可以界定、分清谈判双方各自的权利和义务、权限和责任。

(3)外交语言。外交语言一般称为客套语言。外交语言是一种带有模糊、缓冲性和圆滑性特征的弹性语言。在安全保卫工作的谈判中使用外交语言,既可以满足对方自尊的需要,又可以避免己方失礼;既可以说明问题、表明态度,又能使谈判进退有余,取得主动。例如,在安保谈判中常用的安全投入、双方互惠、力求双赢、有待研究、深表遗憾等,均属于外交语言。外交语言必须使用得当,如果过分使用,容易使对方产生误解,感到缺乏诚意。

(4)文学语言。具有明显文学语言特征的语言属于文学语言。文学语言的特征是生动、活泼、优雅、诙谐、富于想象、有情调、范围广。在安全保卫工作谈判中运用文学语言,既可以生动明快地说明问题,又可以调节安保谈判的和谐气氛。

(5)军事语言。明显带有命令特征的用语,属于军事用语。军事语言的特征是坚定、干脆、利落、简洁、自信、铿锵有力。在安全保卫工作的谈判中,适时使用军事语言,可以起到提高信心、稳定情绪、稳住阵脚、加速谈判进程的作用。

二、安保谈判沟通运用语言艺术的原则

在安全保卫工作的谈判中语言的运用、举止的适宜,与谈判内容一样重要。善于运用语言,就会在把握好举手投足,控制好抑扬顿挫,准确地表达出自己的意见。反之,过犹或不及均会适得其反,背离初衷。因此,在安保谈判中,必须遵循语言运用的基本原则。

1.客观性原则

客观性原则要求安保谈判中,表述思想、传递信息的语言必须是以客观事实为依据的,并能运用恰当的语言,表述好、提供好使对方信服的证据和论据。这是基础性原则。背离这一原则,无论多高水平的语言艺术,都只能是承诺,安全保卫工作的谈判也就失去了意义。

2.针对性原则

针对性原则要求在安保谈判中,语言艺术的运用要具体分析,因情施策,有的放矢。不同的单位性质,不同的个人性格,不同的谈判态度,不同的年龄、性别和不同的时间场合,其需求和要求将会有所不同。安保谈判人员应当针对这些差异运用语言。差异分析得越细,谈判的效果就越好。

3.逻辑性原则

逻辑性原则要求在安保谈判中,语言表述的概念要明确、判断要正确、证据要确凿、推理要符合逻辑,具有较强的说服力。提高谈判语言的逻辑性,既要求安保谈判人员具有一定的逻辑学知识,同时,要在谈判前做好充分准备,占有详细资料,并加以逻辑梳理,用富有逻辑性的语言在安保谈判中表述出来,使对方认识和理解。

4.隐含性原则

隐含性原则要求在安保谈判中,要根据当时特定的环境和条件,用委婉含蓄的语言来表达意见、传递信息。隐含性语言集中体现了语言运用的艺术性,除了在口语表达中,还可以直接表现在无声语言中,即无声的肢体语言,本身就蕴涵了某种感情和信息。

5.规范性原则

规范性原则要求安保谈判语言的表述要文明、清晰、严谨、准确。其一,安保谈判的语言必须文明礼貌,遵循和符合安保行业的职业道德要求,不能使用粗言秽语。其二,安保谈判语言必须清晰易懂。应当使用标准普通话,不能应用方言、俗语或"黑话"。其三,安保谈判语言的表达必须准确严谨。特别是在谈判进入价格磋商阶段时,应当更加注意语言表达的准确性。要谨慎发言,用严谨正确的语言,准备地表述自己的意见,以维护自己的经济利益。

上述原则都是在安全保卫工作谈判的语言表达中必须遵守的。运用这些原则的目的,是为了提高语言艺术的说服力。每一项原则都是针对某一方面而言的,各有所指,各有所重,因此,在安保谈判的实践中,不能绝对化、狭隘地偏废某一方面,而应当将其有机结合、辩证统一地运用,才能增强安保谈判语言的说服力。

三、安保谈判沟通的语言技巧

谈判是讲究技术或俗称有"诀窍"的。要掌握安全保卫工作谈判的"诀窍"比较困难,必须反复练习、总结,不断借鉴。在安保谈判中,运用有声语言的技术主要体现在听、问、答、叙、辩、说服等方面。因此,在谈判桌上必须随时注意这几方面技巧的运用,以便主动、准确地把握对方的言行与意图。

1.安保谈判中"听"的要诀与技巧

"听"是我们了解和把握对方观点和立场的主要手段与途径。美国科学家富兰克林曾经说过:"与人交流取得成功的重要秘诀就是多听,永远不要不懂装懂。"作为一名安保谈判人员,应该养成耐心倾听对方讲话的习惯,这也是作为良好的谈判人员个人修养的标志。

"听"有两种形式,即积极地听与消极地听。所谓积极地听,就是在交谈中与说话者密切呼应,比如,表示理解或疑惑、支持或反对、愉快或难过等。所谓消极地听,就是指在交谈中,听者处于比较松弛的状态中,即处于一种随意状态中接受信息,比如,平时家庭中的闲谈、非正式场合的交谈等。积极地听既有对语言信息的反馈,也有对非语言信息,即表情、姿势等的反馈。而消极地听则往往不是同时具有这种明显的姿势反馈和表情反馈。

(1)"听"的过程必须克服下列障碍和干扰。

1)由于需要"定位",只注意与己相关的讲话内容,不顾对方的全部讲话内容。

2)因精力不济、分散,或思路慢于对方,或观点不一,而造成的少听、漏听。谈判人员的精力和注意力的变化是有一定规律的。一般来说,谈判开始时精力比较充沛,但持续的时间较短,占整个谈判时间的 8.3%~13.3%;谈判过程中,精力趋于下降,时间较长,约占整个时间的 83%;谈判快要达到协议时,又出现精力充沛时期,时间也是很短,占 3.7%~8.7%。

3)凭借感情、兴趣的变化来理解对方讲话内容,从而曲解了对方的原意。一系列试验表明,积极地听对方讲话,其中只有 1/3 的讲话内容是按原意听取的,1/3 的讲话内容是被曲解地听取的,还有 1/3 则是丝毫没被听进去。

4)受收听者的文化程度、语言水平等的限制,特别是受专业知识与外语水平的限制,而听不懂对方的讲话内容。

5)环境的干扰,常会使人们的注意力分散,形成听力障碍。

(2)"听"的时候主要有以下要诀与技巧:

1)避免"开小差",专心致志、集中精力倾听。精力集中是倾听艺术的最基本、最重要的问题。心理学家研究表明,一般人说话的速度为每分钟 120~180 个字,而听话及思维的速度则大约要比说话的速度快 4 倍左右。因此,往往是说话者话还没说完,听话者就大部分能够理解了。我们必须注意时刻集中精力倾听对方讲话,用积极的态度去听,主动与讲话者进行目光接触,并做出相应的表情,以鼓励讲话者。比如,可扬一下眼眉,或是微微一笑,或是赞同地点点头,或否定地摇摇头,也可不解地皱皱眉头等,这些动作配合,可帮助我们集中精力,直至达到良好的收听效果。

2)通过记笔记来集中精力。谈判过程中,人的思维在高速运转,大脑不停地接收和处理大量的信息,加上谈判现场的气氛又很紧张,所以只靠记忆是办不到的,因此可以记笔记。一方面,记笔记可以帮助自己回忆和记忆,也有助于在对方发言完毕之后,就某些问题向对方提出质询,同时,还可以帮助自己作充分的分析,理解对方讲话的确切含义与精神实质;另一方面,通过记笔记,给讲话者的印象是重视其讲话的内容,当停笔抬头望讲话者时,又会对其产生一种鼓励的作用。

3)在专心倾听的基础上,有鉴别地倾听对方发言,去粗取精、去伪存真、抓住重点,收到良好的听的效果。

4)克服先入为主的倾听做法。

5)创造良好的安保谈判环境,使谈判双方能够愉快地交流。有利于己方的谈判环境,能够增强自己的谈判地位和实力。对于一些关系重大的安保谈判工作,如果能够进行主场谈判是最为理想的。如果不能争取到主场谈判,至少也应选择一个双方都不十分熟悉的中性场所。

6)注意不要因轻视对方、抢话、急于反驳而放弃听。

7)不可为了急于判断问题而耽误听。

8)听到自己难以应付的问题时,也不要充耳不闻。安保工作谈判中,可能会遇到一些一时回答不上来的问题,这时,切记不可持一种充耳不闻的态度。要有信心、有勇气去迎接对方提出的每一个问题,用心领会对方每个问题的真实用意,找到摆脱难题的真实答案。培养自己急中生智、随机应变的能力,要多加训练、多加思考,以便自己在遇到问题时不慌不乱。

2.安保谈判中"问"的要诀与技巧

安保谈判中,如何"问"是很有讲究的。重视和灵活运用发问的技巧,不仅可以引起双方的议论,获取信息,还可以控制谈判的方向。

(1)发问的方式。安保谈判中的发问方式有以下几种。

1)澄清式发问。该发问是针对对方的答复,重新措辞,以使对方进一步澄清或补充其原先答复的一种问句。其作用在于确保谈判各方能在叙述"同一语言"的基础上进行沟通。

2)强调式发问。该发问方式旨在强调自己的观点,强调本方的立场。

3)探索式发问。这是针对对方的答复,要求引申或举例说明,以便探索新问题、新方法的一种发问方式。它不但可以进一步发掘较为充分的信息,还可以显示发问者对对方答复的重视。

4)间接式发问。这是借助第三者的意图来影响或改变对方意见的发问方式。比如,"某某先生对你方能否如期履约关注吗?"

5)强迫选择式发问。这种问句旨在将本方的意见抛给对方,让对方在一个规定的范围内进行选择回答。比如,"原定的计划,你们是本周实施,还是下周,请给我们答复"。使用强迫选择式发问时,要语调平和。

6)证明式发问。证明式发问旨在通过己方的提问,使对方对问题做出证明或理解,比如"为什么要更改原已订好的计划?"

7)多层次式发问。这是含有多种主题的问句,即一个问句中包含多种内容。比如,"您能否将这个协议产生的背景、履约的情况、违约的责任,以及双方的看法和态度谈一谈?"这种问句因含过多的主题而致使对方难以周全把握。许多心理学家认为,一个问题最好只含有一个主题,最多也不能超过两个主题,才能使对方有效地掌握。

8)诱导式发问。这种问句旨在开渠引水,对对方的答案给予强烈的暗示,使对方的回答符合己方预期的目的。比如"已经到期了,对不对?"这类问句几乎使对方毫无选择余地按照发问者所设计好的答案回答。

在安保谈判中,谈判的任何一方都应避免使用盘问式、审问式或威胁与讽刺的问句,以免影响双方关系。

（2）不应发问的问题。安保谈判过程中并不是任何方面的问题都可以随意提问的。一般不应提出下列问题有以下几种。

1）带有敌意的问题。

2）有关对方个人生活、工作方法的问题。多数国家和地区的人对于自己的收入、家庭情况、女士或太太的年龄等问题都不愿回答。我国情况相反，安保谈判时问候一下对方个人生活以及家庭情况等，往往容易拉近关系，从而博得对方的信任感和亲切感，但要视情而论。

3）对方品质和信誉方面的问题。

4）故意表现自己而提问。故作卖弄的结果往往是弄巧成拙，被人蔑视。

（3）发问的要诀。为了获得良好的提问效果，需掌握以下发问要诀。

1）应该预先准备好问题，最好是一些对方不能够迅速想出适当答案的问题，以期收到意想不到的效果，同时，预先有所准备也可预防对方反问。

2）在对方发言时，如果我们头脑中闪现出疑问，千万不要中止倾听对方的谈话而急于提出问题，这时我们可先把问题记录下来，等待对方讲完后，有合适的时机再提出问题。

3）要避免提出那些可能会阻止对方让步的问题，这些问题会明显影响谈判效果。

4）如果对方的答案不够完整，甚至回避不答，这时不要强迫地问，而要有耐心和毅力等待时机到来时再继续追问。这样做以示对对方的尊重，同时再继续回答对方问题也是对方的义务和责任，因为时机成熟时，对方也不会推卸。

5）在适当的时候，我们可以将一个已经发生，并且答案也是我们知道的问题提出来，验证一下对方的诚实程度，以及对方处理事情的态度。同时，这样做也可给对方一个暗示，即我们对整个交易的行情是了解的，有关对方的信息我们也是掌握得很充分的。这样做可以帮助我们进行下一步的决策。

6）既不要以法官的态度来询问对方，也不要问起问题来接连不断、穷追不舍。

7）提出问题后应保持沉默，闭口不言，专心致志地等待对方做出回答。

8）要以诚恳的态度提出问题。这有利于谈判者彼此感情上的沟通，有利于谈判的顺利进行。

9）注意提出问题的句式应尽量简短。

3.安保谈判中"答"的要诀与技巧

安保谈判中回答的要诀应该是，基于谈判的需要，准确把握该说什么、不该说什么，以及应该怎样说。安保谈判中的回答是一个证明、解释、反驳或推销己方观点的过程。为了能够有效地回答好每个问题，我们应该做好以下工作。

（1）回答问题之前，要给自己留有思考时间。安保谈判经验告诉我们，在对方提出问题之后，我们可通过喝一口水，或调整一下自己的坐姿，或整理一下桌子上的文件资料，或翻一翻笔记本等动作来延缓时间，考虑一下对方的问题之后再回答。

（2）把握对方提问的目的和动机，再决定怎样回答。

（3）不要彻底地回答问题，因为有些问题不必回答。在安保商务谈判中，对方提出问题或是想了解我方的观点、立场和态度，或是想确认某些事情。对此，我们应视情况而定。

对于应该让对方了解，或者需要表明我方态度的问题要认真回答，而对于那些可能会有损己方形象、泄密或一些无聊的问题，不必为难、不予理睬是最好的回答。我们回答问题时可以自己将对方问话的范围缩小，或者在回答之前加以修饰和说明，以缩小回答范围。

（4）顾左右而言他。有时，对方提出的某个问题我方可能很难直接从正面回答，但又不能以拒绝回答的方式来逃避问题，这时，谈判高手往往用避正答偏的办法来回答。

（5）对于不知道的问题，应坦率地告诉对方不能回答或暂不回答。

（6）答非所问。答非所问是在安保谈判中对不能不答的问题的一种行之有效的答复方法。

（7）以问代答。顾名思义，以问代答是用来应付谈判中那些一时难以回答、不想回答的问题的方式，如同把对方踢过来的球又踢回去。

（8）"重申"和"打岔"。安保谈判中，要求对方再次阐明其所问的问题，实际上是为自己争取思考问题的时间。打岔的方式是多种多样的，可以借口去洗手间或去打个电话等。

4.安保谈判中"叙"的要诀与技巧

安保谈判中的"叙"不受对方提出问题的方向和范围的制约，是带有主动性的阐述，是安保谈判中传达大量信息、沟通情感的一种方法，也是基于己方的立场、观点、方案等，通过陈述来表达对各种问题的具体看法，或对客观事物的具体阐述，以便让对方有所了解。

按照常理，在谈判中的叙述问题、表达观点和意见时，应当态度诚恳，观点鲜明，语言主动、流畅、层次清楚、紧凑。但这只是就一般情况而言的，具体地讲，安保谈判中的叙述有以下几项技巧。

（1）叙述应简洁、通俗易懂。安保谈判中的叙述在于让对方相信己方所言的内容均为事实，并使其接受己方的观点。为了达到这一目的，说出来的话要尽可能简洁、通俗易懂，使对方听了立即就能够理解。

（2）叙述应具体、生动，使对方集中精力、全神贯注地听。

（3）叙述应主次分明、层次清楚。

（4）叙述应基于客观事实，使对方相信。

（5）叙述的观点要准确，力戒含混不清、前后不一。

（6）叙述时发现错误要及时纠正，以防造成不应有的损失。

（7）重复叙述有时是必要的。

总而言之，安保谈判中的叙述应从安保谈判的实际需要出发，灵活把握上述有关叙述应遵循的原则，以便把握好该叙述什么、不该叙述什么，以及怎样叙述等。

5.安保谈判中"辩"的要诀与技巧

安保谈判中的讨价还价集中体现在"辩"上。它具有双方辩者之间相互依赖、相互对抗的二重性。它是人类语言艺术和思维艺术的综合运用，具有较强的技巧性。作为一名安保谈判人员，为了获取良好的谈判效果，应注意以下几点有关"辩"的技巧。

（1）观点要明确，立场要坚定。

（2）思辨要敏捷、严密，逻辑性要强。

（3）掌握大的原则，不纠缠小节。

（4）态度客观公正，措辞要准确犀利。

（5）辩论时应掌握好进攻的尺度。

（6）要善于处理辩论中的优势和劣势。当己方处于优势状态时，安保谈判人员要注意以优势压顶，滔滔雄辩，气度非凡，并注意借助语调、手势的配合，渲染己方的观点，以维护己方的立场，切忌表现、放纵和得意忘形。要时刻牢记：安保谈判中的优势与劣势是相对而言的，而且是可以转化的。当我们处于劣势状态时，要记住这只是暂时的，应沉着冷静、从容不迫，不可沮丧、泄气、慌乱不堪。在劣势状态下，只有沉着冷静，思考对策，保持己方阵脚不乱，才会对对方的优势构成潜在的威胁，从而使对方不敢贸然进犯。

（7）注意辩论中个人的举止和气度。

第四节　谈　判　策　略

一、安保谈判策略的含义

谈判是合作的过程，也是实现自己利益的过程。参加谈判的双方或多方都会为自己的利益据理力争。谈判人员会根据有关情况，或显示自己的智慧，或摆出自己的实力,或借助天时地利以及经过思考选择的方法和措施来开展谈判。作为一种复杂的智力竞争活动,谈判高手无不借助谈判策略的运用来显示其才华。因此,谈判策略选用是否得当、能否成功,是衡量谈判者能力高低、经验丰富与否的主要标志。

什么是安保谈判策略呢?迄今为止,学术界对这个词还没有形成统一的被大家公认的表述。我们认为,安保谈判策略是对谈判人员在谈判过程中,为实现特定的谈判目标而采取的各种方式、措施、技巧、战术、手段组合运用的总称。在具体的谈判过程中,安保谈判策略包含两层含义,即参加安保谈判人员的行为方针和他们的行为方式。

安保谈判策略一方面表明安保谈判中所运用的单一方式、技巧、措施、战术、手段等都只是安保谈判策略的一部分。对于策略,谈判人员可以从正向来运用,也可以从反向来运用;既可以运用策略的一部分,也可以运用其几部分及大多部分的组合。另一方面还表明,安保谈判中所运用的方式、战术、手段、措施、技巧等是交叉联系的,难以再深入分割与分类。

多数安保谈判策略是事前预定的,它规定谈判者在一种能预见和可能发生的情况下应该做什么、不能做什么。谈判中所采取的许多策略,都要经历酝酿和运筹的过程,这个过程也是集思广益的互动过程。只有经历这一过程,才能选择准确、恰当的谈判策略。

二、安保谈判战略与策略

有时,我们会用"安保谈判战略"一词。那么,安保谈判战略和策略究竟有什么不同呢?

谈判战略是相对谈判策略而言的。一般说来,安保谈判战略又称为安保谈判宏观策略,是指实现谈判总目标的原则性方案与途径。其目的主要是获取谈判的全局利益,实现谈判的长远利益。安保谈判战略具有完整性、层次性、阶段性、相对稳定性等特点。

安保谈判策略又称为安保谈判微观策略,是完成或实现谈判战略的具体方案、手段、战术的总称。实施安保谈判策略旨在赢得局部的或阶段性的利益。有时,安保谈判策略的实施,可能会暂时失去某些局部的利益,以服从整体利益和总体目标的需要。它具有派生性、单一性、应变性和针对性等特点。

安保谈判战略和谈判策略仅仅是一种理论上的区别。在谈判实践中,它们既对应存在,又相互转化。应该注意的是,无论是安保谈判战略还是策略,都不是谈判的最终目标。从一定意义上讲,它们都是解决问题的方式和方法。

三、安保谈判策略要素构成

任何事物都有其特定性。这种特定性正是由诸要素所构成的特有的质的规定性。安保谈判策略的质的规定性包括其内容、目标、方式和要点四大方面。

1. 策略的内容

安保谈判策略的内容是指策略本身所要解决的问题，是策略运筹的核心。在安保谈判中，价格谈判策略本身所要解决的问题就是产品或服务的价值及其表现的认定。

2. 策略的目标

安保谈判策略的目标是指策略要完成的特定任务，表现为安保谈判本身追求什么、避免什么。在安保谈判中，价格谈判的目标表现为特定数量的高收益、低支出。

3. 策略的方式

安保谈判策略的方式，是指策略表现的形式和方法。比如，在安保谈判中的价格让步策略，其采取的"挤牙膏"战术，就是一种典型的达到谈判目的的方式和方法。

4. 策略的要点

安保谈判策略的要点是指实现策略目标的关键点之所在。如安保谈判中的价格让步策略，运筹它的关键在于"让步"的学问和技巧。把握和运用好让的"度"是运用好这一策略的关键点。

需要注意的是，有的策略的要点不止一个。比如，"出其不意"这一策略的要点就有两个：一个是"快速"，以快制胜；一个是"新奇"，以奇夺人。

除上述四个主要的构成因素外，安保谈判策略的构成因素还包括策略运用的具体条件和时机。

四、安保谈判策略的特征

安保谈判策略不仅有其质的规定性，还有其独有的特征。这些特征是在长期的安保谈判实践经验和教训的基础上总结、概括出来的。

1. 针对性

安保谈判是一种应对性很强的活动。只有谈判双方或多方为了满足某种要求才会坐到一起来交流、沟通和磋商。在安保谈判中，任何策略的出台都有其明显的针对性。它必然是针对谈判桌上的具体情形而采取的谋略和一系列举措。

在安保谈判中,谈判人员一般主要针对安保谈判的标的或内容、目标、手段、人员风格以及对方可能采取的策略等来制定自己的策略。有效的安保谈判策略必须对症下药,有的放矢。在安保谈判中,卖方为了卖个好价钱,一般会采取"筑高台"的策略,实施"喊价要高"的战术。针对这种情况,买方往往采取"吹毛求疵"的策略,实施"还价要低"的战术予以应对。策略与反策略的运用是安保谈判策略针对性最明显的体现。

2.预谋性

安保谈判策略集中体现了谈判者的智慧和谋略。从一定意义上讲,安保谈判策略是谈判人员集体智慧的体现。在谈判中,策略的运用绝不是盲目的。无论遇到什么样的情况,出现何种复杂的局面,选择和使用什么样的应对策略,谈判人员事先已经进行了商讨与策划。策略的产生过程就是策略的预谋过程。

安保谈判策略的预谋性,既反映了谈判人员对主、客观情势的分析、评估和判断,又在一定程度上检验了安保谈判调查情况的真实性和准确性。通常,安保谈判实战之前的模拟谈判,会修正谈判策略预谋的准确程度。在安保谈判中,如果没有事先筹划的应对策略,一定会处处被动,措手不及,致使只有招架之功,没有还手之力。

3.时效性

几乎所有的安保谈判策略都有时间性和效用性的特点。一定的策略只能在一定的时间内产生效用或使效用最大化,超过这一特定的时间,安保谈判策略的针对性就会发生变化。

安保谈判策略的时效性表现在以下几方面。

(1)某种策略适合在安保谈判过程中的某个阶段使用。通常,疲劳战术比较适合对远距离出差的安保谈判者使用,或大多在谈判进程的初期或签约阶段使用。

(2)在特定的时间或时刻之前使用。例如,最后通牒策略规定了具体的日期和时刻,在安保谈判中,对"报盘"之类的时间规定就属于这种情况。

(3)在特定环境中使用才有预期的效果。这与安保谈判策略的针对性是一致的。

4.随机性

在安保谈判中,无论考虑多么周密,方案计划得多么详细,都会因时、因地、因环境而使一些事先谋划的策略失去意义,即不会产生预期的效果。在这种情况下,安保谈判人员必须根据谈判的实际情况、以前的经验教训,因情施策,随机应变,采取适当的策略来解决实际的问题。因此,策略的随机性是从应用的角度而言的。

策略的产生与应用,是一个动态的依赖时空变化的随机过程,需随时吸收信息,及时做出反馈,调整谈判策略。当谈判无法深入时,可以采取"制造僵局"的策略。

随机性是指根据谈判过程的具体情况,改变策略表达的方式或做法。它丝毫不表示要彻底改变安保谈判事先确定的谈判目标。安保谈判策略必须服从于谈判的目标,策略是实际目标的手段。谈判人员应牢记"敌变我变,以不变应万变"。

5. 隐匿性

在具体的安保谈判实践中,谈判策略一般只为己方知晓,而且要尽可能有意识地保密。这就是安保谈判策略使用的隐匿性特征。

隐匿己方策略的目的在于预防对方运用反策略。在安保谈判中,如果对方对己方的策略或谈判套路了如指掌,对方就会在谈判中运用反策略应对自如,处于主动的地位,反而对己方不利。

6. 艺术性

艺术性特征是从隐匿性特征衍化而来的。安保谈判策略的运用及其效果必须具有艺术性。一方面,策略的运用要为自己服务,为实现己方的最终目标服务;另一方面,为了使签订的协议能保证履行,还必须保持良好的人际关系。人际关系好坏是判断安保谈判成功与否的标准之一。

尽管许多安保谈判策略有相对稳定的要点或关键点,但是,艺术地运用这些策略确实能体现出谈判人员水平的高低、技巧的熟练程度。

7. 综合性

安保谈判策略是一种集合和混合的概念,它包括在谈判过程中对谈判方式、战术、手段、措施、技巧等的综合运用。迄今为止,还没有发现单一性很突出的谈判策略,因为谈判是一种复杂的心理过程,是一种维系的经济现象和社会交往现象,需要从客观实际出发,从不同的角度、用不同的眼光去看待和思考策略、运用策略。

第五节　谈 判 心 理

如果说安保谈判思维是智力性因素,那么谈判心理则属于非智力因素,即所谓"情商"问题,一般是指情感、意志、性格等方面的构成。比如,谈判者的忍耐力、承受力、抗诱导力、掩饰力、独断力以及情绪的自控力等,都会对谈判产生不可估量的影响,是谈判学必须着力研讨的课题。比如,谈判中"少说多听"虽然是一种谋略智慧,更是一种性格的考验,许多人是根本做不到的,或者短时间尚可,时间一长就陷入"口若悬河"的误区。再比如,有些人经受不了别人的热情,在热情的关怀照料下就"找不着北"了。再比如,有些人经常陷入某种自尊心的"刚性"状态,经受不了任何"冒犯""失礼"或"伤害""侮辱"等,一旦面对则顿失常态。古人云:长袖善舞,多财善贾。其实,人生善舞在心态。下面仅就相关的问题略述一二。

一、安保谈判的心理问题

1. 一般安保谈判心理问题和禁忌

一戒急。例如,急于表明自己的最低要求,像家庭主妇一样一见到便宜货就急于抢购,急于显示自己的实力,急于表明自己对市场、对技术、对产品的熟悉;急于显示自己的口才、风度甚至酒量等。这些行为容易显露自己的"薄""弱""露""洞"等,即易陷于被动地位。

二戒轻。例如,轻易暴露所卖产品的真实价值;轻信对方的强硬态度;没有得到对方实实在在的交换条件,就轻易做出让步;轻易放弃谈判等。"轻"的弊病,一是"授人以柄",二是"示人以弱",三是"假人以痴",四是"小战即败"。这些都是自置窘境的心理弊病。

三戒狭。心理狭隘的人不适合参与谈判。例如,把个人感情带进交易之中,或自己的喜怒哀乐受人感染,或脾气急躁、一触即跳,或太在乎对方的礼仪、礼貌、言语、态度。这种人一般来说大都是"成事不足,败事有余"。

四戒俗。所谓俗就是小市民作风。例如,因对方有求于我就态度傲慢,一派施主之面孔;因有求于对方就鞍前马后、卑躬屈膝,令人不堪其肉麻之状。须知俗态大凡都要既失去谈判的利益,又失去谈判者的尊严。

五戒弱。俗话说"未被打死先被吓死",就是弱。例如,过高地估计对方的实力,不敢与对方的专家、老手正面交锋、据理力争;始终以低姿态面对对方,虚弱之态可掬,忠厚之状可欺。

六戒贪。贪酒、贪吃、贪色、贪财、贪玩、贪谀、贪功、贪权、贪虚荣等都是谈判之大忌,这些忌讳令多少精英功败垂成、身败名裂。

2. 专业谈判心理禁忌

一戒盲目谈判。一切尚未知己知彼的谈判,一切尚未充分准备的谈判都不能盲目进入。

二戒自我低估。毛泽东有一句伟大的名言:在战略上藐视敌人,在战术上重视敌人。天下没有打不败的敌人,天下没有不可取胜的安保谈判。"高度重视—充分准备—方法得当—坚持到底",这是取得安保谈判胜利的普遍法则,我们没有理由自我贬低、自我低估。《哈佛谈判学》指出:谈判是知识和努力的会聚;谈判的目的在于得到我们需要的,并寻求对方的许可,就是这么简单。

三戒不能突破。此戒是指被对方抛出的一大堆数字、先例、原则或规定唬住。须知没有不使用数字、原则的谈判,也没有不突破数字、原则的谈判,在双方的"谈"与"判"中,事情在发展,情况在变化,利益在延伸。因此,要突破原有的思辨时空,与时俱进,开拓创新。

四戒感情用事。

五戒只顾自己。只顾自己的谈判大多都是失败的谈判,双赢哲学是当今世界的基本谈判哲学,当然,双赢不是利益的完全均衡。由"只顾自己"可能导致"拒不妥协",这是一种误区。须知"没有妥协就没有谈判",善于妥协是有智慧的表现。安保谈判的座右铭是,理想的谈判就是对双方都有利益的谈判。

六戒假设自缚。据说哈佛商学院用了十年的时间研究出"原则谈判法则",其核心就是打破立场的僵化,破除假设的自缚,寻求利益的合理分配。有哲人指出,主观臆断是一般人的通病。别让你的有限的经验成为永恒的事实,作为谈判者就是要冒风险,挣脱过去经历的束缚,对臆测提出疑问,从你现有的经验之中做些新的尝试。

七戒掉以轻心。安保谈判中始终不可掉以轻心,不仅获胜前不能掉以轻心,就是获胜后也不能掉以轻心,反之则可能功败垂成或成而树敌。

八戒失去耐心。能耐能耐,能够忍耐才是有能耐。安保谈判也是一种耐力的竞赛,没有耐力素质的人,不易进入谈判。一路春光明媚的谈判,一般都含有某种危机在其中,所以,在充满云谲波诡的谈判桌上,忍耐性是一个不可忽视的制胜因素。

以上八戒是仅从谈判的心理因素上提出问题的,还有许多禁忌多属于谋略智慧性的,或属于谈判技术性的,此处不再赘述。

二、安保谈判的心理要求

谈判无疑是人的一种社会活动,而一切社会活动都必须接受人际交往法则的制约,因此谈判对人的心理素质是有相当严格的要求的。所谓心理素质,主要是指人的情感(包括情绪、态度等)、动机(包括需求、欲望等)和行为。

1. 对安保谈判者情感心理的要求

(1)谈判中主要的情感表现。应该说在谈判活动之中,人的情感表现是非常丰富的,归纳起来主要有喜、怒、忧、惊、悲、惧等六种。

"喜"在谈判之初表现为"乐于合作",在谈判中期表现为"进展满意",在计谋得逞时表现为"沾沾自喜",在各方满意时表现为"皆大欢喜"。

"怒"可以表现为"气恼于初""愈演愈烈"和"不欢而散"。

"忧"在谈判中表现为一种较为持久的心理状态,"忧"是忧愁和顾虑的综合情绪。"忧"的理由有很多,对谈判胜算的无底,谈判对手的高压气势,己方意见分歧等,都会不断增加"自忧"的心理氛围。

"惊"是谈判中的惊讶与奇怪的感觉,这种感觉主要出现在始料不及的事情发生之时,而且这种事情多出在对手、助手、上司的言行所带来的后果上。

"悲"是愧悔、伤心、怅叹与委屈的混合情感流露,一般出现在两种情况下:一是"失算",二是"被误解"。

"惧"是谈判中一种畏缩、害怕的情绪。这种情绪主要出现在以下几种情况中:一是讨价还价时,二是使用"边缘政策"时,三是做重大或陌生问题的决策时。

（2）心理状况对谈判的影响。安保谈判者在谈判过程中表现出来的情感,肯定会影响谈判对手的心理和行为,但是这种影响我们也应从两个方面去理解。一是"个人情感的真实流露",该喜则喜,该忧则忧,该愁则愁,该惧则惧,处于一种自然状态,给人一种"诚实""实在"的感觉,从而使对手易于认可自己表述意见的真实性,收到积极的效果。但是它同样会带来消极的后果,也易使对方产生误会、误解,进一步扩大分歧,导致关系紧张,甚至会转移谈判焦点,促使谈判失败。二是"劣质性格"的情感表露,即一言不合就拍案而起,不会讲理,只会蛮横,或者是人身攻击,意气用事,这些只会带来难以弥补的过失。

（3）明智的情感策略。明智的情感策略是指利用情感的发泄来影响对手的谈判立场,由于影响对手的情感发泄具有极强的目的性,所以它应该既是理性的、策略的个人情感行为,又是谈判人员常用来支持自己立场的有力手段,具体操作起来有两种方式。一是以理智性的情感发泄影响对手。所谓"理智性"就是情感的自我控制性,所谓"控制"就是使情感能沿着谈判的功利目的、关系目的等去倾泻。二是以策略性的情感疏泄影响对手。所谓"策略性"就是戏剧性,具有很强的导演性和演出性,即剧情需要什么情感,演员就表演什么情感。这里又有"软"和"硬"两种不同的表现形式,软性的情感发泄包括愁、悲、惧和亲善等情感形式,硬性的情感发泄包括急躁、不满、气愤等表现形式。一般的谈判都需"软硬兼施",各施其能,各得其所。

2.对安保谈判者的动机要求

许多谈判学著作对谈判人员参加谈判的动机做了这样一些概括:为了完成任务,为了客户,为了企业,为了国家,为了风头,为了晋升,为了发财……我们在此不想做道德上的说教,但是必须明确地指出,不同的谈判动机会直接影响谈判的走向或成败。只代表个人利益的谈判可以允许各种动机的存在,而代表集体、国家利益的谈判则必须具有为国家、为集体的动机,否则一切谈判学理论都会塌陷。这是安保谈判人员必须具备的第一位心理素质。

3. 对安保谈判者的行为要求

行为是情感、动机的外化,但又不完全是等同的,因此提出以下几点行为要则。

(1)要为谈判准备必要的物质条件。商务谈判是一项精神高度集中、体力和脑力消耗都比较大的活动,为了保证谈判人员能以充沛的精力和饱满的精神投入到谈判中去,应该为他们准备必要的物质条件。这里所说的物质条件不仅是指谈判人员在衣、食、住、行等方面的生活条件,还包括样品、合同文本、有关技术资料、谈判场地、通信设备等方面的条件,因为这些条件是谈判得以顺利进行的物质基础。我们在进行这些准备时,总的要求是既要与谈判人员的身份、地位相适应,又要能满足谈判人员在工作和生活上的需要。

(2)谈判人员之间要注意建立友好的人际关系。谈判人员并不是只讲物质利益的"经济动物",而是一个有感情的人,他们也追求友情,希望在友好合作的气氛中共事。所以,无论是在双方谈判人员之间,还是在一方谈判小组内部,都要注意建立良好的人际关系。这就是要求谈判人员一方面要注意在谈判过程中本着友好合作的态度,利用各种机会建立和发展双方的友情,如为对方举行宴会,邀请对方参加联欢活动,赠送礼品,回顾双方的愉快合作等。如果彼此之间建立起友情,相互信任感就会大大增强,让步和达成协议的可能性就会提高。另一方面,谈判小组内部也要建立起互谅互让、团结协作的关系。谈判小组内部各成员的年龄、性格、专长,甚至生活习惯都各有不同,在工作上存在不同意见,在生活习惯上存有差异是很正常的事情,但如果我们不注意,很容易导致小组内部的矛盾和分裂,严重影响谈判小组整体作用的发挥。因此,在日常生活中,谈判小组成员应互相谅解、互相忍让、互相帮助,使全体成员都能感受到集体的温暖,产生归属感。在讨论问题时,要让各成员充分发表意见,并吸取各种意见中科学合理的东西;对于不能被采纳的意见,也不要全盘否定,而应委婉地加以拒绝;当某个成员在谈判中有过失时,也不要横加指责,互相埋怨,而是应尽快想出补救方法,帮助他总结经验教训,鼓励他继续好好干,这样做,会大大强化其将功补过的心理,使他能尽快地振作起来,在以后的谈判中更加努力工作。

(3)要注意尊重谈判对手。在与谈判对手交往中,要处处注意对对方的地位、人格、学识、宗教信仰等表示尊重。例如,由身份对等的人出面接待,谈判中注意认真倾听对方的发言,不使用侮辱性语言,尊重对方的风俗习惯和宗教信仰,都可使对方感受到你对他的尊重,增加对方的好感。

(4)适时地对对方所做的努力和工作成果表示赞赏。商务谈判人员和常人一样,都希望自己的工作富有成果,能得到别人的承认。在商务谈判中,适时地对对方的学识、见解表示佩服,对其主观上所做的努力和过人的能力表示赞赏,能使他心理上产生满足感和自豪感。

以上几点,对满足谈判者的需要是很有作用的。当然,在多数情况下,谈判者的各种需要是很难得到全部满足的。此时,我们就应该注意对谈判者的某些需要进行诱导,如多强调导致某种情况的客观因素,或改变其对某些需要的重要性的认识等,使之在心理上得到平衡。

4.安保谈判心理三要素

(1)深沉。安保谈判者应冷静沉着、掩而不露、从容不迫地应对他所面临的问题,尽量避免喜怒冲动于表、急躁心切于行。深沉可以为思路清晰创造良好的心理基础。惊恐、冲动、忙乱是谈判之大忌。须指出的是,谈判者不能是要让人"感觉到"或自己"做出深沉的样子",而是将深沉体现于处理问题的每一个细微思维活动之中,在行为、表情、言语与心理思维活动之间保持一段距离。

(2)理智。安保谈判者对自己处理问题的能力必须非常清楚,对于无法处理、无法控制的问题,切不可丧失理智。换句话说,能处理的问题一定要冷静地处理好,不能处理的问题,必须寻求其他的途径解决。有的谈判者由于无节制性,结果本来清晰的思路也被对方设置的圈套扰乱了。

(3)调节。安保谈判者须注意根据实际情况的变化和需要及时调节自己的心理情绪。一个人的心理平衡往往会因外部条件的变化而受到丁扰甚至被打破,因此安保谈判者要通过相应的调节,保持或重新建立起新的心理平衡。比如,当对手的谈判条件发生变化时、更换谈判人员时、改变谈判环境时、原有协议被新建议代替时、双方谈判实力对比发生变化时,都会对谈判者的心理状态和思维活动产生影响。这时,尽快调节自己的心理状态,是谈判者应对外界变化或实现自己企图的重要的心理基础。善于心理调节的谈判者,其思维方式虽然也会起伏变化,但他能见机行事,能抓住那些转瞬即逝的机会"见风使舵",从而获得主动。

通过上述介绍,我们对谈判的基本知识有了一个简单的了解,知道谈判前应做好准备,谈判中要善于与对方沟通、注意策略,关注双方谈判心理的变化,希望读者在工作中学以致用。

思　考　题

1.什么是谈判？

2.谈判要做好哪些准备？

3.谈判中如何与对方沟通？

4.谈判中如何运用策略？

5.谈判中双方有哪些心理活动？

第十二章

单位安全保卫工作需求编制

★

编制通常是指组织机构的设置及其人员数量的定额和职务的分配,由财政拨款的编制数额由各级机构编制管理部门确定,各级组织人事部门根据编制调配人员,财政部门据此拨款。编制通常分为行政编制和事业编制,根据《中华人民共和国公务员法》的规定,公务员都是行政编制。一般的事业单位工作人员大体分为编制人员和非编制人员(非编制人员就是本单位自行外聘的人员,就像企业聘用一样,由单位自行规定其待遇,付给其工资,与地方财政没有关系)。所以,非编制人员的待遇不一定比编制人员差。事业单位改革后,定编不定人,编制属于单位,不属于个人。

简单地说,企业编制就是公司或部门的人员数量的配置。因此,单位安全保卫工作需求编制,就是为了确保单位安全,根据安全需求对保卫人员数量的一个配置。

通过本章学习,读者可对单位安全保卫工作需求编制有一个概略性的了解,对其遵行的原则、组织形式、主要内容、管理理念和经费预算做到熟悉并能基本操作,为给上级提供合理的需求编制建议打下基础。

第一节 安全保卫工作需求编制的主要原则

一、以岗定编,以人为本,确保重点,保证安全的原则

以岗定编,就是以岗位来确定保卫人员的编制数量。前提是设计保卫部门中

承担具体保卫工作的岗位,然后再设计从事某个岗位的人数及对这类人员的要求。以岗定编时,要采取一定的程序和科学的方法,对确定的保卫岗位进行不同人员的数量及素质配备。以岗定编是一种科学的用人标准,它要求根据企业、单位现时或相对长远的安全等级及需要,在一定的时间内和一定的技术条件下,本着精简机构、节约用人、提高工作效率的原则,规定不同类别保卫人员必须配备的数量。它所要解决的问题是企事业单位安全工作中各保卫工作岗位配备什么素质的人员,以及配备多少人员。

以人为本是做好保卫工作的根本。坚持以人为本,是科学发展观的本质和核心,也是统筹好保卫工作任务与保卫工作建设关系必须遵循的重要原则。值班执勤是保卫部门(或安保公司)履行职能的中心任务,保卫部门(或安保公司)要坚持不懈地抓好保卫队伍建设,使保卫人员既保持"忠于国家、忠于单位"的政治本色,又要具备"报效国家、报效单位"的过硬本领,为履行安保职责、完成安全保卫任务提供根本保证。

确保重点就是区别对待,对单位主要出入口、要害部位加强保卫。

保证安全是保卫工作的最终目标。保证单位或签约公司安全,圆满完成安全保卫任务是单位或保卫公司对保卫人员的根本要求。在改革开放不断深入,社会主义现代化建设又好又快稳步发展的新形势下,特别是国际金融和经济危机对我国的影响,涉及人们经济利益的深层次矛盾日渐突出,加上西方敌对势力和国际恐怖分子的干扰破坏,重点单位或重要部位安全面临严峻的挑战。保卫人员要不断强化安全意识,提高保卫工作水平和质量,杜绝重大安全事故、案件发生,确保重点单位和重要部位的绝对安全。总之,保证安全,就是强化底线思维、穷尽各种可能,以万全之策确保重点单位和重要部位的安全,做到万无一失,这是检验保卫工作成败的唯一标准。

二、防范设施遵循国家标准、行业标准和地方标准的原则

防范设施主要指物防和技防设施,对不同单位、企业或公司的安全工作来说,都有国家标准、行业标准和地方标准。在保卫工作中,一定要按照这些标准来建设物防设施和技防设施,并使其达标,要制定维护保养制度,确保其运转正常。

三、治安保卫职业教育和岗位培训费用纳入管理成本的原则

对定岗担负不同保卫任务的人员,要定期或不定期地进行职业教育和岗位培训,加强教育,加强训练,加强管理,使其不断适应保卫工作的新常态,对由此产生的各种费用,要纳入管理成本。

第二节 安全保卫工作的机构等级

划分治安保卫等级是做好安全保卫工作需求编制的前提,也是提出预算决策的先决条件。治安保卫等级决定了防范设施和防范手段的相应匹配。

一、安全保卫工作等级

根据实际情况,将单位安全保卫工作分为若干等级,视单位重要程度划分为重点单位和一般单位,或根据内部部位不同,确定相应的等级。等级越高,防范设施标准和防范手段措施就相应增强,所投入的力量和经费预算也越大。如金融营业网点、金店,由于其点多面广,现金和金银饰品是犯罪分子抢劫的主要目标,一旦发生此类案件,往往影响大、性质恶劣。故在确定治安保卫等级时,要将重要单位、重点目标和要害部位定为一级治安风险等级。

二、确定治安保卫机构等级

根据单位治安保卫机构等级需求来确定单位内部治安保卫机构等级,建立相应的治安保卫体制和机制。

1. 建立安全委员会

对重点单位相对集中的区域和安全保卫工作对象相类似或有连带作用的,可建立安全委员会,由各单位分管安全保卫工作的负责人担任领导小组成员,指挥、协调和部署区域安全保卫工作。

2. 建立独立的治安保卫机构

在安全委员会的基础上,根据单位下属部门或重要部位分布状况确定一级或二级治安保卫机构。

3. 实行社会化、专业化管理

针对单位具体部位或某类具体事项,将治安保卫风险通过合同形式委托给专业单位,实行社会化、专业化管理,由专业单位的专门机构来承担安全保卫工作。如现金押运、贵重物品押运或大型活动安保等。

第三节　安全保卫工作需求编制的主要内容

一、岗位设置

根据企业生产经营性质、范围、员工人数和安全保卫工作所涉及的治安、消防、维护稳定等岗位,设计岗位职数和胜任岗位所必需的知识、技能,在分析权衡的基础上,制定岗位需求设计。

1. 立足实际

严格执行法定的企业安全保卫工作职责,根据企业内部安全保卫工作任务的要求,进行定编、定岗、定员;同时充分考虑企业的生产经营情况,增设交通车辆管理、化学危险品管理和剧毒物品管理等专职岗位。

2. 因岗设人

根据所确定的岗位,确保重点,兼顾一般,合理分配人员,特别是重点部门或部位,在岗位人数分配上要有一定侧重。

3. 因人设岗

在巡逻执勤、维护秩序等工作上,在保证重要出入口和重点部门的力量外,针对现有治安保卫人数,根据任务来确定设置固定或机动巡逻岗位。

4. 统筹兼顾

在岗位设置中要充分考虑人防与物防、技防的关系,根据目标的重要程度和物防、技防的设置情况,综合考虑岗位设置。有的岗位可以由物防、技防完全替代,有的岗位需人防、物防和技防相结合,甚至采用报警、视频和指纹采集等两种以上技防设备来进一步提升治安保卫对象的安全性。

二、成员组合

人是企业安全保卫工作的实际承担者,既要明确责任,分工负责,又要相互补位,形成合力,用最优化的组合来达成人力资源管理使用效率的最大化。因此,在治安保卫人员配备上要注意把握以下几点。

1. 年龄层次结构

年龄结构要与岗位设置相适应,特别是在重要岗位开展巡逻值守的一线治安保卫队伍,要优先考虑年轻力壮的人员,保证有充沛的体能来履行工作职责。

2.文化知识结构

文化程度要与岗位职责相匹配,特别是某些岗位需要一定的文化知识,要积极创造条件为治安保卫人员营造良好的企业文化和团队文化。

3.专业技能结构

要通过治安保卫职业教育和岗前、岗中培训,不断提高治安保卫队伍的整体业务素质和专业技能,进一步开发治安保卫人员的智力潜能,以提高治安保卫人员的专业技能。

4.性格组合结构

不同岗位人员的性格组合,不仅有利于岗位设置,营造和谐的工作关系和氛围,同时有助于增强治安保卫队伍的凝聚力和战斗力。

第四节　安全保卫工作需求编制的管理理念

1.管理理念

在管理理念上,人力资源被视为最宝贵的资源,经过开发的人力资源可以增值,给企业带来巨大的利润。

2.管理内容

在管理内容上,重点是开发人的潜能,激发人的活力,从而使各级治安保卫人员能积极、主动、创造性地开展工作。

3.管理方式

在管理方式上,采取人性化管理,充分考虑人的情感、自尊与价值。根据治安保卫的工作目标和个人状况,为其创造尽职环境,加强培训,不断调整职位,充分发挥个人才能。

4.管理手段

在管理手段上,要体现德、能、勤、绩,定期或不定期地开展评估分析,及时准确地提供奖惩依据。

5.管理层次

在管理层次上,为不同人力资源管理部门负责安全保卫工作的人员,提供不同层面的有关企业发展、工作计划的工作决策的信息,使安全保卫工作与企业管理同步发展。

第五节　安全保卫工作经费预算

一、预算原则

安全保卫工作经费预算应遵循"立足实际、放眼长远、确保重点、统筹兼顾"的原则,主要包括四层含义。

(1)与企业经济效益和综合费用预算相结合。

(2)与企业生产经营性质和承担的安全保卫工作相结合。

(3)与现有的治安保卫岗位设置、额定职数相结合。

(4)与提升企业安全保卫工作管理水平相结合。

二、预算内容

1.经常性开支

(1)治安保卫人员的业务活动费用。

(2)物防、技防设施增添、折旧和维护费用。

2.专项性开支

(1)重大治安保卫任务的专项工作经费。

(2)物防、技防设施设备改造或增添费用。

3.预算项目

(1)治安保卫办公设备设施费用预算。

(2)治安保卫装备费用预算。

(3)治安防范设施建设费用预算。

(4)治安保卫人员教育培训费用预算。

(5)安全保卫工作各项业务活动费用预算。

(6)治安保卫人员奖励费用预算。

(7)治安保卫人员其他福利待遇费用预算。

对聘用从事门卫、巡逻等值班守护工作的保卫员还应将工资、奖金、养老、医疗基金及保险等项目纳入预算之内。

三、预算方法

企业安全保卫工作费用预算一般采用综合预算和项目预算的方法。

1.综合预算

根据安全保卫工作任务和目标,对安全保卫工作中拟增加的办公设施、装备配备、防范设施、教育培训等项目所需费用进行综合测算,时间跨度单位通常为一年。

2.项目预算

项目预算是企业安全保卫工作针对某项具体业务活动或治安防范设施建设需支出较大资金的事前费用测算,一般是未纳入企业年度预算或虽纳入年度预算但发生新的情况需要及时调整的项目费用。

四、注意事项

(1)预算前要合理设置岗位,全面评估现状,明确工作目标,防止随心所欲、脱离实际。

(2)预算要突出重点,防止面面俱到、因小失大。

(3)预算确定的工作项目内容要认真组织实施,防止纸上谈兵、敷衍了事。

(4)预算费用下拨后要合理分配,确保费用达到开展安全保卫工作预期的要求,防止私设小金库或挪作他用。

上面我们对单位安全保卫工作需求编制进行了一个概括性的介绍,明确了需求编制的原则、组织形式、主要内容、管理理念和经费预算,希望读者结合实际工作,进行认真的思考。

思 考 题

1.什么是单位安全保卫工作需求编制?

2.结合所学理论,拟制一份本单位安全保卫工作需求编制建议。

第十三章

保卫队伍建设

★

安全是人类生存与发展活动中永恒的主题,也是当今乃至未来人类社会和谐、稳定发展的基本保障。企事业单位作为社会构成的主要部分,尤其是经济生活的主体,其安全稳定工作的重要性是不言而喻的。企事业单位的安全保卫工作既关系到自身职工的人身和财产安全以及本单位的各种利益安全,也关系到社会总体的安全。企事业单位是社会总体安全的载体。因此,做好企事业单位的安全保卫工作,培养一支精强能干的安全保卫队伍,已成为当前企事业单位发展过程中亟待研究和解决的一个重大命题。

重视和加强保卫队伍建设,树立忠诚、为民、公正、廉洁的核心价值观,是安全保卫工作健康、科学发展的首要前提,是落实安全保卫工作的必然要求,更是维护内部平安、社会和谐的迫切需要。国务院《企业事业单位内部治安保卫条例》(以下简称《内保条例》)、《保卫服务管理条例》(以下简称《保卫条例》)都明确规定:单位内部治安保卫(安)人员应当接受有关法律知识和治安保卫业务、技能以及相关专业知识的培训、考核。所以,要加强对队伍建设的重要性和必要性的认识,要用战略的眼光,谋划推进建设,为建设一支高素质的保卫队伍做出不懈的努力。

通过本章学习,读者可对企事业单位的安全保卫工作有一个总体的了解,熟悉安全保卫工作队伍建设与管理的基本常识,为管理好保卫队伍奠定基础。

第一节　保卫理论基础

一、安全保卫工作

保卫是一种社会现象,是人类社会发展到一定阶段的产物,它随着生产力的发展和生产关系的变革而产生和发展。因此,必须了解安全保卫工作的形成、变化、发展和要求。目前,国际上关于保卫业的性质大致分为三种:第一种是民间性质,以欧美保卫业为代表;第二种是完全政府性质,又叫作工商保卫,是准警察,以新加坡保卫为代表;第三种是"政企合一"性质,它有很大的特殊性,处于民间和政府之间。

中华人民共和国的保卫(工作)产生于土地革命时期,发展于抗日战争时期,强化于中华人民共和国成立时期,规范于社会转型时期。中华人民共和国成立后,我国的机关、团体、企业、事业单位的保卫组织也经历了三次定位,从"公安机关的派出机构"到"公安机关的基层组织"再到"企事业单位治安防范的职能部门"。由于在中华人民共和国成立后到改革开放前,我国实行的是公有制经济,由此决定了安全保卫工作的对象和内容,就是保证国有和公有企业的人、财、物的安全,维护内部正常的治安秩序。市场经济就是法制经济。随着 1988 年《全民所有制工业企业法》的颁布,企业作为独立的法人,成为市场经济的主体,也成为企业安全保卫工作的主体。企业安全保卫工作的重要性,使其亦成为企业管理的重要内容。因此,企业可以根据实际需要,自建保卫组织,符合《社会治安防范责任条例》的规定。同时,各省市在公安机关的监督管理下相继成立了保卫服务公司。企业亦可根据需要,聘请以民事主体出现的承担具体保卫业务的专业保卫公司,即形成需求、市场、职业培训、职业群体和服务对象的衔接。2004 年颁布的《内保条例》对单位内部安全保卫工作提出了明确的要求:一是单位要有适应单位具体情况的内部治安保卫制度、措施和必要的治安防范设施;二是单位范围内的治安保卫情况要有人检查,重要部位得到重点保护,治安隐患及时得到排查;三是单位范围内的治安隐患和问题要及时得到治理和解决,发生的治安案件、涉嫌刑事犯罪的案件要及时得到处置。

安全保卫工作从广义来说就是企业事业单位的内部治安保卫,是对企业人、财、物保卫的总称。安全保卫工作包含稳定、防盗、防抢、防破坏、防泄密、消防、反恐和处置突发事件等八项工作。内保工作的性质有两条。一是从公安机关来讲,安全保卫工作是公安机关的一项基础性工作。因为企事业单位聚集了大量社会财富,集中了大量职工群众,涉及国计民生、公共安全和国家安全,从有公安工作以来,企业事业单位就一直是公安机关保卫的重点服务对象。我国的安全保卫工作可以追溯到中国共产党建党初期。1927年,中国共产党在上海建立了中央特科,保卫党中央负责人和领导机关的安全。1931年,中华苏维埃共和国临时中央政府成立了国家政治保卫局,负责组织中央根据地的军工、造币、新闻、学校、医疗单位开展内部的防奸保密工作。中华人民共和国成立后,公安部成立之初只有五个局,其中就有经济保卫局。特别是全国人大颁布的《中华人民共和国人民警察法》,其第6条人民警察职责第13款规定:"指导和监督国家机关、社会团体、企业事业组织和重点建设工程的安全保卫工作,指导治安保卫委员会等群众性组织的治安防范工作。"公安部颁布的《公安派出所正规化建设规范》明确规定,"指导、监督辖区内的机关、团体、企业、事业单位的内部安全保卫工作"是派出所九大职责之一。二是就企业而言,安全保卫工作是企事业单位的一项具体的行政管理工作。内部安全保卫是企业的一项基本职能,安全与否直接关系企业的生存发展。企业无论大小,都会自觉不自觉地采取各种方法保护自己的财产和人员安全,为生产、经营、教学、科研秩序创造一个良好的治安环境。安全保卫和安全生产有相通之处,也有不同之处。安全生产侧重于加强生产过程中的安全监督管理,防止和减少生产安全事故;安全保卫侧重于对企业人、财、物的保护和生产、经营、教学、科研环境的保护,涵盖面更广。两者的共同点是保障职工群众生命和企业财产安全,促进经济发展。2002年6月29日全国人大颁布了《中华人民共和国安全生产法》。1988年8月1日起实行的《中华人民共和国全民所有制工业企业法》第40条就明确规定:企业必须加强安全保卫工作,维护生产秩序,保护国家财产。第56条第4款规定:政府有关部门依照法律、法规的规定,对企业实行管理和监督,维护企业正常的生产秩序,保护企业经营管理的国家财产不受侵害。

治安保卫重点单位的内部安全保卫工作涉及国计民生、国家安全、公共安全,一般企事业单位的内部安全保卫工作涉及企业生产、经营、科研、教学,直接影响企业经济效益和广大职工群众的生活,具有业务的综合性,领域的广泛性,与生产经营、科研活动密切的相关性,队伍构成的多元性和工作的预防性5个特点。因此,各级党委、政府和企业事业单位历来高度重视企业事业单位安全保卫工作。2004年施行的《企业事业单位内部治安保卫条例》,第一次以国务院行政法规的形式规范了企业事业单位内部安全保卫工作。2007年5月30日,公安部部长办公会通过了《公安机关监督检查企业事业单位内部安全保卫工作规定》(公安部第93号令),自2007年10月1日起施行,使安全保卫工作进入了规范化、法制化时代。

二、保卫部门

机构是实现职能和执行任务的组织形式。我国安全保卫工作的机构有公安机关的保卫部门、企事业单位的行业公安机构和机关、团体、企业、事业单位保卫组织等,它们共同形成了我国的安全保卫工作体系,来完成各项安全保卫任务。

1.公安机关的保卫部门

公安机关的保卫部门是公安机关的重要组成部分。它既直接承担着公安机关的专门保卫业务工作,又是安全保卫工作的指导和管理机构,代表公安机关指导和督察机关、团体、企业、事业单位的安全保卫工作。《内保条例》第 3 条明确规定:"国务院公安部门指导、监督全国的单位内部安全保卫工作,对行业、系统有监管职责的国务院相关部门,指导、检查本行业、本系统单位内部的安全保卫工作;县级以上地方各级人民政府公安机关指导、监督本行政区域内的单位内部安全保卫工作,对行业、系统有监管职责的县级以上地方各级人民政府有关部门指导、检查本行政区域内的本行业、本系统的单位内部安全保卫工作,及时解决单位内部安全保卫工作中的突出问题。"

2.企事业单位的公安机构

企事业公安机构的性质,既不同于国家公安机关,又不同于企事业单位的保卫组织。这是本单位的一个职能部门,由所在单位列编人员、经费的公安机构,有的称为公安局、公安分局、派出所,也有的称公安处或公安科。民警编制和所需经费由本单位负责解决。同时其又是公安机关的派出机构,执行公安机关授予的职权。民警属于国家公安警种,着人民警察制服,享受人民警察的待遇,执行人民警察任务。企事业公安机构实行本单位党政和公安机关的双重领导,业务上以公安机关领导为主,其领导骨干的任免要征得上级公安机关的同意。比如,上海的企业(或称行业)公安机构大都已经归入国家行政序列(如金山、宝钢的原企业公安机构),基本实现了政企分开,但全国各地情况不一,仍处于由企业向政府的过渡时期。

3.机关单位的保卫组织

机关、团体、企业、事业单位的保卫组织,统称单位保卫组织,它是单位内部安全保卫工作的职能部门,是负责本单位安全保卫工作的专门机构,并列入本单位编制。《内保条例》明确规定:单位应当根据内部安全保卫工作的需要,设置治安保卫机构或者配备专职、兼职治安保卫人员。治安保卫重点单位应当设置与治安保卫任务相适应的治安保卫机构,配备专职治安保卫人员,并将治安保卫机构的设置和人员的配备情况报主管公安机关备案。

4.单位内部保卫机构的职责

单位内部治安保卫机构、治安保卫人员应当履行下列职责。

(1)开展治安防范宣传教育,并落实本单位的内部治安保卫制度和治安防范措施。

(2)根据需要,检查进入本单位人员的证件,登记出入的物品和车辆。

(3)在单位范围内进行治安防范巡逻和检查,建立巡逻、检查和治安隐患整改记录。

(4)维护单位内部的治安秩序,制止发生在本单位的违法行为,对难以制止的违法行为以及发生的治安案件、涉嫌刑事犯罪案件应当立即报警,并采取措施保护现场,配合公安机关的侦查、处置工作。

(5)督促落实单位内部治安防范设施的建设和维护。

三、保卫人员

简单地说,保卫人员就是依法从事单位安全保卫工作的人员。保卫人员涵盖保卫员,保卫从属于保卫人员。保卫人员服务的领域主要是企业单位和居民小区。《保卫条例》所称保卫服务是指以下几种。

(1)保卫服务公司根据保卫服务合同,派出保卫员为客户单位提供的门卫、巡逻、守护、押运、随身护卫、安全检查以及安全技术防范、安全风险评估等服务。

(2)机关、团体、企业、事业单位招用人员从事的本单位门卫、巡逻、守护等安全防范工作。

(3)物业服务企业招用人员在物业管理区域内开展的门卫、巡逻、秩序维护等服务。

根据《保卫条例》的规定,保卫人员的服务从业单位主要分为三类:第一类是保卫服务公司;第二类是机关、团体、企业、事业单位招用人员,从事本单位门卫、巡逻、守护等安全防范工作;第三类是物业服务企业招用人员,在物业管理区域内开展的门卫、巡逻、秩序维护等服务。第二类、第三类又统称为自行招用保卫员单位。如陕西省现有各类保卫服务从业单位 7 500 余家,从业人员约 28 万人,主要分布是:保卫服务公司66家(约8万人),其中公安保卫公司35家(约6.6万人),社会保卫公司31家(约1.3万人);物业服务企业 2 400 余家(约 16 万人);机关、团体、企业、事业单位 5 100 余家(约 4 万人)。除保卫公司可派出保卫员为客户单位提供门卫、巡逻、守护等服务外,物业服务企业保卫服务活动只能以物业服务形式获得保卫市场份额;机关、团体、企业、事业单位仅限于从事本单位内部门卫、巡逻、守护等安全防范工作,虽然单位总数多,但由于可聘用保卫服务公司和物业服务企业来承担安全保卫工作,对保卫市场的冲击力较弱。

根据《内保条例》的相关规定,对认真落实治安防范措施,严格执行安全保卫工作制度,在单位内部安全保卫工作中取得显著成绩的单位和个人,人民政府、公安机关有关部门应当给予表彰、奖励。单位治安保卫人员因履行治安保卫职责伤残或者死亡的,依照国家有关工伤保险、评定伤残、批准烈士的规定给予相应的待遇。

按照《保卫条例》规定:年满 18 周岁,身体健康,品行良好,具有初中以上学历的中国公民可以申领保卫员证,从事保卫服务工作。申请人经设区的市级人民政府公安机关考试、审查合格并留存指纹等人体生物信息的,发给保卫员证。提取、留存保卫员指纹等人体生物信息的具体办法,由国务院公安部门规定。并明确规定:曾被收容教育、强制隔离戒毒、劳动教养或者 3 次以上行政拘留的,曾因故意犯罪被刑事处罚的,被吊销保卫员证未满 3 年的,曾两次被吊销保卫员证的,不得担任保卫员。同时要求:保卫从业单位应当定期对保卫员进行考核,发现保卫员不合格或者严重违反管理制度,需要解除劳动合同的,应当依法办理。

四、保卫职业

职业是具有一定特征的社会工作类别。职业具有目的性、社会性、稳定性、规范性和群体性的特点。按照 1999 年 5 月颁布的《中华人民共和国职业分类大典》(以下简称"职业大典")的划分,我国的职业共分 8 大类、66 个中类和 413 个小类。保卫职业属于职业大典的第三大类(编号为 3 - 02[GB3—2])。

保卫(安)是一个直接关系到公共安全、社会稳定的职业。近年来,上海从构建和谐社会、服务经济社会发展的高度,有序地推进保卫服务业的发展,为上海率先建立社会主义市场经济奠定了治安基础,为"平安上海"的建设做出了积极贡献。陕西省保卫服务总公司成立于 1985 年,随着社会经济的发展,陕西省保卫业的发展方兴未艾,目前已拥有相当规模和市场。企业从自身安全出发,自建的单位内部保卫(卫)组织大量存在,与专业保卫公司同时并存,各占市场。建工、百联等行业保卫公司系统相继成立,由于了解本行业的情况,因此已确立了在行业的主体地位,发挥了安全保卫的主导作用。随着经济社会的发展,这些队伍将更专业、更敬业,能为行业的发展奠定坚实的安全基础。

如陕西省保卫服务总公司在人力守护、金融押运、专项护卫、技术防范、物防建设、保卫器材研制和销售等方面构建起了覆盖全市的多功能的安全服务网络,成为全国规模最大的保卫服务公司,是城市公共安全不可缺少的一支重要的治安维护力量。从可持续发展的视角来看,专业保卫公司将成为保卫市场的主体,市场占有率可达 50%。而与其同步发展的以物业保卫为主体的单位自建的保卫组织(包括商贸场所、宾馆旅馆、娱乐场所等保卫组织），也以其行业和企业化的管理特性蓬勃发展，成为保卫业发展的新的增长点。保卫服务业必将迈向市场化、职业化、专业化和社会化。

由于经济和社会发展的需求，政府和行政架构式的推进，垄断和属地化的管理，保卫服务业取得了历史性的发展。然而，就像国有企业在市场经济中曾经显现的弊端一样，今天的保卫业也暴露出诸多问题。诸如政企不分、管办合一，理念陈旧、素质偏低，规范滞后、管理乏力，垄断经营、制约发展等问题正在成为保卫服务业发展的瓶颈。综上情况说明，保卫服务业的发展还有待于从机制、体制和法制上予以科学架构、规范管理和有序发展，使其更加符合市场经济的规律，更快提升其职业素质。

因此，只有通过职业教育，才能全面系统地提升保卫队伍的整体素质。保卫职业资格反映了保卫人员适应职业岗位的需要及运用特定知识和技能的能力。《中共中央关于建立社会主义市场经济体制若干规定》指出：在我国实行学历文凭和职业资格两种证书制度。

保卫职业标准体系的建立，是实施保卫职业资格证书制度的前提和保证。实施保卫职业标准，旨在适应市场经济的需要，规范保卫职业标准，提升保卫人员的整体素质。实施保卫职业标准的过程，就是通过市场化运作，推动保卫职业培训的开展，逐步建立起保卫职业继续或终身教育培训机制，满足社会各层次、各领域对保卫（安）服务业的需求，创出品牌效应，逐步与国际同类先进职业教育接轨，使保卫职业培训成为培养现代型、复合型和开放型的保卫人才培训模式，使保卫人员职业市场有序运行和规范配置，为经济和社会的可持续发展奠定治安基础。

保卫职业培训体系的主要特点：一是能力为本，二是培训内容体现基础性、针对性、实用性、递进性，三是教学模式体现知识与技能一体化。如上海的保卫人员职业资格考试已历时8年，培养了2万多名各职业等级的保卫干部，这在全国是独一无二的。当前保卫服务业正处于初级阶段，行业整体发展水平不高，特别是从一些城市的保卫服务市场和保卫队伍来看，我们和先进发达国家相比，和当前经济社会发展的形势、任务相比，还存在一些不适应、不匹配、不协调的地方。引导和规范保卫队伍，使之真正成为社会所需，成为公安机关的左膀右臂，就显得尤为重要和迫切。因此，要不断深化保卫服务行业建设，切实把保卫队伍培育成为维护社会治安和公共安全的重要社会力量。随着《保卫服务管理条例》的贯彻实施，保卫服务业必将会有新的发展，保卫人员的整体素质也会得到不断的提升。

第二节　保卫管理

管理是社会组织为实现预期的目标,以人为中心进行的协调活动。它包括以下含义:管理是为了实现组织未来目标的活动,管理的本质是协调,管理工作存在于组织中,管理工作的重点是对人的管理。作为保卫管理依据的《内保条例》就指出,为了规范企业、事业单位(以下简称单位)内部安全保卫工作,保护公民人身、财产安全和公共财产安全,维护单位的工作、生产、经营、教学和科研秩序,制定本条例。并明确要求,单位内部安全保卫工作贯彻预防为主、单位负责、突出重点、保障安全的方针。单位内部安全保卫工作应当突出保护单位内人员的人身安全,单位不得以经济效益、财产安全或者其他任何借口忽视人身安全。

保卫管理的主体是人,是保卫队伍,因此必须树立"以人为本"的管理思想,学会运用心理学的理论和知识,来分析、说明、指导保卫活动中保卫人员个体和群体的行为,了解保卫人员的心理现象、需求,分析保卫人员心理过程、特征,进行必要的心理辅导与调试工作,以改善组织管理,建立健康文明的人际关系,最大限度地调动人们的积极性和创造性,使"管"和"理"形成良性互动,以达到提高工作绩效和工作质量,保障规定、规划、规范和标准的有效执行,以实现良好的管理效果的目的。

一、马斯洛的需求层次理论

保卫人员的需求和组织管理的要求是一体的,通过辩证关系统一于每一位保卫人员的个体。然而,需求是有层次性和阶段性的。著名的马斯洛需求层次理论(Maslow's hierarchy of needs),亦称"基本需求层次理论",是行为科学的理论之一,由美国心理学家亚伯拉罕·马斯洛于1943年在《人类激励理论》论文中提出。该理论将需求分为五种,分别为生理上的需求、安全上的需求、情感和归属的需求、尊重的需求和自我实现的需求。另外两种需求是求知需求和审美需求,这两种需求未被列入他的需求层次排列中,他认为这二者应居于尊重需求与自我实现需求之间,并力求探讨需求层次理论的价值与应用等。

(1)一种需求像阶梯一样从低到高,按层次逐级递升,但次序不是完全固定的,可以变化,也有种种例外情况。这就要求我们各级保卫组织的干部须清醒地看到,由于每一位保卫人员的经历、学历、智力和阅历都不尽相同,因此,保卫队伍的需求也必然呈现多元化、个性化的态势。但由于血缘、地缘或经历、年龄等因素的相近和相邻,也会产生部分保卫人员的共同需求,则更应及时了解需求信息,切实掌握工作主动性,有效落实相关措施。

(2)需求层次理论有两个基本出发点。一是人人都有需求,某层需求获得满足后,另一层需求才出现;二是在多种需求未获满足前,首先满足迫切需求,该需求满足后,后面的需求才显示出其激励作用。这就需要保卫业的经营者和管理者能正确选择激励的内容,准确把握激励的时机,才能使激励起到事半功倍的效果。

(3)一般来说,某一层次的需求相对满足了,就会向高一层次发展,追求更高一层次的需求就成为驱使行为的动力。相应地,获得基本满足的需求就不再是一股激励力量。求职就是就业的需求,跳槽就是择业的需求,换岗就是提升的需求。因此,要及时、有效地了解和捕捉到保卫人员个体和群体的需求,才能实现有效的管理,达到保卫安全的目的。

(4)五种需求可以分为两级,其中生理上的需求、安全上的需求和感情上的需求都属于低一级的需求,这些需求通过外部条件就可以满足;而尊重的需求和自我实现的需求是高级需求,他们是通过内部因素才能满足的,而且一个人对尊重和自我实现的需求是无止境的。同一时期,一个人可能有几种需求,但每个时期总有一种需求占支配地位,对行为起决定作用。任何一种需求都不会因为更高层次需求的发展而消失。各层次的需求相互依赖和重叠,高层次的需求发展后,低层次的需求仍然存在,只是对行为影响的程度大大降低。

(5)马斯洛和其他的行为心理学家都认为,一个国家多数人的需求层次结构是同这个国家的经济发展水平、科技发展水平、文化和人民受教育的程度直接相关的。在不发达国家,生理需求和安全需求占主导的人数比例较大,而高级需求占主导的人数比例较小;在发达国家,则刚好相反。

二、沟通和有效沟通的理论

1.沟通的要素与基本结构

要想客观地了解保卫人员的需求信息、真实想法,就必须学会与保卫人员进行交流、沟通,形成认识和共识,以确保管理目标的实现,安全保卫工作的落实。沟通是人与人之间、人与群体之间思想与感情的传递和反馈的过程,以求思想达成一致和感情的通畅。沟通是为了一个设定的目标,把信息、思想和情感在个人或群体间传递,并且达成共同协议的过程。它有三大要素。一是要有一个明确的目标,二是要达成共同协议,三是要沟通信息、思想和情感。沟通的要素还包括沟通的内容、沟通的方法、沟通的动作。就其影响力来说,沟通的内容占7%,影响最小;沟通的动作占55%,影响最大;沟通的方法占38%,居于两者之间。沟通对于管理所具有的功能包括信息传递、情感交流、控制功能。

沟通的基本结构包括信息、反馈、通道三个方面,缺少任何一方都完不成沟通。沟通按具体结构划分可分为非正式沟通网络与正式沟通网络两种。通过对"小道消息"的研究发现,非正式沟通网络主要有集束式、流言式、偶然式等典型形式,正式沟通网络有链式、轮式、全通道式、Y式等形式。沟通按信息流动方向分类分为上行沟通、平行沟通和下行沟通三种。沟通按其方式分为语言沟通和非语言沟通。语言沟通包括口头语言沟通和书面语言沟通,非语言沟通包括声音语气、肢体动作。最有效的沟通是语言沟通和非语言沟通的结合。

沟通就是信息传与受的行为,发送者凭借一定渠道,将信息传递给接收者,并寻求反馈以达到相互理解的过程。沟通既是人际的交流,也涉及组织之间的交流。松下幸之助有句名言:"企业管理过去是沟通,现在是沟通,未来还是沟通。"管理者的真正工作就是沟通。不管到了什么时候,企业管理都离不开沟通。

2.良好沟通应注意避免的错误

(1)沟通不当。下面这些话你一定不会陌生:"如果您的意思正是这样,那又为何不这么说?""我实在没听明白。"而通常这些话你根本就不会说出口,只是以皱眉或叹息的形式表达出来。从这一点可以看出,沟通的内容与接受的内容并非只字不差,因此,想办法填补两者的鸿沟是至关重要的。

(2)表述不清。不能对沟通的内容进行清晰而有逻辑的思考。例如,当要表达"我们需要信封"时,却说"信封用完了"。不能理解对方的关注所在并正确地表达信息,以便获得对方的全部注意力和理解。例如,该用通俗上口的口语时,却用了晦涩拗口的学术语。如果你的信息没有得到清晰的表达,它便不能被听者正确理解和加工,有效的沟通也无从谈起。

(3)印象错误。主要有三个方面最值得注意。

1)外表:着装时不拘礼节,表明你要么对交流沟通的另一方漠不关心,要么你想先声夺人。破烂的牛仔裤和邋遢的运动鞋与笔挺气派的西装给人以截然不同的印象。根据场合的不同,两种着装风格都会给人以完全错误的信息。

2)措辞:不假思索地使用乡土俚语会得罪他人,也会扭曲信息。如私下里把顾客或主顾叫"伙计"似乎给人一种哥们儿义气的感觉,但它也不知不觉地传达出对别人的轻视。

3)拖沓:不准时赴约表明你不把别人当回事。如果某人守时,别人就会认为他很在意,把别人放在心上;但如果总是迟到,就会给人这样的印象,即沟通的内容是不重要的。

以上所有这些都会传达出这样一个信息,就是你没有真正把别人放在心上,或者你即使把别人放在心上,也不会在乎他们的观点和需求。在你开口说话之前,怎样才能防止产生沟通障碍,怎样才能树立正确的印象,仔细想想这两个问题,对安全保卫工作的沟通是大有裨益的。

(4)不会聆听。即使你说话时人们在干些其他事,如看报或者转着手上的笔,他们也会告诉你,他们在听你说话。但是,如果听者没有按你的要求行事,你就有理由怀疑,他们根本就没有把你的话听进去,因为他们把"听"和"听进去"混为一谈了。

人们即使没有仔细聆听,也是有可能听到只言片语的,但会错失至关重要的部分。

如果人们从你说话的内容和方式做出判断——你不可信,他们也不会认真听你说话。重要的是你把信息传达给对方所使用的方法,正是这一方法激励对方去聆听你欲沟通的内容。

3.良好沟通的体现

良好的沟通是建立在自信、尊重、谅解、适时和有效的基础之上的,主要体现在以下几方面。

(1)自信的态度。一般经营管理事业相当成功的人士,他们不随波逐流或唯唯诺诺,有自己的想法与作风,但却很少对别人吼叫、谩骂,甚至连争辩都极为罕见。他们对自己相当了解,并且肯定自己。他们的共同点是自信,日子过得很开心,有自信的人常常是最会沟通的人。

(2)体谅的行为。这其中包含"体谅对方"与"表达自我"两方面。所谓体谅,是指设身处地为别人着想,并且体会对方的感受与需要。在经营"人"的管理事业过程中,只有我们自己设身处地为对方着想,才能对他人体谅与关心。由于我们的了解与尊重,对方也相对体谅你的立场与好意,因而做出积极而合适的回应。

(3)适当的提示。产生矛盾与误会的原因,如果出自于对方的健忘,我们的提示正可使对方信守承诺;反之,若是对方有意食言,提示就代表我们并未忘记事情,并且希望对方信守诺言。

(4)有效的告知。一位知名沟通学家在分享他成功的经验时说:"我在各个国际商谈场合中,时常会以'我觉得'(说出自己的感受)、'我希望'(说出自己的要求或期望)为开端,结果常会令人极为满意。"其实,这种行为就是直言不讳地告诉对方我们的要求与感受,若能有效地直接告诉对方你所想要表达的内容,将会有效帮助我们建立良好的人际网络。但要切记"三不谈":时间不恰当不谈,气氛不恰当不谈,对象不恰当不谈。

(5)善用询问与倾听。询问与倾听的行为,是用来控制自己,让自己不要为了维护权利而侵犯他人。尤其是在对方行为退缩、默不作声或欲言又止的时候,可用询问引出对方真正的想法,了解对方的立场以及对方的需求、愿望、意见与感受,并且运用积极倾听的方式,来诱导对方发表意见,进而对自己产生好感。一位优秀的沟通好手,绝对善于询问以及积极倾听他人的意见与感受。

一个人的成功,20%靠专业知识,40%靠人际关系,另外40%需要观察力的帮助。因此,为了提升我们个人的竞争力,获得成功,就必须不断地运用有效的沟通方式和技巧,随时有效地与"人"接触沟通,只有这样,才有可能使事业成功。

三、心理压力与测试

1. 心理压力的基本常识

(1)心理压力的含义。心理压力是个体在生活适应过程中的一种身心紧张状态,源于环境要求与自身应对能力不平衡。这种紧张状态倾向于通过非特异的心理和生理表现出来。压力是压力源和压力反应共同构成的一种认知和行为体验。人的内心冲突及与之相伴随的情绪体验是心理学意义上的压力。从心理学角度看,压力是外部事件引发的一种体验。

心理压力即精神压力,现代生活中每个人都有所体验。心理压力总的来说有社会、生活和竞争三个压力源。压力过大、过多会损害身体健康。现代医学证明,心理压力会削弱人体免疫系统,从而使外界致病因素引起肌体患病。现代生活的压力像空气一样无时无刻不在挤压着人们。完全没有心理压力的情况是不存在的。我们假定有这样的情形,那一定比有巨大心理压力的情景更可怕。换一种说法就是,没有压力本身就是一种压力,它的名字叫空虚。无数的文学艺术作品描述过这种空虚感,那是一种比死亡更没有生气的状况,一种活着却感觉不到自己在活着的巨大悲哀。

为了消除这种空虚感,很多人选择了极端的举措来寻找压力或者刺激。一部分人找到了,在工作、生活、友谊或者爱情之中;另一些人在寻找的过程中甚至付出了生命的代价,比如有一部分吸毒者在最开始就是被空虚推上绝路的。

心理压力的产生原因是复杂的,每一个人的压力都有所不同。但总体来说,可以将引起压力的原因归纳为四类:生活事件、挫折、心理冲突和不合理的认识。

心理压力是人类生活中一种必然的存在,各种各样的生活事件都能引起不同程度的心理压力。从大的方面说,战争、地震、水灾、火灾等灾害,都会给人们带来沉重的心理压力和负担。从小的方面讲,面临一次考试或考核,自己生病或亲友生病,也会给我们正常的生活带来意外的冲击和干扰,成为我们心理压力的来源。

心理学家认为,情绪是个体对客观事物与主观需要关系的反映。对客观事物,个体总是先有一定的认识,伴之而来才产生情绪体验,认识在情绪中起主导作用。

心理学上有一种认识——评估学说,即个体对事物有了认识,就会利用头脑中的旧经验来解释新输入的信息,进行评估,于是产生情绪体验。可见,个体对事物究竟体验为积极的情绪还是消极的情绪,在于怎样认识事物。而事物总有两面性,是与非,得与失,你中有我,我中有你,正所谓"横看成岭侧成峰,远近高低各不同"。因此,心理卫生学家告诫人们:个体在认识、思考和评价客观事物时,要注意从多方面看问题。如果从某一角度看,可能会引起消极的情绪体验,产生心理压力,这时只要能够转换视角,常会看到另一番景象,心理压力也会迎刃而解。

(2)心理压力的来源。心理压力来源主要体现在三个方面:一是生物性压力源,如躯体创伤或疾病、饥饿、性剥夺、睡眠剥夺、噪声、气温变化;二是精神性压力源,如错误的认识结构、个体不良经验、道德冲突、不良个性心理特点;三是社会环境性压力源,如由自身状况造成的人际适应问题。

(3)心理压力的分类。心理压力一般有以下几类:一是一般单一性生活压力(其后效不完全是负面的);二是叠加性压力(同时叠加压力、继时叠加压力);三是破坏性压力,可以造成创伤后应激障碍(PTSD)和灾难综合征(DS)(三阶段:惊吓期、恢复期、康复期)。

(4)心理压力的适应阶段。心理压力的适应一般有三个阶段。一是警觉阶段(发现了事件并引起警觉,同时准备战斗);二是搏斗阶段(全力投入对事件的应对,或消除压力,或适应压力,抑或退却);三是衰竭阶段(消耗大量生理心理资源,最后筋疲力尽)。

(5)心理压力过大的表现。

1)生理方面:心悸和胸部疼痛、头痛、掌心冰冷或出汗、消化系统问题(如胃部不适、腹泻等)、恶心或呕吐、免疫力降低等。

2)情绪方面:易怒、急躁、忧虑、紧张、冷漠、焦虑不安、崩溃等。

3)行为方面:失眠、过度吸烟喝酒、拖延事情、迟到缺勤、停止娱乐、嗜吃或厌食、吃镇静药等。

4)精神方面:注意力难集中,表达能力、记忆力、判断力下降,持续性地对自己及周围环境持消极态度,优柔寡断等。

每一个体或群体对心理压力的承受力和挫折感是不一样的,这些可以从心理测试中得到相关证明,受到相关启示,了解相关信息。6世纪初,南朝人刘勰的著作《新论·专学》中就提到了类似现代"分心测试"的思想。中国古代心理测量的思想中包含着典型的东方文化特点:定性描述及带有首先判断色彩。法国的心理学家比内提出应该从在普通学校学习的儿童中筛选出不适应的儿童,安排在特殊的班级里学习和教育。此举动导致了心理测验史上重大事件的发生,即第一个智力测验诞生。实验心理学的诞生是心理测验产生的另一个重要原因。实验心理学的诞生和发展,还给心理测量带来了另一个副产品,即严格的标准化程序。标准化是现代心理测验的重要评价指标。

2.心理测试的基本常识

(1)心理测试的含义:心理测试是一种比较先进的测试方法,它是指通过一系列手段,将人的某些心理特征数量化,以此来衡量个体心理因素水平和个体心理差异的一种科学测量方法。

(2)心理测试的内容:

1)能力测试。

普通能力测试主要包括思维能力、想象能力、记忆能力、推理能力、分析能力、数学能力、空间关系判断能力、语言能力等方面的测试。

特殊职业能力测试,是指对那些从事特殊的职业或职业群的能力的测试。该项测试的目的在于选拔具有从事某项职业的特殊潜能的人才。

心理运动机能测试主要包括两大类,即心理运动能力测试和身体能力测试。

2)人格测试。人格测试的目的是为了了解被试者的人格特质。

3)兴趣测试。兴趣测试提示了人们想做什么和喜欢做什么,从中可以发现被测试者最感兴趣并从中得到最大满足的工作是什么。

(3)心理测试应注意的问题:

1)要注意对被测试者的隐私加以保护。在征得被测试者同意之前,不能公布被测试者的心理测试结果。

2)要有严格的程序。从心理测试准备到心理测试实施,以至最后心理测试结果的评判,都要遵循严格的程序。

3)心理测试的结果不能作为唯一评定的依据。根据不同标准,对心理测试结果的参考程度不同。测试可以和面试、笔试等方式同时进行,结合多种方法,做出客观评价。

(4)心理测试的原则:

1)要对个人隐私加以保护。因为心理测试涉及个人的智力、能力等方面的个人隐私,这些内容严格来说应该只让被测试者以及他愿意公开范围的人了解,所以有关测试内容应该严加保密。

2)心理测试以前,要先做好预备工作。心理测试选择的内容、测试的实施和计分,以及测试结果的解释都是有严格顺序的。一般来说,主试及测试者要受过严格的心理测试方面的训练。

3)主试要事先做好充分的准备,包括要统一地讲出测试指导语,要准备好测试材料,要能够熟练地掌握测试的具体实施手续,要尽可能使每一次测试的条件相同,这样测试结果才可能比较正确。

(5)心理测试的优点:

1)迅速。心理测试可以在较短的时间内迅速了解一个人的心理素质、潜在能力和其他各种指标。

2)比较科学。世界上目前还没有一种完全科学的方法,可以在短期内全面了解一个人的心理素质和潜在能力,而目前心理测试可以比较科学地了解一个人的基本素质。

3)比较公平。员工招聘中往往会出现不公平竞争的倾向,但心理测试在一定程度上可以避免这种不公平性。因为通过心理测试,心理素质比较高的员工可以脱颖而出,而心理素质较低的应聘者落选也感到心平气和,因为他们知道自己心理测试的成绩比较低。

4)可以比较。员工素质的高低通过智力测试以后,他们的测试结果可以比较,因为用同一种心理测试的方法得出的结果有可比性,而其他的方法往往在不同的场合、不同的地点,没有可比性。

(6)心理测试的缺点:

1)可能被滥用。心理测试虽然是一种科学的测量手段,但是也可以被人滥用。比如,有些人在员工招聘中滥用不合格的量表,反复使用某一种不科学的量表,这样得出的结论就不能令人满意。

2)可能被曲解。有的时候,测量了某一结果,曲解以后,对某人的心理活动和以后的行为都可能产生不良结果。比如,有些人认为智商高就一定能成功,那么看到智商低的人,他就会产生一种鄙视感。

(7)心理测试的注意点:心理测试要树立正确的测验观。

1)测验是重要的心理学研究方法之一,但也只是决策的辅助工具之一。

2)心理测试作为研究方法和测量工具尚不完善。心理测试的最大问题是理论基础不够坚实。

3)科学地看待测试,防止乱编滥用。错误的测验观包括测试万能论、测试无用论、文化公平测试(只有相对的文化公平,没有绝对的文化公平)、心理测试即智力测验等。

四、心理防卫机制

心理防卫机制或简称"心理防卫",是心理学名词,是指自我对自我的压抑,这种压抑是自我的一种全然潜意识的自我防御功能,是人类为了避免精神上的痛苦、紧张、焦虑、尴尬、罪恶感等心理,有意无意间使用的各种心理上的调整。心理防卫机制本身越原始(原始的防卫机制是指童年生活经历所形成的防卫机制,保护自己可以说是原始防卫机制的本质),其效果越差;距离意识的逻辑方法越远,则越近似于变态心理。在生理上,心理防卫机制认为可以防止因各种心理打击而引起的生理疾病或心理障碍,过分或错误地应用心理防卫机制可能带来心理疾病。

1. 自我防卫机制的特征

(1)防卫机制不是蓄意使用的,它们是无意识的或至少是部分无意识的,真正的防卫机制是无意识进行的。

(2)防卫机制是借助支持自尊或通过自我美化(价值提高)而保护自己,以及防护自己免于受到伤害。从它的作用和性质来看,可分为积极的防卫机制和消极的防卫机制两种。

(3)防卫机制似有自我欺骗的性质,即掩饰或伪装我们真正的动机,或否认可能会对我们引起焦虑的冲动、动作或记忆的存在。因此,自我防卫机制是借歪曲知觉、记忆、动作、动机及思维,或完全阻断某一心理过程,而防卫自我免于焦虑。实际上,它也是一种心理上的自我保护方法。

(4)防卫机制本身不是病理的,它们在维持正常心理健康状态上起着重要的作用。但正常防卫功能、作用改变的结果,可引起心理、病理状态。

(5)防卫机制可以单一地表达,也可同时使用多种机制。

2. 心理防卫机制的分类

按照心理成熟度分类,可分为以下几种。

(1)自恋心理防卫机制:包括否定、歪曲、外射,它是一个人在婴儿早期常常使用的心理机制。早期婴儿的心理状态是属于自恋型的,即只照顾自己,只爱恋自己,不会关心他人,加之婴儿的"自我界限"尚未形成,常轻易地否定、抹杀或歪曲事实,所以这些心理机制是自恋心理机制。假若一名成年人还运用"自恋机制"来进行自我心理防卫,是很危险的。

(2)不成熟心理防卫机制:此类机制出现于婴儿期,成年人中出现于较轻的精神病患者,包括内向投射、退行、幻想等。

(3)神经症性心理防卫机制:这是儿童的"自我"机制进一步成熟,在其能逐渐分辨什么是自己的冲动、欲望,什么是实现的要求与规范之后,在处理内心挣扎时所表现出来的心理机制。

(4)成熟心理防卫机制:是指"自我"发展成熟之后才会表现的防卫机制。其防卫的方法不但比较有效,而且可以解除或处理现实的困难、满足自我的欲望与本能,也能为一般社会文化所接受。这种成熟的防卫机制包括压抑、升华、补偿、幽默等。

3.常见的心理防卫机制

人类使用心理防卫机制时,有时是有意的,有时是无意的。这些心理防卫机制有些符合社会道德标准,有些则不符合;对生活的影响各不相同,有正有负。

(1)否认(denial):指无意识地拒绝承认那些不愉快的现实以保护自我。它是最原始、最简单的心理防卫机制。意志薄弱而知识结构又单一的人,常会情不自禁地使用否认机制。例如,小孩打破东西闯了祸,往往用手把眼睛蒙起来;癌症病人否认自己患了癌症;妻子不相信丈夫突然意外死亡;某些女孩被人强奸后,回忆起强奸过程会一片空白,或记忆不清楚。这就是无意中启动了否认。

(2)反向:也称反应结构(reaction formation),指意识性地采取某种与潜意识完全相反的看法和行动,因为真实意思表现出来不符合社会道德规范或引起内心焦虑,故朝相反的途径释放。例如,对丈夫前妻留下的孩子怀有敌意的继母,往往特别溺爱孩子,企图证明她没有敌视孩子;再如,过分热情或自我吹嘘的行为是对被压抑在无意识中的那种不善与人交往或自卑的强烈冲动的一种反应。当某人希望照顾自己却明显地照顾别人,"恨"自己真正喜欢的某人或某事物,或者"爱"自己所恨的竞争对手或所不喜爱的职务。如某些人发现自己有同性恋倾向,无法接受,结果成为强烈的反同性恋者。

(3)转移或称移置(displacement):在一种情境下是危险的情感或行动,转移到另一个较为安全的情境下释放出来。通常是把对强者的情绪、欲望转移到弱者身上。例如,对上级的愤怒和不满情绪,在家中对亲人发泄出来。

(4)压抑或称抑制(repression):"压抑"是指当一个人的某种观念、情感或冲动不能被超我接受时,下意识地将极度痛苦的经验或欲望潜抑到无意识中去,以使个体不再因之而产生焦虑、痛苦,这是一种不自觉的主动性遗忘(不是否认事实),有时表现为口误或笔误。"抑制"则为有意识地进行同样工作。但需要注意的是,压抑在潜意识中的这些欲望还是有可能会无意识地影响人们的行为。例如,一位中年妇女的独生女 18 岁时死于车祸,事情发生在 10 月份。当时她非常痛苦,经过一段时间以后,她把这不堪忍受的情绪抑制、存放到潜意识中去,"遗忘"了。可以说感情留在意识之中,而观念却被忽视了。这些潜意识中的情绪不知不觉地影响她的情绪,果然她每年 10 月份均会出现自发抑郁情绪,自己不知道为什么,药物治疗也无效。

(5)投射(projection):也称外射,是主观地将属于自身的一些不良的思绪、动机欲望或情感,赋予到他人或他物上,推卸责任或把自己的过错归咎于他人,从而得到一种解脱。它包括严重的偏见、因为猜疑而拒绝与人亲热、对外界过分警觉。例如，一个学生平时学习不努力，考试作弊，则认为别的同学学习也不努力，考试善于作弊，而且与自己比较有过之而无不及。"以小人之心，度君子之腹"也属于这种情况。

（6）摄入或称内向投射：与投射作用相反，指广泛地、毫无选择地吸收外界的事物，而将它们变成自己人格的一部分。由于摄入作用，有时候人们爱和恨的对象被象征地变成了自我的组成部分。如当人们失去他们所喜爱的人时，常会模仿他们所失去人的特点，使这些人的举动或喜好在自己身上出现，以慰藉内心因丧失所爱而产生的痛苦。相反，对外界社会和他人的不满，在极端情况下变成恨自己因而自杀。内投射也可能是自罪感的表现，他们常常模仿死者的一些性格特点来减轻对死者的内疚感。内投射或仿同的对象，常是所爱、所恨和所怕的人，尤其是父母。"近朱者赤，近墨者黑"即是摄入现象。

（7）仿同或认同（identification）：是指一种无意识的，有选择性地吸收、模仿或顺从另外一个人（一般是自己敬爱和尊崇的人）或团体的态度或行为的倾向，以对方之长归己有，作为自己行为的一部分去表达，以此吸收他人的优点以增强自己的能力、安全感以及接纳等方面的感受，排斥自己的短处。一般来说，仿同的动机是爱慕，是正常的心理现象，也是儿童早年的心理防卫机制，是未成熟的心理活动。例如，某人以与某富豪见过一面为荣。仿同有两种：一种是近似模仿；另一种是利用别人的长处，满足自己的愿望、欲望。例如，一个不漂亮的女孩子喜欢和一个漂亮的女孩子做朋友，她以别人夸奖她的女友而感到自豪。仿同也可分为反感性仿同、向强暴者仿同、向失落者仿同。反感性仿同：一方面感到反感，另一方面又去人为仿同。向强暴者仿同：向恐吓者模仿，自己也一模一样地去威胁或欺负比自己更弱小的人，如加害学生等。向失落者仿同：有时一个人失去他（她）所爱的人时，会模仿所失去的人的特点，使其全部或部分出现在自己身上，以安慰内心因丧失所爱而产生的痛苦。

（8）升华（sublimation）：升华是指被压抑的不符合社会规范的原始冲动或欲望，另辟蹊径用符合社会认同的建设性方式表达出来，并得到本能性的满足。如用跳舞、绘画、文学等形式来替代本能冲动的发泄。又如，有位保险公司的火灾调查员，每次听到哪里有火灾，就马上跑过去看，以便调查起火的原因，帮助公司鉴定，是否需要负责给予赔偿。这位职员每到火灾现场时，总会产生一种说不出的兴奋。因为他从小就有这种玩火的欲望，但不会随便去放火而变成纵火犯，反而善于利用，当了一名火灾调查员为公司服务，这可以说是升华作用典型之例。又如，在学校被人欺负，所以就当了保卫，经过努力，又考进了警校，以维护社会正义。

(9)退行:也称为倒退、退化情感(regressive emotionality)。当人感受到严重挫折时,放弃成人的方式不用,而退到困难较少、较安全的时期(儿童时期),使用原先比较幼稚的方式去应付困难和满足自己的欲望,完全地放弃努力,让自己恢复对别人的依赖,从而彻底地逃避成人的责任,临床上歇斯底里和疑病症常见这种退行行为。短时间、暂时性的退行现象不但是正常的,而且是极其需要的。譬如一个成年人,当遇到困难无法对付时,便觉得自己身上的"病"加重了,需要休息,以此来退回到儿童时期被人照顾的生活中去,这就是无意识地使用精神防御的退行机制。

(10)幽默(humor):是指以有趣或可笑而意味深长的语言或行为来应付紧张的情境或表达潜意识的欲望。通过幽默来表达攻击或性欲望,可以不必担心自我或超我的抑制。在人类的幽默(笑话)中关于性爱、死亡、淘汰、攻击等话题是最受人们欢迎的,因为它们包含着大量受压抑的思想。

(11)利他(altruism):替代性而建设性地为他人服务,并且本能地使自己感到满足。它包括良性的建设的反向形成、慈善行为,以及对别人的报答性服务。利他与投射、发泄的区别在于,它为别人提供的是真的而不是想象的好处。它与反向的区别是,它让应用者至少部分地得到满足。

(12)压制(suppression):虽然在意识中出现了想解决矛盾冲突的冲动,而在意识或半意识中却做出予以推迟的决定。这种机制包括在寻找困难时的一线希望,把已经认识到的不舒服感受尽量缩小,在困难面前想方设法予以推迟但并不回避。压制的人是这么说的,"我明天会考虑这件事情的",第二天也确实记得考虑此事。

(13)预期(anticipation):为未来的内心不适感受作切合实际的预期或计划。

(14)理智化(intellectualization):在情感上让自我脱离压力事件。理智化通常不通过接受现实,而用有利于自己的理由来为自己辩解,将面临的窘境加以文饰,通过这种方法来合理化自己的行为或处境,隐瞒自己的真实动机或境遇。理智化包括,为了避免与人发生亲热的感情,而对非生物给予太多的注意,或者为了免得表达出内心感情而去注意外界现实,或者为了避免感知整体而去注意无关的细节。强迫思维和行为也包括在内,虽然它们也可被认为是某种形式的内心置换。理智化包括以下机制:合理化、补偿、抵消、隔离、幻想、转化、分离。

1)合理化(rationalization):又称文饰,指无意识地用一种似乎有理的解释或实际站不住脚的理由来为其难以接受的情感、行为或动机辩护,以使其可以接受。合理化有三种表现:一是酸葡萄心理,即把得不到的东西说成是不好的;二是甜柠檬心理,即当得不到葡萄而只有柠檬时,就说柠檬是甜的;三是推诿(projection),此种自卫机制是指将个人的缺点或失败推诿于其他理由,找人担待其过错。三者均是掩盖其错误或失败，以保持内心的安宁。安全保卫工作中出现的推卸责任、掩饰过错、隐瞒问题均可以在此找到"心因"的归宿。

2）补偿（compensation）：指个人因身心某个方面有缺陷不能达到某种目标时，有意识地采取其他能够获取成功的活动来代偿某种能力缺陷，以弥补因失败造成的自卑感。例如，某女子因身体发育有缺陷而努力学习，以卓越的成绩赢得别人的尊崇。

3）抵消（offset）：这是指以象征性的事情来化解已经发生了的不愉快的事情，以补救其心理上不舒服的一种心理防卫术。很多人常使用此法以解除其罪恶感和内疚感，维持良好的人际关系。如一个丈夫在娱乐城玩得太晚而回家很迟，他可能会为妻子带回较贵重的礼物来抵消他的愧疚之情。有时，抵消作用不是用来弥补已经发生了的事情，而是用来抵消自己内心的罪恶感，或自己以为邪恶的念头。比方说，妈妈照顾小孩，小孩碰到了门、撞到了桌角而哭起来，做妈妈的常常会用打门、打桌子的方式来哄小孩子。其实并不是做大人的相信门或桌子真会撞人，或者是打门或打桌子就帮小孩子出了气，只不过是因为内心不安，觉得自己对孩子照顾不周，总得做出一些事情来象征"我也尽力了"，以抵消其内疚。

4）隔离（isolation）：隔离是指将部分事实从意识境界中加以隔离，不让自己意识到，以免引起精神上的不愉快。此处所讲的部分事实，是指整个事情中的一部分，最常被隔离的是与事实相关的感觉部分。例如，不说人死了，而说仙逝或长眠等，这样感觉上不会感到太悲哀或不祥。

5）幻想（illusion）：幻想是指一个人遇到现实困难时，因为无力处理实际问题，就利用幻想的方法，任意想象应如何处理困难，使自己存在于幻想世界，以获得心理平衡。这也是思考上退行作用的表现。理想化作用对一个人的安全感有帮助，但会酿成虚幻的自尊，因为理想化作用带有浓厚的自我陶醉色彩。这种保护机制常被弱小者所用。理想化（Idealization）是幻想的表现之一，是指对另一个人的性格特质或能力估计作过高的评价，以获得安全感的现象。例如，"灰姑娘"型幻想，即一位在现实社会里备受欺凌的少女，坚信她有一天可以遇到诸如英俊王子式的人物，帮助她脱离困境。又如，被人揍后，因为无力反抗，幻想痛打敌人以满足自己的报复心理。

6）转化（conversion）：转化是指精神上的痛苦、焦虑转化为躯体症状表现出来，从而避开了心理焦虑和痛苦。例如，歇斯底里病人的内心焦虑或心理冲突往往以躯体化的症状表现出来，出现瘫痪、失音、抽搐、晕厥、痉挛性斜颈等。患者自己对此完全不知不觉，转化的动机完全是潜意识的，是患者意识不能承认的。

7）分离（dissociation）：暂时而剧烈地改变自己的性格或某种感觉，以期避免情绪苦恼,与神经症性否认同义。它包括神游、癔症性转换反应、一种突然的毫无根据的优越感或漫不经心的态度,以及短期地否认自己的行为或感情。它也包括为了消除焦虑或苦恼而显得忙忙碌碌的行为,通过在舞台上表演来"安全"地表达本能欲望,以及为了麻木自己的不愉快感情,而短暂地滥用某种药物或利用宗教的"欢乐"。分离比歪曲较易为别人理解,也比较体谅别人,比发泄来得短暂。

了解防卫机制的各种表现,就能从心理学的视角较好地理解保卫人员的谋事、处事的心理过程、行为方式,并能及时化解可能产生的矛盾,有效地防止可能出现的心理问题,确保保卫队伍的和谐、健康和稳定,出色完成任务。

上述所讲让我们对单位安全保卫工作的基本理论有了总体的理解,对安全保卫工作、部门、人员和职业的重要性有了充分的认识,对做好保卫队伍的管理有了基本的思路。希望读者结合实际工作,认真反思本单位保卫队伍的管理水平和管理理念。

思 考 题

1. 谈谈你对安全保卫工作和保卫职业是如何认识的。
2. 写一篇加强你所在单位保卫队伍建设的小论文。

第十四章

指挥与协调

⋯⋯⋯★⋯⋯⋯

在单位安全保卫工作中,如果遇到重大事件,如刑事案件、治安案件、治安灾害事故、自然灾害等,能否迅速组建保卫指挥系统,统一调配人力、物力和信息资源,及时发挥保卫队伍的整体战斗力,将直接决定保卫队伍能否有效处置紧急事件。因此,在处置突发事件或者大型保卫活动中,保卫指挥是影响整个安全保卫工作的关键环节。

通过本章学习,读者可以了解企事业单位面临重大事件时的处置协调问题,以及处置重大事件时的指挥协调方法和指挥的基本理论与实践。

第一节　保卫指挥的定义

保卫指挥,是指保卫部门领导者、管理者凭借其职权和个人影响力,运用命令、指示等形式,科学而又艺术地将所属组织和保卫人员统率起来,使他们服从一个统一意志,齐心协力地为完成各项任务,实现决策与计划目标而奋斗。

保卫指挥的含义主要有如下几个方面:首先,保卫指挥是保卫部门领导者、管理者或者专业指挥人员特有的一种职权,即"指挥权"。因此,指挥具有极大的权威性。其次,保卫指挥的核心是要求下属组织和保卫人员服从指挥者的统一意志,不允许各行其是、违抗命令。因此,指挥具有严格的纪律性和强制性。再次,保卫指挥是一门科学,也是一门艺术。指挥者只有科学而又艺术地进行指挥活动,才能把下属的积极性和聪明才智调动起来,齐心协力为完成各项任务、实现计划和决策目标而奋斗。如果既不讲科学又不讲艺术，就很难达到上述目标。最后，指挥员要想顺利地实现自己的指挥意图，不但要正确地运用自己的权力，而且要极大地发挥自己的影响力，即学识、才能与品格，使下属保卫人员心悦诚服地服从自己的指挥。

第二节　保卫指挥的特点

1.指挥节奏的快速性

保卫指挥要组织的大型保卫活动或者处置的突发事件是多种多样的，但是，不论是大型活动或者是突发事件，大都处于高度动态之中，有的甚至瞬息万变，如果不能采取有效措施及时予以控制，就会给国家、社会、集体和人民群众造成难以弥补的损失。因此，指挥员在指挥上必须实现快速的指挥节奏，将若干个指挥环节环环相扣，不能有半点的犹豫和迟滞。

2.行动措施的同步性

在处置规模较大突发事件或者组织大型活动的保卫指挥活动中，需要不同系统、地区的警务人员共同参与，各自的分工和采取的处置措施可能有所不同，但都要将其纳入统一的行动。有时指挥者需要同步下达多道命令，调动多处警力和多项处置措施，从而使处置行动能够统一协调、同步进行。

3.指挥决策的应变性

保卫指挥活动应对的是突发事件或是预防突发事件，其中往往会出现许多意想不到的情况。因此，指挥机构或指挥员的决策具有极强的应变性和高度的灵活性，既要贯彻保卫指挥的基本原则，执行保卫指挥工作要点和基本程序，又要注意审时度势，及时、适当地调整指挥活动的程序和处置方式，以实现因情、因时、因地的应变指挥。

4.指挥活动的风险性

在保卫指挥活动中，经常会发生意外和非常情况。由于人们的认识带有一定局限性和滞后性，指挥决策的失当或失误在所难免，决策的重大失误往往还会导致指挥活动的失败。所以，指挥活动存在着一定的风险。指挥员在进行决策时要尽量减少、避免失误，同时也不能因为指挥活动客观上存在风险就优柔寡断。这就需要指挥员加强对现场态势敏感性和前瞻性的科学判断，加强科学思维，并且具备良好的心理素质。

第三节　保卫指挥的原则

1. 统一指挥原则

保卫部门应建立统一的保卫指挥系统,保卫人员在现场要接受统一指挥系统的指挥,防止多头指挥、交叉指挥、指挥冲突。这个统一的指挥系统主要由保卫部门的主要领导牵头、中层领导为纽带、各级保卫队为执行主体组成。但是,保卫人员如果参与公安机关统一指挥、协调的各种勤务,则应接受公安机关和现场人民警察的统一指挥;如果参与当地党、政领导出面指挥协调的重大灾害事故、事件的处置勤务,则应接受现场指挥部和指挥人员的统一指挥。

2. 及时指挥原则

保卫活动和突发事件的现场情况往往复杂多变,需要随时采取措施应对各种紧急情况。如采取措施不及时,贻误时机,将会导致严重后果。因而,及时做出指挥决策,在现场采取应急措施,是保证保卫勤务实施的关键环节。及时指挥要求指挥行为快速高效,现场指挥员要当机立断,必要时也可以先处置后报告,不受正常指挥程序约束。

3. 科学指挥原则

在勤务现场复杂多变的情况下,指挥决策的科学、正确尤其重要。科学指挥即指挥决策要符合现场实际情况及变化规律,要有科学理论和依据。这就要求指挥员要深入调查、研究各种相关因素,正确判断现场情势,要掌握一定的决策理论和相关的业务知识,保证决策内容的科学性。

第四节　保卫指挥人员的素质与能力

由于安全保卫工作涉及行业多、任务杂、领域广,因而难以分门别类地对各种类型的指挥进行论述,但担负具体或者相对单一勤务的保卫部门,应该制定和熟悉本类勤务的组织指挥程序、原则以及要求等。通常情况下,对保卫指挥人员的素质与能力要求包括以下几方面。

1. 指挥人员职务的专属性

指挥人员一般应是该级保卫部门的主要领导,如经理、安保部主任等,或是由上级授权的在保卫队伍中具有指挥才能的其他主管人员和专业人员。

2.指挥人员应当是决策者

指挥人员应当是决策与计划的制订者、参与者,并对决策与计划有透彻的了解。否则,指挥人员难以全面、准确地去指挥部属完成决策与计划所规定的保卫任务和目标。

3.指挥人员应具备较高威望

指挥人员应当是在保卫队伍中有威望的人。他不仅具有法定的职务权威,而且具有相当高的个人威信。他具有高尚的思想品德,他的行为被公认是广大保卫人员的楷模;他是保卫人员的贴心人,善于同保卫人员打成一片,乐于听取各方面的意见;他有高超的指挥才能,能够及时发现决策与计划执行中的偏差,采取相应措施,保证决策与计划沿着正确的方向发展。

4.指挥人员须具备临场指挥能力

指挥人员除必须具备保卫领导应有的素质外,特别要求树立临危不惧、镇定自若、坚毅沉着、勇往直前的思想作风,这样才能有效地率领保卫队伍去实施决策与计划。

5.指挥人员须具备指挥思想

指挥人员的指导思想,应该把对工作负责、对上级负责和对执行者(下属人员)负责三者统一起来。对那种只对上级领导负责,而不对下级工作人员负责的偏向,必须纠正。

6.指挥人员应善于听取不同意见

指挥人员的自我意识要由"上级比下级高明"变为"下级的某些专长和解决具体问题的能力可能高于上级",由"好为人师"变为"不耻下问"。

7.指挥人员应具备指挥艺术才能

指挥人员在指挥艺术方面,不仅要善于"发号施令",而且要善于"唤起人心",使广大保卫人员自觉自愿地去完成各项工作任务。

第五节　指挥对象的素质与能力

保卫指挥系统中的指挥对象,是指保卫指挥系统中处于被指挥地位的所有参与人员。对于这些人员的素质与能力的要求主要有以下几方面。

1.处警意识

保卫指挥系统中的指挥对象,是指保卫指挥系统启动前应该在自己的本职岗位上完成其日常工作,而紧急指挥系统一旦启动,该系统的指挥对象就应立即从日常工作状态进入紧急活动状态中。这种工作状态转变的快慢和顺利与否,有赖于指挥对象处警意识的有无和强弱。因此,为保证保卫指挥系统高效、快速的启动和运行,作为该系统的指挥对象应当随时做好紧急出动的准备,保持高度的警惕性,一旦需要,能随时积极主动地接受指挥,并根据实际情况创造性地完成任务。

2.协同意识

在保卫指挥系统中,由于突发事件在性质、规模、人、事、物和空间等方面不尽相同,相当一部分警情和事态的处置必须要有公安机关和保卫部门共同参与,有时甚至有武警部队参与处置,因此需要警务人员与保卫部门的人员协同工作,甚至是多警种合作协同。为此,指挥对象应当具备较强的协同配合意识。

3.服从意识

保卫指挥系统往往涉及保卫部门和公安机关的诸多单位,有些重大、特大型规模的保卫指挥系统需要运用的保卫人员达到成百上千,没有一个强有力的指挥系统就不能保障保卫指挥任务的完成。这就要求所有指挥对象必须强化服务意识,做到不论是本单位、本系统的指挥员还是外单位、外系统的指挥员,不论是职务高于自己的还是与自己相同甚至低于自己的,只要是经授权而成为保卫指挥系统中的指挥者,尤其是成为自己的指挥员,就应当无条件地服从命令,积极完成任务。

4.法律素质

保卫指挥系统中,要求处置紧急事态工作必须依法进行。所以,指挥对象应当具备较强的法制意识,依法开展各项工作。

5.专业知识和技能

保卫指挥系统,按照层次可以分为决策层、协调层和执行层三个层次。该系统的被指挥者,尤其是基层单位的保卫人员必须非常熟悉和完全掌握自己的业务、本职工作的知识和技能,否则就难以完成指挥员交给的任务。因此,要求每个指挥对象要全面掌握相关的业务知识和专业技能。

上述对保卫指挥系统的指挥对象的要求包括思想意识、业务知识和技能等方面。要提高指挥对象上述诸方面的素质,还需要保卫部门在日常工作中注意加强培训。此外,保卫部门还应当按照紧急指挥预案进行演练,以提高其应用操作能力。

第六节　保卫指挥人员的指挥权限

保卫指挥人员的指挥权限是指在保卫活动现场,谁有指挥权和保卫人员接受谁指挥两个方面的问题。明确指挥权限,有利于明确现场管理人员和各级指挥员的责任,有利于现场保卫人员请示、报告和接受上级指令。

1.按照职级确定

由保卫部门独立指挥的大型活动或者处置的突发事件,现场指挥权应该按现场保卫人员的职务等级确定。勤务现场最高职务者对所属保卫人员具有最高指挥权,保卫人员应接受指挥。

2.按照权限确定

由保卫人员参与公安机关统一组织的各种勤务,或勤务现场有公安机关人民警察的,通常情况下,应当由公安机关的现场主要领导负责统一指挥。由当地政府统一组织的大型活动安全保卫工作,现场总指挥应当由当地政府的主要领导或者公安机关的主要领导担任。

3.指挥情况报告

保卫人员接受非自己直接上级指挥人员的指挥,应尽快将接受指挥情况报告给自己的直接上级指挥人员。非勤务现场保卫指挥人员直接指挥现场保卫人员,也应尽快将指挥情况通报保卫人员的直接上级指挥人员。

第七节　保卫指挥的方式

任何指挥活动,都要依托一种或几种指挥方式才能进行。保卫指挥方式,是指指挥员或指挥机构在大型保卫活动中和处置突发事件的指挥活动中采用的指挥方法与形式。按照指挥活动参与主体的成分、权力集中的程度、直接或间接的关系、管辖权的来源和指挥机关的状态等,保卫指挥的方式可以划分为不同的类型。

一、联合指挥与独立指挥

按照指挥活动参与主体的成分来划分,保卫指挥可分为联合指挥和独立指挥两种方式。

1.联合指挥

联合指挥方式是指不同系统、不同地区的单位或部门实施联合行动时的统一指挥形式。这种指挥方式多在重大突发事件的处置或者大型保卫的指挥中采用。一般由党政机关统一领导,相关部门参加,组成联合指挥部实施统一指挥。参与联合指挥活动的各个单位在行动上有明确的分工,但地位是平等的,没有主从关系(不分地方、中央或军警、保卫人员等),建立的是在党政机关统一领导下的合成关系。

2.独立指挥

独立指挥方式是指在已经明确紧急处置工作任务之后,参加保卫活动的保卫部门独立实施的指挥形式。这种指挥方式是根据大型活动或者突发事件的性质、规模及发展态势而确定的,在事件规模不大、情节相对简单、管辖归属明确的情况下,一般采用这种指挥方式。

二、集中指挥与分散指挥

在保卫指挥活动中按权力集中的程度,可分为集中指挥和分散指挥两种指挥方式。

1.集中指挥

集中指挥方式是指保卫指挥员或指挥机关集中掌握和使用指挥职权的指挥形式。这种指挥方式往往打破上、下级之间隶属关系,其基本特点在于指挥权高度集中,在保卫指挥活动中对警力、设备、物资、信息等资源可以统一调度和使用。因此,这种指挥方式的指挥效能较高。

2.分散指挥

分散指挥方式是指当突发事件需要在多处进行处置时,指挥员或指挥机关采用的多点协调的指挥形式。分散指挥方式可能会出现在以下几种情形:第一,有些事件出现一个主要现场之后,又发现多个关联现场;第二,有的事件或大型活动规模特别巨大 ,必须把一个庞大的现场划分为几个相对独立的部分,分头进行处置活动。在这些情况下,就必须采用分散指挥方式。

三、逐级指挥与越级指挥

从上级与下级指挥机构的直接或间接关系看,可分为逐级指挥和越级指挥两种方式。

1.逐级指挥

逐级指挥方式是指各指挥部门直接接受上一级指挥部门指令开展指挥活动的指挥形式。在保卫指挥活动中,如果接报的警情性质不十分严重,规模和影响都不太大,则可按逐级指挥的方式,由指挥部将指令下达给保卫部或者由保卫部下令保卫队进行处置。这样的指挥方式是在时间不十分紧迫的情况下采用的,其优点在于各辖区的指挥部门掌握情况都较为及时。

2.越级指挥

越级指挥方式是指上级指挥员或指挥机构在特殊紧急的情况下,越过下级指挥机关直接调度警力的指挥形式。越级指挥可能是越过一级,也可能越过几级,其优点在于提高指挥指令下达的及时性和有效性。

四、定点指挥与运动指挥

按照指挥机关位置的状态,可分为定点指挥和运动指挥两种指挥方式。

1.定点指挥

定点指挥方式是指在指挥机关位置固定状态下的指挥形式。大多数保卫指挥活动都是在定点指挥方式下完成的。

2.运动指挥

运动指挥方式是指指挥活动在运动中进行的指挥形式。突发事件发生后,在车辆上的指挥员和参谋班子已构成了保卫指挥部,在前往事发现场或由一个现场到另一个现场的途中,可随时接受上级指示,对现场保卫人员下达指令,在运动中完成指挥调度。这是执行指挥任务十分重要的一种指挥方式,因为它把指挥车既当成交通工具又当成指挥场所,在缩短指挥员与现场之间距离的同时,还缩短了指挥调度占用的时间。

五、定格指挥与递进指挥

按照指挥级别规格的变化,可分为定格指挥与递进指挥两种指挥方式。

1.定格指挥

定格指挥方式是指在整个指挥活动中,指挥机关的级别、规格始终不变的指挥形式。在此主要强调的是指挥机关的级别,由于保卫指挥机关都是临时组建的,没有明确的行政级别,担任指挥员的级别就成为人们区别指挥部级别的主要标志。在突发事件性质基本明确或涉及规模没有明显变化时,担任主要指挥员的级别一般不再变化,采用这种定格指挥的方式有利于指挥。

2.递进指挥

递进指挥方式是指在保卫指挥活动中根据处置阶段或警情的变化,逐次由较高级别的指挥员接替原指挥员,使指挥机关级别不断递进的指挥形式。采用这种指挥方式的情况通常有两种:第一,先期到达现场的可能是最基层的指挥员(如大队长或基层队长),他们主要负责迅速控制现场的任务。但由于级别较低、随行人员较少,受管辖权限的限制,随着处置规模的扩大,已经难以继续担负指挥任务,随后要由更高层次的指挥员接替现场指挥任务。大多数处置规模较大的突发事件,都是按照这种方式指挥的。有时这种逐级递进式变更指挥员的节奏很快,甚至在十几分钟内现场指挥员已由保卫队长逐次更换为保卫部经理,公安机关的处长、局长等。第二,由于对突发事件全面情况估计不足,随着掌握的警情越来越多、案情越来越复杂,原来的指挥班子已不能胜任指挥任务,必须由更高一级的指挥员接替指挥。

第八节　保卫指挥活动的内容

保卫指挥活动的内容,主要包括获取信息、行动谋划、组织协同和调度控制四个部分。信息是行动谋划的依据,行动谋划又要靠组织协同将其转化为实际操作,实际操作过程中的方向和进度又需要靠调度控制手段把握它的总体平衡。因此,这四个部分是密切相关的有机整体。

一、获取信息

获取信息是指保卫指挥者通过主动或被动方式对警务信息进行采集和初步归纳整理的行为。在保卫指挥活动中,获取和利用信息是指挥活动的首要任务,也是下达指挥指令的基本依据。有些信息是通过群众上报或下达而被动获取的,有些信息则需要指挥者通过调用、检索和查找而主动获取,这就需要指挥者非常熟悉获取信息的渠道和内容,并由现场指挥部情报参谋专门负责此项工作。

1. 保卫指挥活动信息的来源

按照获得信息时信息存在状态或传递的方向,信息来源可分为静态信息来源和动态信息来源两大方面。静态信息来源主要有两个方面,即背景信息、预案信息。动态信息来源又可分成接报的警情和指挥指令两种类型。

(1)静态信息。

1)背景信息。背景信息是指大型活动或者突发事件现场所涉及的社会环境方面的信息。它属于在事态发生前已经被警方掌握的信息,主要包括大型活动或者突发事件现场附近的居民居住状况、人口流量、商店分布、交通流量、医疗机构、危险物品单位以及水、电、气、热管线分布状况等。通过日常积累,这些信息被储存于计算机中,且处于相对稳定的静止状态。

2)预案信息。预案信息是指为处置突发事件预先制定的处置方案的相关信息,其中包括可以派出的警力数量、警力方位、指挥员人选及各种紧急警务的处置方案信息。处置预案从横向上包括组织大型保卫活动,处置恐怖活动、治安突发事件、自然灾害等不同性质的预案;从纵向上分为决策层、指挥层和执行层三个层级的保卫指挥预案。

(2)动态信息。

1)警情信息。警情信息是指有关突发事件事态的信息。它包括初步掌握的事件性质、时间、地点、涉事人员、被侵害的对象、所造成的损失、所形成的事情态势和可能发展的趋势等。同时也包括随着时间的推移,有关事件性质的变化和事态发展的信息。

2)指令信息。指令信息是指指挥员在指挥活动中对下级指挥机关、指挥员或保卫人员,以命令的形式下达的行动信息。这种信息来源于上级对处置行动的指令,也包括下级执行指令后向上级汇报的信息。

2.信息的采集

信息的采集是指将来自不同渠道的信息进行收集和初步整理的活动。在保卫指挥活动中,一般信息采集工作有四个阶段:第一是接到报警的信息,它所描述的事件的性质、规模和态势,决定了指挥者下一步调用信息的范围;第二是接到上级有关处置的指令或原则的指示;第三是指挥员根据警情和上级指示,进一步调用预案信息、相关的保卫专用信息或背景资料;第四是根据现场了解到的情况,把收集到的信息进行去伪存真的初步整理。由于初期获取的信息往往是不完整的,有时甚至是不符合事实真相的,如果依靠这种粗糙的、未经加工整理的信息做出指挥判断,将会给指挥活动带来巨大的损失。

二、行动谋划

行动谋划是指保卫指挥员及其指挥机构在布置处置行动之前,对整体行动提出的构想和方案。行动谋划是整个指挥活动过程中的首要环节。

1.行动谋划的主要内容

(1)处置指挥意图。它是指挥处置行动的整体构想,是决定处置行动全局的总体思路。例如,对于可能发生的闹事事件,是在事件露头时立即控制在萌芽状态,还是待事件明朗化后协助公安机关进行有力的打击处置等。

(2)处置指挥程序。它是处置指挥的基本步骤设计,主要由控制现场、组建指挥部、采取应急措施、调查访问、现场情况反馈等步骤构成。

（3）处置谋略和基本措施。在谋划中考虑采用的措施的类型，指挥员要对其法律依据有充分的认识。谋略是为实现措施服务的，如为了实现协助公安机关抓捕现场犯罪分子的强制性措施，是正面强攻、迂回包抄，还是教育劝降等，这些都是谋略的设计。

（4）设计警力的配备。包括保卫人员的数量、分工、装备和在现场的具体部署等。

2.行动谋划的主要方法

（1）要综合分析处置环境。这主要包括处置现场的地形、地物、建筑、交通、人群、危险物品、民俗民风等。通过分析处置环境，有利于提出适应环境的处置方案。

（2）充分利用警务信息。在核实信息和纠正错误信息的基础上，根据预案的提示，制定针对现场人、物、事的处置方案。

（3）认清处置对象。要在真正弄清处置的客体是什么样的嫌疑人、什么样的物品、什么样的险情或什么样的发展态势的基础上，做出针对性的处置方案设计。

（4）利用指挥预案。在保卫指挥活动中，由于时间紧迫，制定行动方案必须是一个"速成"的过程，其主要手段就是对早已拟定的指挥预案进行选择、修改和充实。保卫指挥预案在突发事件处置的级别、性质分类、个案处置要点、指挥机构和警力、装备的构成等方面，已有实际操作性提示，各级指挥员必须掌握运用预案的技巧，重点解决好为什么做，做什么，何时做（包括开始、中间、结束），何人做（包括单位、人选、配合、协调和监督），何处做（现场范围的划定、扩大、缩小、制高点控制等），如何做（包括步骤、方法、标准、目的以及注意事项等）。应该看到，指挥预案中行动措施和处置基本程序的内容一般较为充实，但是指挥预案又不可能代替指挥员完成指挥决策，这就要求指挥员及其参谋班子要根据特定的时间、地点、人员及案情等因素，迅速形成具有实用性和针对性的具体行动方案，并在实施过程中不断调整和完善。

（5）完成行动方案的设计。即在综合分析处置环境、警务信息、处置对象和进一步充实指挥预案的基础上，完成行动方案的设计。通常情况下，针对一个处置对象要设计好两套或两套以上的方案，以便指挥者灵活运用。

3.确定行动方案

确定行动方案是指保卫指挥活动中，指挥员对初步形成的若干指挥方案做出的具体选择和决断。指挥员做出的决定，是行动谋划最后完成的标志，但这不是简单的拍板定案，而是一个复杂的思索和决断的过程。由于在保卫指挥活动中，思索和决断所占用的时间是以"秒"为单位计时的,从谋划到做出决定一气呵成,没有明显的阶段,指挥员要利用一切手段迅速完成先期处置阶段的决策。在此,指挥员要运用同时占有多路信息的手段,对其加工整理、分析判断、综合利用、决定取舍;要运用启动预案的手段,利用其中的基本要素经过调整迅速形成几套基本方案,并迅速做出取舍决断;要根据上级的意图,并结合指挥员的经验,即使在没有任何技术和预案支持的情况下,也必须迅速做出基本符合现场情况的处置决断。指挥员在先期处置紧急措施的选择中,更多的是依靠这种决断方法。

三、组织协同

保卫指挥活动中,组织协同是指指挥员根据处置行动方案做好保障准备和下达行动指令的活动。

1.完成保障准备

完成保障准备主要是指完成三个方面的保障准备:第一,完成组织保障准备,即把临时组建的指挥机构、指挥员和参谋人员配齐全;第二,完成警力保障准备,即把足够数量和应参与的保卫人员搭配、调集到位;第三,完成资金积累保障准备,即把完成处置任务必备的装备、防护用品、器材等落实到位。

2.下达指令

可以利用通信设备下达指令,也可以通过在现场召集紧急会议向多个行动单位下达指令,还可通过口头命令方式直接下达指令。在突发事件现场,经常采用会议、口头和无线通信的混合方式下达处置命令。处置命令的内容包括各单位行动的目的、任务,应占据的空间,行动的时间,协同配合要领及应变处置的方法等。

四、调度控制

1.调度控制的含义

调度控制是指指挥员在处置行动中利用反馈机制,对指挥对象进行的指导、调遣、调控、监督等动态协调活动。这是指挥活动的核心内容和取得处置成果的关键步骤。

在保卫指挥过程中,调度是基本手段,控制是主要目的,最后应利用反馈机制实现控制。指挥员要站在全局的高度,通过指挥决策使保卫指挥活动向着预定的目标前进。由于现场情况是复杂和瞬息万变的,为使处置活动不偏离正确的方向,必须在处置行动中建立十分顺畅的反馈机制。也就是说,对第一个下达的指令要有处置结果的回应,根据回应情况再继续下达调整的指令,如此不断往复,达到动态调控。

2.调度控制的内容

(1)指导。指导就是指挥员通过向指挥对象发出各种指示,传达指挥员处置行动的方针、意图、原则、方法、措施或谋略等,从而引导和规范处置行动进程的活动。这种活动的表现形式是发出各种指令,其作用在于对处置行为进行规范与指导。

(2)调遣。调遣就是指挥员对指挥对象行动的时间、空间和具体任务,进行部署、调整或下达行动指令的活动。调遣的实质,就是在掌握大量保卫信息资源的前提下,把保卫资源(包括装备)分配到最需要的环节,以实现指挥者的行动意图。

(3)调控。调控是指指挥员对指挥对象处置行为的进度或配合程度进行协调和平衡的活动。由于指挥对象可能是上、下级多层对象或平级的多个对象,或者是许多部门构成的立体网状组织,如果某一个部门行动超前或滞后、位置突出或偏离、任务完成或遗漏等,都会对全局行动产生重大影响。而调控的目的就是要通过高效的反馈机制,及时下达修正处置进度或任务的指令,以保持处置活动的动态平衡。

(4)监督。监督是指指挥员对指挥对象处置行为的目的性和规范性进行检查和控制的活动。下级指挥员是否能够正确理解上级的指挥意图,能否发挥其主观能动性,积极主动地按上级的命令完成各自的工作任务,是保卫指挥活动成败的关键。可以说,失去监督机制的指挥活动,将是风险极大和难以取得良好效果的指挥活动。

3.调度控制的方法

(1)掌握平衡。大型活动或者规模较大、性质较严重的突发事件,由于参与行动的人员较多,故需要注意相互之间行动上的协同。首先,是预先的组织协同,这种协同在计划组织阶段已有安排,在调度控制阶段则须注意各单位是否按原计划行动。其次,在指挥活动中,指挥员和指挥机构应当对各单位在行动中的位置、采取措施的时机、战术动作等进行不断的调整,以限制进度过快、孤军深入的行为,敦促行动迟缓、落后于整体进度的行为,帮助遇到困难需要支援或重点指导的单位。

(2)因势利导。从宏观上看,警情的变化可以分为"利我变化"和"不利我变化"两大类。这两类变化的性质、规模、急缓程度等是指挥员适时调整工作部署的主要依据。

1)利我变化因素。这种变化是指由于人为或自然因素的制约,指挥活动所指向的事态发生了有利于指挥活动顺利进行的变化。

2)不利我变化因素。在指挥活动进行过程中,由于人为或自然因素的影响和制约,指挥活动所指向的事态发展可能会发生不利于保卫指挥活动顺利进行的变化。引发这种变化主要有三个方面的原因:第一,人为因素,包括指挥员的决策失误或部署工作不到位,犯罪嫌疑人或肇事方情况突然变化或围观群众中又突然出现意外事件等;第二,自然因素,如事件现场突遇暴雨等;第三,复合因素,如设备事故引起的燃烧、爆炸、建筑物坍塌等,其中有人为的因素,也有自然的因素。在不利因素出现时,指挥员要及时调整原先的部署,其难点在于随着变化次数的频繁出现和变化幅度的增加,指挥员临场依靠预案的可能性越来越小,这就需要指挥员凭借自身丰富的经验,灵活机动地调度警力,采取得力的紧急措施,在保护群众和自身安全的原则下千方百计完成指挥任务。

4.调度控制的重点

在保卫指挥过程中,调度控制的重点是指根据保卫活动现场或者突发事件现场变化情况,选择出原有部署需要调整的主要方面。也就是说,要找出调整的方向或调整的对象,主要包括两个方面。

(1)整体性调整。整体性调整是指在指挥活动中,当所处置的突发事件发生了性质的重大变化时,对工作部署进行根本性、全局性的调整。例如,对球迷闹事突发事件处置的指挥活动中,指挥员先期掌握的情况只是肇事者局限于运动场内的情况,他们实施了对运动员、教练员的谩骂或呼喊口号等非暴力性的违法活动。但随着参与者愤激程度加深以及人数的急剧增多,闹事群体的活动范围突破了运动场的局限,走上街头,并迅速升级为阻断交通、烧毁汽车、抢砸商店等暴力性犯罪活动。此时以劝阻、教育、疏导为主要工作内容的原定工作部署就应作全局性、整体性的调整,迅速转变为以协助公安机关打击暴力犯罪、恢复交通、灭火抢险、抢救受伤人员等为主要任务的新的工作方案和部署,并按新的部署实施指挥活动。

(2)局部性调整。局部性调整是指在指挥活动中,当所处置事件的事态仅仅发生了局部程度、规模或数量方面的变化时,工作部署可能仅需做出警力、时空或装备等方面的调整。例如,某部门因情况变化而出现明显警力不足的情形,应立即抽调机动警力予以支援;若因应对突发的特殊需要,某部门的交通工具、通信器材、照明设备、破拆工具等需增加时,则应立即视需要予以增加。局部调整是为了整体平衡,调整的关键在于指挥者能否及时捕捉到破坏整体平衡的症结,从而对症下药。

第九节　紧急事态处置过程中保卫指挥的基本应对措施

紧急事态处置指挥应对的情况是复杂多变的,指挥员在下达命令实施处置时,既要严格依法行事,又要讲究策略艺术,始终围绕处置效果这一终极目标去做文章。

一、针对不同人员的处置措施

这里所说的人员包括范围很广,有涉案的犯罪嫌疑人、正在实施犯罪活动的犯罪行为人、违法人员、群体事件中被裹挟人员、需求助的受伤人员、需疏散的群众、围观群众等。针对不同情况和不同人员的身份,所采取的措施也截然不同。

1. 协助抓捕

在紧急事态处置过程中,公安机关的人民警察有权对违法犯罪嫌疑人采取盘查、拘留、抓捕等强制措施,保卫指挥人员可以指挥保卫人员协助人民警察抓捕违法犯罪分子。

2. 扭送

保卫人员在现场发现违法犯罪嫌疑人,应当立即采取包围、制伏、追捕等措施,抓获后立即扭送至公安机关或当场交给人民警察。

3. 隔离

隔离是指在紧急警务活动中采取的将涉案人员与被裹挟人员、围观群众等隔离开来的行动措施。例如,在群体性的械斗事件中,将当事双方人员隔离开来。

4. 急救

急救是指在自然灾害、治安灾害事故、治安突发事件、刑事案件等突发事件中,对受伤人员的抢救措施。对负伤者或暂时无法判断是否死亡的人员,应迅速组织有关部门进行现场急救或运送到就近医院抢救,并注意对所有人员受伤、中毒和送往医院情况进行登记,以便统一上报和进行追踪访问。

5. 疏散

疏散是指在突发事件处置中将现场群众有秩序地转移到安全地带的措施。例如,在爆炸、火灾、毒害等突发事件现场,附近群众有被继续炸伤、中毒、窒息以及烧伤的危险,指挥者要按照预案或临场紧急部署,积极组织好现场疏散工作。

6.保护

保护是指在突发事件中,对被害人、目击证人或知情人等采取的安全保障措施。保护的方法是多种多样的,如带离危险地区、就地隔离保护等。保护的处所要精心选择,如应选择派出所、保卫部门或其他可靠地点;保护的时段要精心设计,待到事态平息或其人身危险消除时,再解除对其的人身保护;保护的消息应予以保密,否则将失去了保护的意义。

二、针对物品的处置措施

在指挥活动中,涉及现场的物品是多种多样的,对不同性质的物品控制和处置的方法应有所区别。

1.抢救

抢救是指在灾害事故或其他突发事件中,将贵重物品(如机要文件、现金、票证等)、危险物品(如易燃易爆物品、化学药品、放射性物品等)紧急转移到安全地带的措施。采取这种抢救措施,一方面是为了减少已造成的损失,另一方面是为了防止继发性灾害事故。

2.维持现状

维持现状是指在处置突发事件中,对可能用于事件定性有关的痕迹物品采取保持其原始状态的措施。如可利用拍照、录像、测量、登记等方法固定其现状。

三、针对现场事态的控制措施

此类措施并非针对某个具体的人群或具体的物品、建筑、设施等,而是从整个事件双方力量的对比、对阵的态势和发展可能造成的后果等方面出发,采取的较大范围的重点控制措施。

1.协助交警进行交通管制

交通管制是指在紧急警务先期处置阶段,公安机关依照《中华人民共和国人民警察法》等法律法规对整改现场周边和相关沿线的交通,实行限制通行或禁止通行的强制性措施。保卫人员的职责主要是协助交警部门进行交通管制。

2.协助公安机关封闭现场

封闭现场是指在突发事件现场周围一定范围内,对人员或物品的出入进行限制的强制性措施。封闭现场的主要方法就是设立警戒线;根据需要,可命令现场管制范围内的人员在限定时间内离开现场;查验进入现场的人员的身份证件;对不服从管制的人员采取治安教育措施等。

3.排除险情

在突发事件现场的处置中,经常需要排除各种险情。由于险情的类别繁多,排除险情的措施和要求也不尽相同。

(1)被埋压人员的抢救。当发生爆炸、着火、建筑事故等事件时,往往会出现人员被埋压的险情,指挥者的首要任务就是指挥全力抢救行动。

(2)放射性事故险情的排除。放射事故按性质可分为责任事故、技术事故和其他事故三类,按等级可分为一般事故、重大事故和特大事故。事故等级与放射性强度和剂量当量有关。事故应急处理应从以下方面着手:第一,立即撤离现场人员,封锁现场;第二,切断一切可能扩大污染范围的环节,会同有关部门开展检测,严防对食物、畜禽及水源的污染;第三,对于可能受到放射性同位素污染或者受到放射损伤的人员,立即采取应急救援措施,在采取有效个人安全防护措施的情况下,组织人员彻底清除污染,并根据需要实施紧急救护及处理措施;第四,经专业人员处理,现场污染状况尚未达到国家有关规定的安全标准以前,不得解除现场封锁。

(3)现场火险的排除。保卫指挥员在现场处置中,若发现有发生大规模火灾的险情,一方面要紧急调动保卫人员,为消防部门迅速赶赴现场灭火创造条件;另一方面要迅速组织人员撤离。如果原先已经扑灭的火灾又死灰复燃,应立即组织全力灭火;对正在燃烧的火场,要配合消防部门组织灭火。现场指挥员要尽可能协调好灭火与抢救伤员和保护物证的关系,特别要记录清楚死者原始位置和姿态,伤者送往救护单位的去向,为分析案情做好准备。灭火与保护现场往往是相互矛盾的,指挥员要在排除火险的进程中,善于把握尺度,力争把人员和证据的损失减少到最低程度。

(4)毒害物质险情的排除。毒害物质是指凡少量进入人畜体内,即能与机体发生生物物理或生物化学作用,扰乱或破坏机体的正常生理机能,引发人畜等机体组织、器官发生暂时或永久病理变化,导致机体功能障碍、疾病甚至死亡的物品。其中,短时间内即能致人畜死亡或产生严重中毒症状的物品称为剧毒物品。凡是对人体、动植物体、纤维制品、金属等能造成强烈腐蚀的物品称为腐蚀物品。这类突发事件,主要有因事故造成的大量泄漏和人为有意投毒两种类型。无论是哪种类型现场,指挥员都必须掌握排除毒害品和腐蚀物品险情的指挥要领:第一,要迅速报警,并且进行先期应急处置;第二,封锁现场,抢救伤员,疏散群众,维护秩序,特别要做好现场知情人和伤员的调查登记工作;第三,针对毒源的扩散,并向下风方向或下游地区保卫机关进行通报,防止继续发生危害;第四,迅速组织对现场有害物质检验,在判明毒物或腐蚀品种类后,有针对性地进行现场消毒和排污,染毒区域较大的现场,要划片进行,不得出现遗漏;第五,对现场中疏散出的中毒或染毒人员,除由医疗部门急救之外,警方应组织力量对伤员进行调查访问,为查明事由获取信息,对体检确认没有中毒离去的人员,要逐一进行追踪访问。

(5)易燃物品引发险情的排除。易燃或可燃物品是指具有遇明火、静电火花发生爆燃或在一定条件下能自行分解爆炸的可燃气体、易燃液体、易燃固体、氧化剂、有机过氧化物、易自燃物、遇湿易燃物等物品。在紧急处置指挥中,要注意掌握排除险情的要领。第一,要迅速报警,并且进行先期应急处理;第二,实施现场管制,及时向邻近单位和周围居民发出通告,疏散受到威胁的群众;第三,要防止一切点火源、静电火花和各种明火的产生,要切断遇水、遇酸爆炸物品的危险源,密闭空间要通风,尽力避免形成爆炸性混合气体;第四,必须实施统一指挥,严格现场纪律,任何人都不得擅自行动,要依靠消防专业队伍对气化、液化泄漏物进一步做消除险情的处置。

第十节　安全保卫工作中人际关系协调的方法

一、保卫人员各种人际关系的协调

1.协调的概念

协调是人的社会性的内在要求。人都生活在一定的社会关系之中,如经济关系、政治关系、思想关系、文化关系、法律关系等。人与人之间关系的复杂性要求通过加强协调来维护社会正常的工作秩序、生活秩序等。所谓协调,就是领导者针对管理活动中已经发生的人、财、物等诸元素的不平衡状态,通过协商与调节等有效手段,使各元素之间保持一定的比例,和谐地配合,正常地运转并发挥有效的功能,以保证决策、计划、目标的实现。

2.保卫部门人际关系方面的协调

(1)保卫部门人际关系冲突的主要表现及其危害。在保卫部门内,存在着人、财、物以及环境等多种不协调现象,其中多表现为人际关系的冲突,具体表现如下:领导班子成员之间关系的冲突,上级领导与下级领导成员之间关系的冲突,两个职能部门领导(成员)之间关系的冲突,领导与所属保卫人员之间关系的冲突,本系统(部门)与外系统(部门)之间关系的冲突等。

冲突,其含义相当于我们平常所说的意见分歧、矛盾、不团结、扯皮、步调不一致,甚至无原则的纠纷和争斗。

按照现代管理科学,在任何一个组织中,冲突都是不可避免的,只是程度不同而已。单位的领导者不应躲避冲突,而应按照科学的态度与方法去协调冲突。如果冲突协调得好,则不会影响管理活动的正常进行;如果冲突协调不好,任其发展与泛滥,就会扩大组织内耗,甚至使组织人心涣散,四分五裂,任务无法完成,目标无法实现。因此,正确协调保卫部门内各类人际关系冲突,是各级保卫部门及其领导者的一项重要职责。

(2)保卫部门人际关系冲突的成因。在保卫部门内产生人际关系冲突的原因是多方面的。一是认识上的,即人们在执行决策与计划过程中,彼此间对某些事物和问题看法不同而导致冲突。二是利益上的,即由于上下组织之间、部门之间、领导相互之间、领导与部属之间利益分配不合理而导致冲突。三是沟通上的,即有关组织和保卫人员相互之间"鸡犬声相闻,老死不相往来",各自封闭,缺乏必要的信息沟通,久而久之,形成偏见和误解导致冲突。四是心理上的,即人们的情感、情绪、气质、性格、嗜好、态度、信仰、价值观等的差异,由于没有获得适当的调节而导致冲突。五是非正式组织的存在,如果领导者处置不当,也会导致冲突。六是领导素质与作风方面的缺陷,也会导致冲突。七是体制上的弊端,造成执行中发生问题,不同的人对问题所持的观点、态度不一而导致冲突。八是角色差异,即人们在组织中所担任的职务不同,对事物的了解、认知程度有异而引发的冲突。

(3)保卫部门人际关系协调的基本原则。一是整体利益原则。"顾大局,识大体",这是协调一切人际关系的首要原则。如果背离了这一原则去处理人际关系,那么建立起来的所谓"良好人际关系",实际上是一种以满足个人私利和小集团利益为核心内容的庸俗人际关系,它必然会损害组织的最高利益和绝大多数人的正当利益。这是一种病态的人际关系,潜伏着更沉重的人际关系危机,是不可取的。二是"对事不对人"的原则。"对事",就是对工作问题,提倡民主讨论,各抒己见,为探索真理而敢于争辩,但不要形成人身攻击,意气用事。三是互相理解的原则。有人说:"理解是沟通两颗心灵的桥梁,同情是打开对方心扉的钥匙。"这话很有哲理。在协调人际关系中,要提倡多理解、多同情,这样有些"疙瘩"自然就解开了。四是平等互助、互谅互让的原则。保卫部门内的人际关系,都是同志式的平等互助关系,因此,平等互助原则是处理一切人际关系(包括上下级关系)的基本原则。如果以等级观念对待下级,自认高人一等,或企图从他人关系中为自己捞取更多的好处,只讲索取,不讲奉献等,都难以建立、巩固和发展正常的良好人际关系。人际关系中,尤其是领导与被领导关系,更应提倡互谅互让。互谅互让不是放弃原则,而是"大事清楚,小事糊涂",不必事无巨细,斤斤计较。坚持互谅互让的原则将有益于缓和矛盾,消除紧张气氛。五是及时疏导的原则。实践表明,有些单位人际关系紧张,冲突频繁且逐步"升温",绝非一朝一夕所致。这同平时对人际关系上发生的障碍没有及时疏导有极大关系。相反,有些单位虽然也不断发生人际关系冲突,但领导者注意抓苗头,及时疏导,使关系及时恢复和谐状态。"冲突—及时疏导—和谐—再冲突—再及时疏导—再和谐……"循环往复,以至无穷,这是人际关系良性发展的规律。"及时疏导"是保障人际关系良性发展的基石。

(4)保卫部门人际关系冲突的调节和处置。人际关系冲突一旦发生,作为组织和主管领导者应如何正确调节和处置呢? 第一,应当查明情况,找出原因,实事求是,分清是非与责任。第二,要努力控制参与冲突的范围,不要让更多的人员卷入冲突,不要让冲突步步升级。第三,按照管理的权限,谁主管谁负责冲突的调节与处置。第四,要根据冲突的轻重程度,采取相应的调节方法。程度轻者,由主管领导或政工干部对冲突的当事人逐个谈心,通过批评教育加以平息,使双方统一思想,重归于好;程度较重或相当严重者,如果经领导教育批评无效,则应采取行政措施将冲突一方调离,或将冲突双方均调离本单位、本部门。第五,因人际关系冲突而引发的违反政纪、法纪行为,则应辅之以必要的纪律制裁,直至追究必要的法律责任。

3.保卫部门非人际关系方面的协调

保卫部门内除人际关系方面的协调外,还有许多非人际关系方面的协调,主要是保卫决策与计划执行过程中发生的任务与人力、财力、物力的不相适应,从而影响了任务的顺利完成。对于此类不协调的问题,要采取相应的对策。

(1)属于保卫力量与任务不相适应的,一是从提高保卫人员的素质入手,发挥他们潜在的能力;二是消减管理机关的人员去充实加强基层;三是尽量压缩非保卫方面的事务,集中精力搞好正业,以保证保卫决策、计划目标的实现。

(2)属于机构与任务不相适应的,对互相扯皮的机构要坚决合并,对形同虚设、不起作用的机构要"砍掉",不轻易设置编制外形形色色的非正式机构。

(3)属于领导班子与任务不相适应的,需弄清事因,对症下药。如果是领导班子结构不合理,则根据需要与可能的原则,逐步加以调整,使之保持动态中的相对合理;如果领导班子中出现非正式组织,则主管上级领导要予以重视,加强教育与控制,发挥其积极因素,防止其消极因素滋生蔓延,一旦形成宗派山头,则应采取组织措施适时瓦解;如果属于领导成员间对某些问题认识上有分歧,则需采取个别谈心,本着求大同、存小异的原则处理。

(4)属于财力、物力同任务不相适应的,采取挖潜、节约的方针,把每一笔钱用在关键点上,在现有装备条件下,尽最大努力把工作搞上去。

(5)属于决策、计划本身的问题,则应迅即向决策、计划主管机关和领导反映,请求对决策、计划进行必要的调整。

（6）属于环境干扰问题，则应派得力领导或其他干部登门拜访，交流信息，疏通关系，以求得保卫人员和安全保卫工作在舒适和谐的环境中运行。

二、沟通

1.沟通的含义

沟通是指为了实现某种目标，通过信息、思想、情感在个人或群体之间的传递，使相互之间达成协议、合作或者理解的过程。我们常见到的沟通方式有面对面交流、打电话、发传真、寄信件、发电子邮件、作报告等。

2.沟通的特点

第一，随时性，即我们所做的每一件事情都是在沟通；第二，双向性，即我们既要收集信息，又要发出信息；第三，情绪性，即信息的收集会受到传递信息方式的影响；第四，互赖性，即沟通的效果是由双方决定的。

3.沟通的结果

（1）有效沟通。有效沟通的意义：有利于建立广泛而且良好的人际关系，为以后各项工作的开展与合作创造基础；有利于营造健康向上、宽松和谐的环境氛围，使沟通双方有相互信任感、责任感和奋发向上感，由此产生满意和愉快的情感，并且进一步激发相互间的工作热情，促进大家不断提高工作效率与工作质量；有利于增强工作的自信心和创造力；有利于增强个人的信誉度等。

（2）无效沟通。无效沟通可能会导致的结果：事业受损失；影响家庭和睦；个人信誉降低；身心疲惫；失去热情和活力；产生错误，浪费时间；自尊和自信降低；团体合作性差；失去创造力。研究表明，造成沟通困难的因素有以下几种：缺乏自信，主要由于知识和信息掌握不够；人的记忆力有限；对于重点的强调不足或条理不清楚；不能做到积极倾听，有偏见，先入为主；按自己的思路去思考，而忽略别人的需求；准备不足，没有慎重思考就发表意见；失去耐心，造成争执；时间不足；情绪不好；判断错误；语言不通。

4.沟通的技巧

（1）做好沟通前的准备工作。这些工作主要包括以下内容。

1）对自我有正确的分析和认识。包括正确认识自身优势和劣势，正确认识自己所面临的环境、机会以及威胁。

2）设定通过沟通所要实现的目标，包括最高目标、最低目标、现实目标。

3）考虑可能存在的潜在争执及原因。

4)弄清自己如果不能达到目标会采取什么样的行动。

（2）努力建立相互之间的信任，这是有效沟通的基础。正确建立信任的方式：善于发现自己和别人的共同特点；乐于在困难的情况下给别人提供帮助；宽容大量，在别人出错误的时候给予适当的提醒；适当表达自己对别人的关心；愿意合作并保持言行一致；努力学习，提高知识和技能，并展示能力和水平；实事求是，不要夸大其词，更不要说谎；暴露一定的脆弱之处；保持适合自己的优雅仪表和风度。

（3）积极聆听对方讲话。积极聆听是指全神贯注地倾听对方讲话，理解内容，与讲话者一起去体验，感受整个过程。这是一种相互交流技巧，可以通过学习和锻炼得到提高。

积极聆听的作用：有利于获得更多信息帮助，把谈话继续下去，处理不同的意见，有效发表自己的意见，保持友好的沟通气氛等。

积极聆听的技巧主要有以下几种：倾听对方的发言并且主动做出回应，回应可以使用"热词"，如"是吗？""没错""太好了！""真的？""啊哈！"等；如果谈话的过程中出现暂时障碍，可以提示一些有利于进一步交流的问题；简要重复谈话的部分内容，如简单重复一个重要字或一句重要的话，改编并摘要说过的话等；进行归纳总结；表达感受；及时确认等。

妨碍积极聆听的错误做法主要有以下几种：当别人讲话时，你在想自己的事；听别人讲话时，不断比较与自己想法的不同点；打断别人的讲话；催促讲演者结束他的讲演；当别人讲话时，谈论其他的事情；忽略过程而只要结论；仅仅听那些自己想听的或希望听的事和内容等。

（4）清楚而合适地阐述自己的观点。具体包括以下几点：清楚而合适地阐述自己的计划、设想；提出符合既定需求的建议，对这个建议的描述要注意简洁明了；正确分析或者解释自己计划、设想的理由；强调相互之间的共同利益，促进对方思想的转化等。

（5）正确处理异议，促进相互理解。主要做法：态度友好，语气平和地表达异议；双方都能够阐明各自所担心的问题；有条件地做出让步；积极并愿意解决问题；共同研究解决问题的方案；对事不对人，不揭短，不指责；达成双赢的目的，大家都获益。

（6）加强相互之间的合作。具体方法：采取积极合作的态度；按既定的方针处理；发现变化及时沟通；善于表达谢意，如发现别人对自己工作的支持要表达感激之情，对于别人的工作结果和额外的帮助要真诚地表示感谢，对于合作者的杰出工作和非凡的成果要有所回报等；赞美对方工作取得的成绩；以合适的方式为双方合作的成功举行庆祝等。

综上所述,单位处置重大事件时的指挥与协调是一个很复杂的问题,牵扯面广,头绪多,要提高组织指挥协调能力,必须掌握基础理论,在安全保卫工作实践中锻炼并结合指挥实践特点,坚持指挥原则,灵活运用指挥方法,不断提高组织指挥能力。

思 考 题

1. 什么是保卫指挥?
2. 保卫指挥的特点及原则是什么?
3. 处置紧急事态过程中保卫指挥的基本应对措施有哪些?
4. 安全保卫工作中人际关系协调的方法有哪些?

第十五章
指 导 防 范

———— ★ ————

　　企事业单位安全风险防范问题,已经成为单位自身所必须研究解决的重大问题,尤其是 2015 年 8 月 12 日天津港特别重大爆炸事件后,各级党委、政府和公安机关以及相关部门已经从深刻教训中走了出来,深刻反思此类问题的防范,加大气力在防范的指导上下功夫、找漏洞,在法律法规层面,一定会很快出台一系列的规定。这对单位尤其是企业的发展意义重大。

　　通过本章学习,读者可以了解指导防范的基本要素构成,明确当前在指导防范工作中存在的问题,掌握指导防范的基本方法,为做好单位自身防范工作奠定基础。

第一节　指导防范的基本要素

　　根据"预防为主、单位负责、突出重点、保障安全"的内保工作方针,指导防范的基本要素应当具备前瞻性、针对性、操作性和时效性等特征。

一、指导防范的基本含义

　　(1)单位的主要负责人对本单位的内部安全保卫工作负责。

　　(2)公安机关指导和监督本行政区域内单位的内部安全保卫工作。

　　(3)行业主管部门指导和检查行政区域内本行业、本系统单位的内部安全保卫工作。

二、指导范畴

根据单位的性质、地位和对社会经济发展的作用,对指导工作进行定位,使指导工作有的放矢,重点把握单位开展内部安全保卫工作的规划、过程和结果。

(1)责任性。责任性指在生产经营过程中,单位为确保内部人员生命安全和国家财产安全,采取行之有效的行政管理行为所体现出来的意识。

(2)连带性。连带性指单位在其他社会场所有权使用的安全措施行为。

(3)公益性。公益性指单位在生产、经营、储存、运输及使用有毒有害、易燃易爆物品过程中,所采取的社会公共安全行为。

(4)保密性。保密性指为维护国家安全和社会稳定,所必须遵守的保密制度。

三、指导要领

(1)针对性。根据单位内部结构、管理模式以及生产经营和治安状况,发现存在的问题,并提出切实可行的解决方法。

(2)合法性。在制定内部治安保卫制度过程中,不得与现行的法律、法规、规章制度相抵触;在建立治安防范设施过程中,应当依照相关标准执行,不得随意降低标准。

(3)可操作性。指导防范要注重实效,使单位内部安全保卫工作在原有基础上有所提高,防止不切实际的夸夸其谈。

第二节　当前指导防范工作存在的薄弱环节

随着我国现代化建设步伐加快,城市化进程高速发展,重点单位、重要部位和水、电、气等能源管线呈现点多、线长、面广等特点,保护这些涉及国计民生、国家安全和公共安全的相关设施显得尤为重要。但由于历史原因,单位治安保卫在机构设置、责任意识、工作措施等方面依然存在不少问题,需要进一步改进。

一、存在的主要问题

(1)单位治安保卫守护力量薄弱。部分单位对安全保卫工作投入较少,造成安全保卫工作机构不健全、人员未落实、经费无保障。

(2)单位治安保卫责任体系未理顺。单位内部安全保卫工作责任不明确,奖惩不分明。

(3)执行治安保卫制度不严格。某些单位的治安保卫制度不健全、欠完善、未落实,甚至不少单位在内部结构、管理模式和生产经营进行调整后,治安保卫制度条款一成不变,基本流于形式。

(4)治安防范设施不达标。一些单位在筹建、扩建或搬迁过程中,未将治安保卫基本设施与项目建筑同规划、同设计、同施工。某些单位在治安防范设施投入上欠账较多,往往一个项目投入到位后,因缺乏维护或自身损耗,待投入下一个项目时,原项目又成为新的治安隐患。

(5)未形成反恐工作长效机制。部分单位负责人对应急预案不熟悉,未组织开展相关演练,有的仅安排几名年老体弱的同志担任重要部位夜间值守工作,甚至关键部位工作人员不了解岗位要求和应急工作内容,反恐意识薄弱。

二、存在问题的原因分析

1.治安力量与繁重的治安任务不相适应

重点单位、重要部位治安保卫力量与繁重的治安保卫任务不相适应。部分重点单位未设置专门保卫机构,合并办公现象较为普遍。有的对外挂牌保卫处(科),而实际仅是单位一个工作小组。更多的是将安全保卫工作归并至党组织办公室或行政办公室,将治安保卫机构与人事、行政、安全生产、质检、后勤保障、物业管理等部门合并办公。一名治安保卫人员往往身兼数职,工作难免顾此失彼,严重影响保卫机构发挥职能作用,不利于安全保卫工作任务的具体落实。

2.人员职业素质与岗位要求不相适应

治安保卫人员职业素质与工作岗位要求不相适应。重点单位治安保卫人员中,大专以上学历的不足50%,通过国家保卫人员职业资格培训,取得一至五级保卫人员职业资格证书的约占10%。因此,提高保卫人员的职业素质和治安防范技能的工作任重道远。

3.防范设施与各类标准不相适应

治安防范设施与国家标准、行业标准及地方标准要求不相适应。如陕西省在近几年来,公安机关治安部门积极会同市技术监督局制定了十余部关于党政机关、水务系统、电力系统、金融机构、学校和医院等单位的技术防范设施相关标准,但部分重点单位的物防设施依然不符合国家标准、行业标准和地方标准。例如,技防设施安装不到位,紧急报警、视频监控、周界及入侵探测报警等不严密,存在少项目、数量不足等情况,还有部分设备由于缺乏保养现已不能使用。

4.制度预案与反恐形势不相适应

单位制度建设和应急预案与严峻的反恐形势不相适应。部分单位在配置年度治安保卫设施预算过程中,按部就班,缺乏预见性,造成内部防范设施预算投入不足,一些重要部位、设备在设计、建设时,仅仅防范擅自闯入,缺乏长远规划,而反恐工作形势却日益严峻。

第三节 指导防范常规方法

一、开展风险评估

对指导对象进行全面的治安风险评估,查找安全保卫工作中存在的治安隐患和薄弱环节,为有效指导防范奠定扎实基础。在风险评估工作中,要针对不同行业、不同单位所开展的生产经营活动性质,从内部生产流程、储存运输、供应销售等各个环节进行分析研判,从而找出薄弱环节,以最大的安全系数来应对可能发生的案件和事故,确保重点单位、重要部位及各个工作环节的安全。

二、加强安全检查

安全检查是指导防范工作的有效手段,有利于及时发现问题,明确指导方向,总结经验得失。同时,要针对党政机关、国防军工、能源(水、电、气等)供应、金融企业等行业特点,制定检查流程和检查内容,通过安全检查及时了解基层单位安全保卫工作状况,提出整改隐患的具体措施和要求。

三、分类分级指导

(1)分类指导。按单位性质和防范工作重点对单位进行分类,根据每一类单位的特点,会同有关部门制定相应的安全管理措施和方法;同行业性质单位的防范工作,严格执行国家标准、行业标准和地方标准。

(2)分级指导。按照一定风险等级标准划分级别,指导监督不同级别单位,采用不同的标准。主要分为两类:一是从重点单位和一般单位来进行横向分级指导;二是从本行业系统中进行纵向分级指导。

四、丰富指导形式

为促进单位积极开展内部安全保卫工作,通常采取现场指导、定期指导、日常指导和专项指导等形式,也可采用书面通报、组织研讨和交流活动等方式;同时,定期组织学习培训,通过学习法律法规和业务知识、模拟实战训练演练,不断提高基层治安保卫人员业务水平和处置能力。

五、督促隐患整改

通过开展各种形式的安全检查,采取召开现场会、通报批评、书面责令整改和提请上级部门协调解决等方法,对单位内部存在的治安隐患进行督促整改。

六、建立防范机制

指导相关单位会同属地公安机关或与相邻单位建立群防群治队伍,对单位重要部位开展联动巡查和管控,加强守望相助。此项机制对变电站、输油管道阀站、液化加气站等单位开展防范有重要的作用。

长期的安全保卫工作实践证明,做好经常性的安全保卫工作,最根本的是要优化人防部署(就是人力和警械的配置数量、地域和方法),筑牢物防屏障,完善技防手段,密切联防协同,着力构建"五防一体化"的安全防范体系。其中,人防是关键,物防是基础,技防是重点,联防是保障,犬防是协助,五者密切联系,有机统一。

1. 人防部署严密,达到整体联控

人防的基本原则,是坚持周密部署、多维控制、保障重点。根据保卫勤务类型、执勤环境、特点和保卫执勤分队的编制规模,科学规范地整合执勤力量,对执勤目标实施最大化的安全控制。

(1)严密安保执勤部署。安保执勤部署的基本要求是对内有效控制(即对保卫队伍和保卫人员要有效管理),对外有效防范,对突发情况有效处置。因此,要区别不同安保勤务类型,充分考虑安保执勤目标的软环境和硬环境,周密部署安保力量,以保证对安保目标的警戒防范不留死角和空隙。①基本部署要合理。在目标的外围、核心部位和保卫住地设固定工作岗位,明确监视区、控制区、活动区,警戒线即"三区一线"实施全时全程控制,做到警戒部署规范严密。②加强部署要有效。遇有恶劣天气、敏感时期或安保执勤设施遭受严重损坏时,选择便于衔接、便于控制和便于观察的部位增设安保力量,并视情派出游动人员或巡逻组,实现对警戒范围的无死角、无盲区管控。③特殊部署要坚固。驻地和目标周边发生重大突发事件、敌社情严峻复杂、目标和驻地极有可能遭受侵害袭击时,要有效整合现有安保执勤力量,落实固定岗、游动岗、便衣岗、加强岗、暗岗、巡逻组六位一体的安保勤务部署,形成明暗结合、内外互控、上下联动的部署态势,确保卫保目标及安保人员的绝对安全。

(2)实施多维管控。重点突出三个环节。一要强化系统督导。严格落实各级领导、安保值班员、网络查勤员三位一体的全时值班,指导安保勤务落实,对安保勤务实施全程管控。二要科学整体布局。按照"五控"要求,即周边能目控(即正常视力能够看得到)、相邻安保人员能够互相控制、领班能直控、保卫干部能查控、网络系统能监控,合理布岗,形成以目标区域为轮廓,以安保人员为支撑,以领班为骨干,以值班干部为核心,以网络查勤员为龙头,以应急小组为机动的坚强阵地,保证各安保执勤要素互管互控,构建起合力确保目标和自身安全的警戒防范体系。三要梯次配置力量。一线安保人员、值班员、网络查勤员、应急小组、应急小分队必须做到紧密配合、有效互动,随时做好应急处置的各项准备。由此实现一线坚固、二线应急、三线支援的部署态势。

(3)突出保证重点。根据不同安保勤务类型和勤务环境特点及安全要求,区分重点部位,加强警戒控制。①大型企业警卫控要害。重要企业领导对象和企业机关警卫勤务通常在驻地出入口、办公区设门卫岗警戒控制要害,院内或其他重点部位设游动岗兼顾全面。②守卫控核心。各类库、场、站守卫,要在重要车间、机房、停机坪、技术区等部位设固定岗警戒扼守核心,外围设游动岗巡控威慑。③守护控点线。铁路、公路、桥梁、隧道守护主要是警戒控制目标沿线,并重点警戒控制核心要害部位。

总之,对安保执勤区域范围大、周边地形复杂的目标和要害部位,在安保人员配置上应实行多方案、活部署,形成"点面结合、平面交叉、立体封控"的安保警戒体系。

2.物防屏障坚固,堵塞隐患漏洞

物防是确保卫保执勤目标安全的物质基础,也是最有效、最基本的防范屏障及威慑要素。对安保执勤目标五大系统建设,国家和当地政府有着明文规定。具体贯彻执行时,应在严格落实的基础上,尽可能地适应形势任务和目标实际发展的需要,积极抓好完善配套和改革创新。

(1)基础设施要稳固。按照符合国家标准,符合安保执勤需要,符合本地实际的原则,建设好安保执勤岗位和安保执勤设施,严格区分责任,定期实施维护保养和检查维修,从而实现外围相对封闭、照明配套、报警灵敏、联络畅通、监控有效,夯实安保执勤工作的物防基础。

(2)辅助设施要到位。对单位领导等警卫目标要坚持"立足防范、一流配套、整体协调"的原则,合理封闭目标周界,减少出入口,周界设置监控报警系统,出入口应安装防冲闯装置,防爆炸的安检、排险器材等。对涉密守卫目标应当立足"严密警戒、控制重点、稳固核心",目标大门岗哨要设置岗楼,有条件的安装电子报警围栏,配备防冲撞阻截装置,周界设置监控报警系统。对偏远守护目标关键是"净化周边、控制沿线、以点保面",对目标沿线及重点部位的外围实施局部隔离,配备必要的清障、拦阻、防袭击、照明器材。目标范围大、执勤岗位离驻地较远的安保分队,应要求安保目标单位在重点部位和路线上设置监控报警系统,并为安保分队配备用于游动巡逻和应急机动处置的交通工具。

(3)补充设施要管用。对于目标存在的各类隐患,要积极依靠当地政府和用兵单位,最大限度地消除隐患或采取增设、加装必要的补充设施来保证安保目标安全。

总之,要在目标的物防上采取强有力的补充手段和措施,最大化消除安保执勤目标安全隐患,加强核心要害和重点区域部位的安全防范。

3.技防高效灵敏,辅助安全控制

技防的原则,是坚持整体性、实用性、兼容性、稳定性相结合。既要适应信息化建设的发展要求,又要充分考虑企业或单位的经济发展的实际情况(即可争取到财力支持的情况),区分轻重缓急,稳步推进。在具体谋划和建设标准上要做到以下几点。

(1)建设要先进配套。按照"理念超前、性能稳固、使用便捷、服务中心"的建设思路,充分运用现有的信息化成果,综合系统地确立标准,全面带动安保执勤工作效益的提升。①监控应全域覆盖。遵循监控有效的原则和要求,在安保执勤目标的警戒区域和重点部位,包括在安保人员驻地安装监控系统,特别是安保岗位的观察死角要设置监控摄像机,环目标区域内侧要置设监控探头,目标区域的制高点可视情安装高空监控云台,监控值班室以电视墙或双屏、多屏设置图像显示系统,使目标区域重点部位能一览无余地实时监控;对重点的安保执勤岗位还可安装液晶显示器,以"电子眼"来协助保卫岗位控制难以清晰目控的重点区域、部位,实现无盲区监控。②报警应多样灵敏。围绕有效感知,在目标周界安装不少于两种以上的报警系统,如红外对射或红外幕墙等报警装置,并尽可能将报警与监控设施连接使用。③门禁应辨别精准。经济条件好的安保单位可在目标主要出入口安装人像识别、指纹识别等门禁系统,能够自动可视认知。

(2)使用要科学高效。技防设施要保证最大化地服务于安保执勤需要。在操作使用上,既要搞好安保执勤人员与技防设施器材的有机结合,确保高效地发挥其技术效能,又要最大限度地增容扩能,不断前移感知关口,延伸控制范围。

(3)技术要稳固可靠。设备选型选材要坚持实用、耐用,充分考虑技术指标,满足当地所处寒热季节温度变化的条件需要。同时要积极开辟设施器材维护网点,与安保目标单位或地方相关部门签订维护和技术合作协议,保证设备安全稳定运行,并可以得到及时有效的维修护理。

4.联防机制完善,形成处置合力

联防主要是依靠双方或多方共同的力量保证安保执勤目标的安全。要实现这一目标,相互配合是前提,密切协同是关键。要坚持创新机制、互管互控、合力创安的原则,依据双方职责,加强联系联防。

(1)要充分运用好"三共"机制。"三共"是与相关单位共同建设、共同管理、共保安全的机制。要着眼形势任务的发展需要,积极拓展"三共"内涵。在设施完善配套的基础上,不断深化"三共"活动的内容和方法。如国家重点军工企业的安全保卫,核心要害部位一般由武警部队担负,安保公司仅担负大门和周边或者外围的警戒观察控制,可与安保企业和武警部队探讨共保安全的机制。

(2)要努力实现群防共治。围绕确保企事业单位安全,有效整合各方面的力量或者参与整体力量布局,积极参与安保执勤目标周边的公安、社保、街道、驻军等单位的联合防范网络,及时了解掌握异常情况,制定联防联动方案,做到定期沟通,遇有情况及时通报。构建层层联动的应急防控体系,内部形成安保岗位、网络监控员、安保值班干部、应急小组"四位一体"的防控力量,外部形成目标单位安保人员、驻军或武警、公安机关及治安力量等三位一体的联动部署,周边形成邻近安保力量、社保组织、民兵、乡村干部等力量相互策应支援的协同网络。

(3)努力提高协同处置能力。着眼最复杂的情况,立足最困难的局面,突出搞好防袭击、防爆炸、防冲闯训练和演练。

5.犬防效能明显,形成助勤补充

助勤犬是安全保卫工作战斗力生成的一个重要因素。按照"助勤有效、训用一致"的原则,保卫部门要根据单位的重要程度,对重要目标或者要害部位使用助勤犬,并在其选种、饲养、管理、训练和使用上负起责任。助勤犬应选配体格健壮、攻击性强的优良品种,指定专人饲养、管理和训练,力争达到专业警犬水平,确保关键时刻能灵敏感知、及时报警、快速冲咬,发挥辅助保卫执勤的作用。助勤犬的配备要结合单位的实际情况,主要配置于围墙周边、重点要害部位、巡视通道或围墙内侧,并可沿围墙来回游动。

"五防"建设是保卫工作建设一个问题的若干方面,互相包含渗透,互为条件作用,关键在于捆在一起抓,实现一体化,形成融合支撑,从而保证发挥整体效益。

加强五防一体化建设,是广大安保执勤公司和广大保卫人员在长期执勤的实践中总结出来的成功经验,也是新形势下加强安保执勤工作的行之有效的新途径。其深刻的内涵和极大的作用,还需要我们在今后的安保工作实践中,根据新情况、新问题,不断地研究和探索,进一步完善这一理论体系,努力增大安保目标安全系数,推动安保工作持续发展。

上面我们简述了指导防范的要素构成,了解了当前指导防范工作中存在的问题,探索了指导防范工作的常规方法。这些理论知识非常重要,希望读者在工作实践中慢慢体会,深刻反思。

思　考　题

1. 指导防范由哪些要素构成？
2. 你所在单位当前指导防范工作还存在哪些问题？
3. 指导防范的常规方法有哪些？

参 考 文 献

[1] 李伟清.公安派出所民警基本业务考试辅导——内部单位安全保卫工作的任务与完成[J].公安教育,2001(12).

[2] 克劳塞维茨.战争论[M].西安:陕西人民出版社,2001.

[3] 李荣润.党员干部密切联系人民群众以实现小康社会目标[J].企业科技与发展,2011(3):36-39.

[4] 杨兴国.国企内部保卫工作的主要对策[N].经理日报,2010-11-09.

[5] 史愿春.浅析国有企业内部保卫工作中存在的问题和对策[J].经济师,2009(6).

[6] 王静.论思想政治工作在企业保卫工作中的作用[J].科技信息,2010(25).

[7] 武玉宝.试论思想政治工作对企业保卫工作的核心作用[N].山西科技报,2009-12-10.

[8] 公安部,中国人民银行.关于印发《基层金融单位治安保卫工作暂行规定》的通知[EB/OL].(2011-05-06)[2017-10-11].http://ishare.iask.sina.com.cn/f/15164471.html.

[9] 关易行.加强管理　堵塞漏洞　确保银行现金及人身安全[J].黑龙江金融,1997(4).

[10] 张慧彬,黄卫东,夏新法.浅谈消防部队如何应对恐怖袭击事件[J].科技信息,2011(10).

[11] 丁姗姗.防恐自救必备秘籍[J].科学新生活,2014(18).

[12] 公民反恐防范小常识[J].生命与灾害,2014-2015.

[13] 世博园区人员应急防护50问[J].生命与灾害,2010(4).

[14] 奥运防恐 全民行动[J].人人健康,2008(8).

[15] 陈杰,张扬.关于推进职业素养培训的思考[J].当代工人(C版),2013(6).

[16] 王精忠.私闯人员的临场处置[J].中国保安,2000(6).

[17] 李忠君.浅析内部犯罪的预防[J].科技致富向导,2010(9).

[18] 李苏宁.安全防范系统的评价模式研究[D].沈阳:沈阳航空工业学院,2008.

[19] 沈惠超.浅谈单位内部的保安防盗[J].中国保安,2007(2).

[20] 闫黎黎.安全防范系统性能化设计[D].沈阳:沈阳航空航天大学,2010.

［21］ 郝莹.实验室的危险化学品安全管理[J].中国环境管理,2012(8).

［22］ 陆桦.梅钢公司治安保卫重点部位管理分析[J].现代商贸工业,2010(3).

［23］ 企业事业单位内部治安保卫条例[J].司法业务文选,2004(9).

［24］ 刘营.招标人员泄密的刑事责任及行为防范[J].法治研究,2009(3).

［25］ 曾建权.人力资源管理理论与实务研究[D].天津:天津大学,2003.

［26］ 大型群众性活动安全管理条例[J].司法业务文选,2007(10).

［27］ 宫亚峰.再论信息安全资产的识别与评估[J].计算机安全,2010(2).

［28］ 戴民.助理保卫师[M].2版.北京:中国劳动社会保障出版社,2012.

［29］ 戴民.保卫师[M].2版.北京:中国劳动社会保障出版社,2012.

［30］ 戴民.高级保卫师[M].2版.北京:中国劳动社会保障出版社,2012.